Rhyddiaith Gy

RHYDDIAITH GYMRAEG

Y DRYDEDD GYFROL

1750–1850

golygwyd gan

GLYN M. ASHTON

CAERDYDD
GWASG PRIFYSGOL CYMRU
1988

Gwasg Prifysgol Cymru, 6 Stryd Gwennyth, Caerdydd, CF2 4YD.

© Prifysgol Cymru, 1988   (h)

Manylion Catalogio Cyhoeddi (CIP) y Llyfrgell Brydeinig
Rhyddiaith Gymraeg: detholion o lyfrau
　printiedig 1750–1850.
　1. Rhyddiaith Gymraeg – 18fed ganrif
　2. Rhyddiaith Gymraeg – 19eg ganrif
　I. Ashton, Glyn M.
　891.6'68208'08　　　　PB2293

ISBN 0–7083–0975–5

Cyfieithwyd y manylion catalogio cyhoeddi gan y cyhoeddwyr.
Cedwir pob hawl. Ni cheir atgynhyrchu unrhyw ran o'r cyhoeddiad hwn na'i gadw mewn cyfundrefn adferadwy na'i drosglwyddo mewn unrhyw ddull na thrwy unrhyw gyfrwng electronig, mecanyddol, ffotogopïo, recordio, nac fel arall, heb ganiatâd ymlaen llaw gan Wasg Prifysgol Cymru.

Cynllun y clawr: Steve McAllister

Cysodwyd gan Geiriad, Caernarfon
Argraffwyd gan Antony Rowe, Wiltshire

Rhagair

Y mae'r detholiad hwn yn ddigon hen i alw 'chwi' arno.

Yn 1954 ac eto yn 1956, ymddangosodd dwy gyfrol o Ryddiaith Gymraeg, wedi'u dethol a'u paratoi gan Adran y Gymraeg, Coleg Prifysgol Cymru, Aberystwyth. Awgrymwyd, yn ganlyniad i hyn, y gellid parhau'r cynllun trwy wahodd gwahanol adrannau Cymraeg y Brifysgol i fynd i'r afael â llunio detholiadau o ryddiaith Gymraeg o wahanol gyfnodau. I Adran y Gymraeg, Coleg y Brifysgol, Caerdydd, y syrthiodd Rhyddiaith 1750-1850. Oherwydd pwysau gwaith swyddogol ac amryw ymrwymiadau ni allai neb ymgymryd â'r gorchwyl. Awgrymodd yr Athro Jarman wrthyf y medrwn i lenwi'r bwlch.

Yn falch, ond braidd yn ddiniwed, derbyniais y gwahoddiad. Eithr wedi bwrw golwg dros y maes sylweddolais gymaint y goflaid. Ar unwaith, penderfynais ysgafnhau'r baich trwy fy nghyfyngu fy hun i weithiau argraffedig gwreiddiol, gan gau fy llygaid ar y corff sylweddol o weithiau llawysgrif, a hefyd ar weithiau amryfal mewn cylchgronau. A rhag ofn y bydd rhywun llygatgraff a beirniadol yn canfod bod rhai o lythyrau'r Morisiaid wedi'u codi o waith manwl a llafurus Huw Owen yn *Y Cymmrodor*, sef cylchgrawn, amddiffynnaf eu cynnwys yma trwy haeru fod y cylchgronau hyn yn ymdebygu i lyfrau yn hytrach na chyfraniadau i gylchgrawn. Pechadurus fyddai'u hanwybyddu.

Nid ymyrrwyd â'r iaith, er cadw ambell chwiw bersonol i'r awdur; ond twtiwyd yr orgraff. Ond am yr atalnodi! . . . I ddechrau, glynwyd wrth drefnau (!) atalnodi'r gwreiddiol, er bod hynny'n gwbl annealladwy neu'n ddiystyr mewn ambell ddarn; ac awgrymwyd y dylid ei safoni. Purion – ond gorchwyl blinderus.

Y bwriad gwreiddiol ydoedd llunio rhyw fath o groesdoriad o ysgrifennu'r cyfnod – y gwych, y gwael a'r gweddol. O'r herwydd, tyfodd y casgliad yn afresymol o hir, ac awgrymwyd y dylid mynd ati i'w gwtogi, er mai un enghraifft yn unig o waith pob awdur a nodwyd a gynrychiolir yma. Buasai cael rhywun arall i ddewis a gwrthod enghreifftiau yn ysgafnhau'r baich, ond y mae'n weddol sicr y gresynwn ynglŷn â'r dewis a'r gwrthod. Felly euthum ati i chwynnu'r corff o ddetholion, a dyma ddetholiad o'r detholiad. Sylweddolaf mai enghreifftiau at fy nant fy hun yw'r cynnwys o ganlyniad – y pethau a'm difyrrai. Ymddiheuraf am i mi orfod cau allan sypyn o ddarnau crefyddol a diwinyddol. Esgyrn sychion ydyw llawer ohonynt, a chelfyddyd areithyddol y traddodwr a chwythai anadl einioes i'r geiriau.

Diolchaf i'r Athro Jarman am y gwahoddiad gwreiddiol, ac yn arbennig, am ei farn o dro i dro. Hefyd, i'r sawl a fu'n teipio f'ysgrifen amheus mor gelfydd a gofalus: sef Mrs Rhiannon Jankowska, Mrs Nia Bonsall, a Mrs Carol Grant.

GLYN ASHTON

Cynnwys

	Tud.
Rhagair	v
1. Llythyr gan Gronwy Ddu o Fôn at William Morris, 1753	1
2. Llythyr gan Lewys Morris at Ddafydd Jones	3
3. At y Cymry	7
4. Yn Cynnwys Amlygiad o'r Amser, neu'r Pryd, y mae Pechadur yn cael ei Gyfiawnhau	14
5. Llythyr gan William Morris at Evan Evans	16
6. Drych i Ddwfr Cleifion	19
7. Llythyr gan Evan Evans at Richard Morris	21
8. Hanes Bywyd a Marwolaeth Tri Wŷr o Sodom a'r Aipht, 1768	24
9. Llythyr gan William Jones at Richard Morris	26
10. At y Darllenydd	27
11. Llythyr gan Richard Morris at Goronwy Owen	28
12. Ymddiffyn Cristionogol	31
13. Ychydig o Eiriau Diweddaf yr Awdur wrth Ymadael	33
14. Myfyrdodau yn y Gwanwyn	35
15. Drych y Dyn Maleisus	38
16. Hanes y Bedyddwyr Ymhlith y Cymry	40
17. Y Creaduriaid yn myned i mewn i Arch Noa	43
18. Denmarc	45
19. Toriad y Dydd	46
20. Cwyn yn Erbyn Gorthrymder	50
21. Llythyr at Hen Gymro	51
22. Llythyr gan John Popkin at y Parch. David Jones	55
23. Llythyr gan Edward Jones at Gwen Prydderch	57
24. Sylwad Pedwarplyg	58
25. Llythyr gan Ann Thomas at John Hughes	60
26. Papuryn Achlysurol	62
27. Traethawd ar y Saboth	66
28. Amddiffyniad y Methodistiaid	69
29. Rhagair i Gasgliad o Emynau	71
30. Galwad Garedigol ar yr Arminiaid	72
31. Llythyr gan Owen Davies at Thomas Jones	73
32. Y Tafarnwr Dychweledig	76
33. Rhagymadrodd i Ramadeg Cymraeg	77

34. Pregeth	79
35. Rhagymadrodd i'r Rhetoric, neu Areithyddiaeth Ysgrythurol	82
36. Rhad Ras	85
37. Ar Ddyletswydd Aelodau Eglwysig	86
38. Am Glwyfau Pechod	88
39. Rhagymadrodd i Salmau yr Eglwys yn yr Anialwch	91
40. Natur Cyfamod Eglwys	96
41. Amseryddiaeth Ysgrythyrol	97
42. Rhagymadrodd i Farddoniaeth Rhys Jones o'r Blaenau	99
43. Rhagfynegiad i Coll Gwynfa	102
44. Rhan o Hunangofiant Thomas Jones	103
45. Mordaith y Brig 'Albion'	105
46. Gruffydd ap Llewelyn	109
47. Y Trydydd Gorchymyn	110
48. Cofiant John R. Harris	113
49. Amddiffyn Bedydd Eglwys Loegr	116
50. Llythyr gan John Blackwell (Alun) at ei rieni	118
51. Rhan o Gofiant David Davies, Castellhywel	121
52. Rhan o Ddyddiadur	125
53. Taith drwy Mexico ac Unol Daleithiau America	128
54. Rhan o Y Bardd, neu Y Meudwy Cymreig	132
55. Traethawd ar Brydyddiaeth Gymreig	138
56. Iawn ac Aberth Crist	139
57. Hanes Sefydlu Cymdeithas Cymreigyddion y Fenni	142
58. Hysbyseb ynglŷn â chyhoeddi Yr Haul	146
59. Yr Araith Satanaidd	150
60. Rhan o Llwyr-ddymchweliad Titotaliedyddiaeth	152
61. At y Darllenydd	155
62. Y Ffordd Dda	157
63. Testunau i Farddoni Arnynt a Pa Beth yw Awen?	159
64. Ansawdd Grefyddol a Gwladol y Cymry	162
65. Gwneuthur Ymenyn o'r Post	167
66. Y Weinidogaeth	172
67. Drych yr Enllibiwr	175
68. Traethawd ar Ddechreuad a Dibenion Barddoniaeth	178
69. Gŵyl Mabsant	183
70. Llythyrau 'Rhen Ffarmwr	185
Geirfa fer	188

1. Llythyr Gronwy Ddu o Fôn at William Morris, 1753

[J.H. Davies (gol.), *The Letters of Goronwy Owen (1723-1769)*, 1924, tt. 50-2]

WALTON, *Ebrill* y 30, 1753. Bore Dduwllun.
YR ANNWYL GAREDIG GYDWLADWR,

Dyma fi yn Walton o'r diwedd, ar ôl hir ludded yn fy nhaith. Mi gyrhaeddais yma bore ddoe, ynghylch dwy awr cyn pryd gwasanaeth, a'r person a'm derbyniodd yn groesawus ddigon. Ond er maint fy lludded, fe orfu arnaf ddarllain gwasanaeth a phregethu fy hun y bore, a darllain gosber y prydnhawn, ac yntau a bregethodd. Y mae'r gŵr yn edrych yn ŵr o'r mwynaf; ond yr wyf yn deall fod yn rhaid ei gymryd yn ei ffordd. Mae'r gwas a'r forwyn (yr hyn yw'r holl deulu a fedd) yn d'wedyd mai cidwm cyrrith, anynad, drwganwydus aruthr yw. Ond pa beth yw hynny i mi? Bid rhyngddynt hwy ac yntau am ei gampiau teuluaidd: nid oes i mi ond gwneud fy nyletswydd, ac yno draen yn ei gap. Hyn a allaf ei ddywedyd yn hy amdano; na chlywais i erioed haiach well pregethwr, na digrifach, mwynach ymgomiwr. Climach o ddyn amrosgo ydyw – garan anfaintunaidd – afluniaidd yn ei ddillad, o hyd a lled aruthr anhygoel, ac wynebpryd llew, neu ryw faint erchyllach, a'i ddrem arwguch yn tolcio (ymhen pob chwedl) yn ddigon er noddi llygod yn y dyblygion; ac yn cnoi dail yr India hyd oni red dwy ffrwd felyngoch hyd ei ên. Ond ni waeth i chwi hynny na phregeth. Y mae yn un o'r creaduriaid anferthaf a welwyd erioed y tu yma i'r Affrig. Yr oedd yn swil gennyf ddoe wrth fyned i'r eglwys yn ein gynau duon, fy ngweled fy hun yn ei ymyl ef, fel bad ar ôl llong.

Bellach e fyddai gymwys rhoi i chwi ryw gyfrif o'r wlad o'm hamgylch; ond nis gwn eto ddim oddi wrthi, ond mai lle drud anial ydyw ar bob ymborth. Eto, fe gynigiwyd i mi le i fyrddio (hyd oni chaffwyf gyfle i ddwyn fy nheulu ataf) yn ôl wyth bunt yn y flwyddyn; a pha faint rhatach y byrddiwn ym Môn? Nid yw'r bobl y ffordd yma, hyd y gwelaf, ond un radd uwchlaw Hottentots; rhyw greaduriaid anfoesol, didoriad. Pan gyfarfyddir â hwy, ni wnânt onid llygadrythu'n llechwrus, heb ddywedyd bwmp mwy na buwch: eto, 'rwy'n clywed mai llwynogod henffel, cyfrwysddrwg, dichellgar ydynt. Ond yr achlod iddynt, ni'm dawr i o ba ryw y bônt.

Pymtheg punt ar hugain yw'r hyn a addawodd fy mhatron imi; ond yr wyf yn dyall y bydd yn beth gwell na'i air. Ni rydd imi ffyrling ychwaneg o'i boced; ond y mae yma ysgol rad, yr hon a gafodd pob curad o'r blaen, ac a gaf finnau oni feth ganddo. Hi dâl dair punt ar ddeg yn y flwyddyn, heblaw tŷ'n y fynwent i fyw ynddo, ac os caf hi, fe fydd fy lle i'n well na deugain punt yn y flwyddyn. Fel hyn y mae: pan fu farw'r curad diwethaf, fe ddarfu i'r plwyfolion roi'r ysgol i'r clochydd; ac yn wir y clochydd a fyddai'n ei chadw o'r blaen, ond bod y curad yn rhoi iddo bum punt o'r tair ar ddeg am ei boen. Ond nid oes, erbyn edrych, gan y plwyfolion ddim awdurdod i'w rhoi hi i neb; ond i'r person y perthyn hynny; ac y mae o'n dwrdio gwario 300 neu 400 o bunnau cyn y cyll ei hawl. Felly 'rwyf yn lled siŵr o'i chael hi; ac oni chaf, nis gwn ymha le y caf dŷ i fyw ynddo. Odid imi ei chael hithau gryn dro eto, tua Mehefin neu'r Gorffennaf, ysgatydd, pan ddêl yr esgob i'r wlad.

Os yw John David Rhys heb gychwyn, gyrrwch ef gyda'r llong nesaf; a byddwch sicr o'i lwybreiddio a'ch holl lythyrau, at Rev. Owen, in Walton, to be left at Mr. Fleetwood's, Bookseller, near the Exchange, Liverpool. Mi a welais heddyw yn Liverpool yma rai llongwyr o Gymru, ie, o Gybi, y rhai a adwaenwn gynt, er nad adwaenent hwy mohonof fi, ac nas tynnais gydnabyddiaeth yn y byd arnynt, amgen na dywedyd mai Cymro oeddwn o Groesoswallt (lle nas adwaenent hwy), ac felly 'rwyf yn dyall fod yn hawdd cael y peth a fynnir o Fôn yma. Ond drwg iawn gennyf glywed fod Mr. Ellis annwyl yn glaf. Er mwyn Duw rhowch fy ngwasanaeth ato, a chan diolch am y Dr. Davies.

Nid oes gennyf ddim ychwaneg i'w ddywedyd yn awr, ond bod y genawes gan yr awen wedi nacáu dyfod un cam gyda myfi y tu yma i'r Wrekin (the Shropshire Parnassws) and that, as far as I can see, there is not one hill in Lancashire that will feed a muse. However we will try whether a muse (like a Welsh horse) may not grow fat in a plain, level,

country. If that experiment will not do, I know not what will.
I beg to hear from you by the return of the post, and let me
know if Mr. Ellis is any thing better; his death, I'm sure,
would be an irretrievable loss, not only to Holyhead and
Anglesey, but to all Wales. Don't fail to let me hear from you
as soon as possible, and how my dear poetry tutor, Llewelyn
does. I've no time to write more, but that I am, Dear Sir,
Your most oblig'd humble servant,

GRONWY DDU O FON.
Calanmai Newydd yn Nhref Lerpwl.

2. *Llythyr gan Lewys Morris at Ddafydd Jones*

[Hugh Owen, *Additional Letters of the Morrises of Anglesey (1735-86)*,
Y Cymmrodor XLIX, Rhan 1, 1947, tt. 309-12]

CAERLUDD, Mehef. 24^n, 1757

DEWI FWYN da iawn ei fod,
i fywhau Henwau hynod.

Wele hai, os oes gennych lun afon Gonwy, neu ryw fath ar
argraff gwedi ei dynnu â'ch bys a nod coch, os bydd yr enwau
yno, gyrrwch yma efe: y peth a wnaeth imi beidio ag ysgrifennu drwy'r amser oedd disgwyl am yr afonydd; a'r peth
a wnaeth i chwithau beidio oedd disgwyl cael gwybodaeth
pa fodd oedd orau i yrru'r afonydd o Gonwy i Lundain.
Paham na yrrwch chwithau hwynt? Dyma ryw fesur o'r *Proposals* gwedi dyfod a chwedi eu dangos, ac fe geir ymbell un
a *subscreibia*, ond pan fo'r llyfrau'n barod gwedi eu printio
ac i'w dangos yn y gynulleidfa o Gymrodorion fe fydd haws
ymadael â 80 neu gant ohonynt na chael deg o *subscribers* cyn
gweled beth yw'r llyfr, oblegid fod yn Llundain gynifer o bobl
yn twyllo ei gilydd â gau addewidion, a chael arian i'w dwylo
a heb byth ddangos dim amdanynt. Mae rhyw drafferthion yn
fy rhwystro i rhag mynd eto adref, ac felly nid allaf wneuthur
fawr gymorth oddi yma, ond dacw fy mab-yng-nghyfraith
Richard Morris o Fathafarn gwedi ysgrifennu yma gael ohono

ynghylch dwsin o *subscribers* a dalodd iddo ac y cais ychwaneg. Mi wnaf innau 'ngorau, ond cael ohonof amser i gymryd fy ngwynt ataf. Am y bobl sydd yn barod i ddywedyd na wnaf i ond bod yn ddifater o'ch gwaith, gofynnwch i'r genedl grasfant honno a wnaethant hwy hyd yn hyn gymaint ag a wneis i tuag at eich cymorth chwi, a phawb eraill ar a ddangosasant eu hewyllys tuag at loywi a phrydferthu'r Iaith Gymraeg. Mi debygwn y ceir hwynt yn ail i'r gwybedyn ar echel y gertwen, oedd yn gweiddi, 'Gwelwch y fath lwch wyf i yn ei wneuthur!', ac nid oedd gantho yntau law yn y byd yn y gwaith.

Am y rhifedi o lyfrau a ddylaech i brintio, gadewch hynny hyd y diwethaf; mynnwch weled ynghyntaf pa rifedi o *subscribers* a gewch. Breuddwydio 'roeddech yn sôn am fil neu bymtheg cant; os cewch bum cant chwi gewch yn rhyfeddol, yn enwedig a phrinned yw'r geiniog yng Nghymru y dyddiau yma. Mi adwaen i lawer o awdwyr godidog na fedrasant gael oddi ar gant neu ddau o'r eithaf. Mi fynnaf siarad â phrintiwr yma, am ba leiaf y geill brintio, ac oddi yno fe wyddir pa le orau i chwi gwedi ymofyn ohonoch yn y Mwythig ac yng Nghaer; ond pa le bynnag y bydd, fe fydd raid i chwi fod yno eich hunan i edrych ar ôl y gwallau.

Mae f'argraffwasg i yn dipiau ar gyfrgoll ers llawer dydd, a'r llythrennau hyd wyneb sir Fôn cyn hyn mi wrantaf — felly ni wiw sôn amdano. Os dowch chwi i ben i gael saith gant o *subscribers*, chwi gewch beth budd oddi wrth y llyfr, ond nid llawer, oblegid da gwn i fod llawer o boen a lludded yn ei sgrifennu ac yn ei argraffu, heblaw'r gost yn arian parod. Ond gwedi rhoi llaw ar yr aradr, mae'n rhaid dal y gŵys. Nid rhaid i chwi ofni (mi debygwn) y printia neb arall mo'r llyfr, ac ni thâl y swydd i geisio *patent* am gyn lleied peth; fe â hynny â'r rhan orau o'r ennill. Felly'r gwaith cyntaf a wnewch yw trafaelio ar draws ac ar hyd Cymru yn enwedig y Gogledd, nid oes fawr flas gan bobl y dehau yn eu hiaith, ac fel y gweloch eich bod yn cael cymorth, yn ôl hynny y bydd rhifedi'r llyfrau a argreffir, oblegid ni werthir mo'r llawer yngwaneg o'r cyfryw lyfrau, nag a *subscribir* amdanynt: a'r prif achos yw nad ydynt i fod mewn gwisg ledr, ac nid eill na dyn na llyfr noeth lymun wynebu mo'r ddrycin. Mi debygwn na chewch chwi eich hunan ar eich trafael mo'r llawer i *subscreibio* yn union deg, ond eich chwarae gorau chwi ar eich taith ydyw cael gan rai ewyllysiwyr da i'r Iaith ymofyn am *subscribers* i chwi, un ymhob tref farchnad o'r lleiaf, ac ymbell berson neu offeiriad mwyn, gan daeru yn eu hwynebau eich bod chwi o'r un grefft â nhwythau, a bod rhaid mynd yn glochydd cyn mynd yn berson. Pe medrech gael gan ryw seneddwr geseiliad o *ffrancs* i'w gadael un yma ac acw i bobl i sgrifennu atoch, fe safia hynny i chwi lawer o arian. Ni wiw i chwi sôn am brintio dan y gwanwyn nesaf, oblegid hir y bydd dyn diog yn achu'r cynhaeaf, a chwi gewch weled mai diog iawn y bydd y geiniog yn dyfod i mewn, oni ymrowch chwi ati hi yn galonnog a'i thynnu gerfydd gwallt ei phen. Am y ddarn sy'n eisiau o'ch Beibl, mae hi i'w chael, pe ceid amser i ymofyn amdani, ond ni wn i pa bryd a fydd hynny. Tydecho St. (ac nid *Godecho*) oedd enw'r gŵr a droes yr afon yn llaeth; mae mwy o ddigrifwch yn yr hen chwedlau rheini nag a feddyliai lawer gŵr lled ddoeth sy'n ei gyfrif ei hun yn gall ac yn ddysgedig, ond dyna'r hen chwedlau oedd yn gwneuthur y rhan fwyaf o'n crefydd ni hyd amser Harri'r 8[ed], ac 'roedd ein hen deidiau ni gyn wirioned â'u coelio, er ein bod ni yn y dyddiau yma yn eu galw yn chwedlau gwrachïod. Nid oes un sant ohonynt braidd na wn i pa gampau a ddywedir eu bod gwedi ei wneuthur, a gwych a fyddai gennyf glywed enw Sant na wn ei hanes, a phwy oedd ei genedl.

Gŵr o Lydaw oedd Tydecho, a châr i'r Brenin Arthur, a chanddo dŷ ac ysgol grefydd ym Mawddwy, lle daeth Maelgwn Gwynedd ato yn ddyn ifanc gwyllt; ond fe'i dofodd Tydecho ef, ac a wnaeth lawer o ryfeddodau etc., etc. Os clowch hanes Bucheddau rhai o'r seintiau, gwych a fyddai glowed pa le maent, neu achau a elwir Bonedd gwŷr y Gogledd, neu os oes gennych mewn un o'r Llyfrau achau yna enwau plant Brychan Brycheiniog, ac enwau plant Llywarch Hen, a'r cyffelyb hen bethau, digrif iawn yw cael copi ohonynt, er mwyn eu cymharu â'r rheini sydd eisoes gennyf oblegid mae goleuni i'w gael oddi wrth y cyfryw bethau.

Fe allai a fydd i chwi hefyd yn eich taith, glowed sôn gan rywrai, pa le y mae copi o stori Nennius ar femrwn, ac o Frut y Brenhinoedd. Llyfr Lladin yw Nennius, ond mae Brut y Brenhinoedd yn Gymraeg. Chwi ellwch hefyd ofyn enw pob afon yr eloch trosti neu trwyddi yn eich taith, ac ym mha blwyf y bydd a pha gwmwd, a'i roddi ar bapur.

Oni welwch chwi wrth yr englynion a yrrais i chwi, fy mod yn casglu enwau pobl a lleoedd yn Ffrainc a Phrydain a'r Ynysoedd? [Gorchwyl na wnaeth neb erioed o'r blaen,] fal y dealler ystorïau'r teyrnasoedd hynny ac y caffo'r hen iaith ei gwir barch a'i chymeriad; ond nid oes neb a ŵyr ym mha oes y gorffennir y gorchwyl yma: yr wyf i gwedi dechrau gosod sylfaen iddo ers 35 mlynedd, ac feallai mai fy mhlant neu 'ngorwyrion a fydd yn ei orffen. Ond na chamgymerwch mohonof; nid y gorchwyl yma yn unig a fûm yn ei ddilyn dros gynifer o flynyddoedd, ond gwaith fy oriau segur oedd ef: fe aeth heibio lawer blwyddyn gyfan heb wneuthur fawr o'r gwaith yma, ond eto er maint a fu 'nhrafferthion, ni anghofiais mohono'n gwbl hyd y dydd heddyw. Felly, dyna i chwi hanes yr achos a bair imi ofyn am hen enwau y 'Nghymru, yn enwedig ymysg y mynyddoedd. Paham na yrrwch imi ryw ychydig o waith y bardd ieuanc a soniasoch amdano, neu sgrifenned ef at fy mrawd fel ag yr ych chwithau yn sgrifennu, ac yno ni gawn weled a ellir bardd ohono chwedl Statud Gruff. ap Cynan, ac er digwydd ei fod o rywogaeth dda ni thâl o ddim heb ei lithio. Dyna i chwi bregeth digon o hyd am y tro yma. Ni wn i pa bryd y cewch chwi un eto. Gyrrwch ychwaneg o'r *proposals* fal o'r blaen. Eich cyd-wladwr a'ch ewyllysiwr da,

LEWIS MORRIS.

3. At y Cymry

[Dafydd Jones, Trefriw, *Blodeu-gerdd Cymry* (1759), Y Rhagymadrodd]

Fy anwylgu gyd-wladwyr,

Hyd atoch chwi yn uniongyrch y mae fy lleferydd, oblegid chwychwi o'r holl ymdeithyddion a roes glust a genau i wrando a phrofi diferion *Parnassus*. Fy ymdaith i a fu, ac y sydd drwy ddyffryn *Heliconaidd* a meysydd *Elysian*, ac a gynullais beth o *flodeugerdd* yr Hynafiaid yn un pentwr; er hynny nid oedd yn fy ngallu wneud mwy iddo, hyd oni ddaethoch chwi yn llu paradwysaidd, ag a roesoch im gynhorthwy i dorri pen Erato; ac yna yr aeth fy un i yn gannoedd o bennau! mwy na phen Hydra, fel y gallai bob un ohonoch chwi feddiannu cyfran o'r felysgerdd Frutanaidd; (yr hon a fu annwyl gynt, ond sydd yrŵan ar ddychwelyd i lwch a niwl; ac sydd wedi claddu amryw o'i haelodau, fel ag y cefais i rai o freichiau'r gerdd heb na phen na llosgwrn.) Ac eto gobeithio a fydd hoff gennych oll, fal i 'rwy' fi yn meddwl.

Yr wyf i yn mawr ddiolch i chwi fy nghyd-wladyddion, am gyd-ddwyn am ddiweddarwch yn yr ymgyrch, canys gwaith anniben ydyw, fel y dywedodd Zeuxis y paentiwr, y mae am ddragwyddoldeb.

Yr achos fy mod mor adfydig dan gymaint baich ydyw fy anallu i'w ddraddodi mewn brys. Meddai hen Gyrys o Iâl:

> Hir fydd edau gwraig eiddil,
> Hir y bydd march bach yn ebol.

Nid rhaid i mi fynegi i chwi (fy nghyfeillion) achau'r gerdd a'i boneddigeiddrwydd (ond i'r di-ddysg a'r diwybod) dawn Duw ydyw: Merch Duw, a natur yw Cerdd, yr hon a ddechreuodd yn Adda, ac o hynny hyd enedigaeth ein Harglwydd IESU GRIST, yr hon ddawn a gynhaliodd y Proffwydi Santaidd yn proffwydo Crist nes ei ddyfod, a'n Iaith ninnau hefyd pan ddaethant i Ffydd Crist a'i Cafas trwy'r *Ysbryd Glân*, a galw yr Ysbryd Glân a wnaethant *Awen* yr hon a ddiflanna o ddilyn pechod, ac a amlha drwy santeiddrwydd. Y mae dwy

fath ar Awen, fel y tystia'r parchedig Athro Mr. *Edmwnd Prys*
... meddai ef
    Dau ryw. Ysbryd a yrrawdd
    Duw o Nef da yw ei nawdd;
    Un a ddoe o iawn ddeall,
    A bwrw i'r llawr obry'r llall;
    Un a roes Duw o'i ras da,
    Amyneddawl mewn Adda!
    A'r ail o'i afreolaeth,
    Yn y Ne gynt a wnae'n gaeth;
    Ac o'r ddau medd llyfrau llen,
    A drywiwyd dau ryw Awen, &c.

Y mae eraill wedi clodfori yr Awen. Minnau, pryf syfrdanllyd wyf, a ymdreuliais, ac a ymdeithiais (yn ail i rinc y tes) trwy'r haf, fel y dywed y dysgedigion amdanaf a'm bath, hyd oni bu i mi dderbyn i'm meddiant amryw o gerddi, rhai o dduwiolddawn, eraill o ddiddanwch, a rhai, fel i geilw M. Kyffin o Lundain hwy, *Legenda Aurea*, y rhai a ellir eu galw yn gwbl wagedd; a hefyd ni ddeuant byth ar gyhoedd trwof i; nid wyf am eu mawrhau, o achos eu dyfod o'r ail Awen. Ewyllysio yr wyf i adferu rhyw ddiddanwch i'm bro, cyn fy myned i lwch ango, canys pan ddêl ychydig flynyddoedd, yna mi rodiaf lwybr ar hyd yr hwn ni ddychwelaf.

Y mae afrifed o awduriaid a fedr yn well na mi, ond bod rhai ohonynt heb feddu'r farddoniaeth, ac eraill heb fod mewn cyfle nac amser ychwaith er ei meddu; y mae ganddynt ryw beth mwy amgenach i'w wneud, ac yn ei wneud er lleshad enaid a chorff. Ond myfi trwy ryn ac annwyd, gwatwar a dirmyg, diystyrwch, a choegni; (ie, blinder cnawd ac ysbryd) fel y dywedodd fy Nhar [*sic*] o'm blaen, a anturiais roi ail fywyd i'r dyrifau a gewch yn y *Blodeugerdd*, yn wir, ni fynnwn i, roi i neb le i bechu.

I mae gennyf yngweddill fwy nag y sydd yn y llyfr yma, o rai heb fod erioed mewn print, sef gymaint o rai duwiol, a chymaint o rai diddan; mi roddais y llyfr yma yn gymysg; ond os byw fydda' i, mi a rof gynnig ar gael un o'r ddau, ys ef y duwiol yn gyntaf, os byddwch, lân Frutaniaid, mor fwyn â'm Cynorthwyo, a'r llall ar ei ôl: y mae gennyf ewyllys i roi y ddwy ran mewn argraff, a phob un o'r un faintiolaeth ag ydyw hwn, am yr un bris â hwn i'm Cynorthwywyr, ond nid i eraill oblegid fod ynddo fwy na 30 sheet; yr ail rhan a alwaf *Blodeu-Gerdd Duwiol*, a'r drydedd *Blodeu-Gerdd Diddanol*.

Hefyd y mae gennyf fwy na mil o gywyddau, heblaw awdlau ac englynion; os daw llyfr ar y mesurau hynny drwof i, yr wyf ar fedr, ei alw ar henw arall.

Ped fasai'r Brutaniaid mor haelionus â thraddodi eu gwybodaeth o farddoniaeth, a phethau eraill o'r naill i'r llall, e fuasai cymaint o glod i'n beirdd ni, a'r dysgedigion, ag i'r rhai tramor.

Y mae cenhedloedd eraill sef Arabiaid, y Groegiaid, y Lladiniaid, y Saesoniaid, yr Italiaid, yr Hisbaeniaid, y Ffranciaid, yr Alemiaid, y Scotiaid, &c, (fal y geilw y Dr. Ioan Dafydd Rhys hwy), wedi peri casglu a phrintio holl oreuon llyfrau yr historiawyr, a'r prydyddion, a'r rhetoryddion, a'r dilechtyddion, a'r cosmograffyddion, a'r arithmeticyddion, a'r astorologyddion, a'r astronomyddion, a'r ffilosoffyddion, &c.

Ac o flaen hynny, y mae'r Dr. Gruffudd Roberts yn achwyn yn ei lythyr wrth Iarll Penfro, fod y Gymraeg yn mynd gydag ef trwy Hisbaen, Ffrainc, a Fflandria, ac Alemania a'r Eidal, hyd eithaf Calabria, tan ymofyn ymhob lle am gyflwr, braint a helynt yr ieithoedd sydd y tu draw i hynny. Ni fedrais ei weled, na chwaith glywed oddi wrth yr un, na bai yn cael gwneuthur yn fawr ohoni ymysg pawb, sydd o naturiaeth yn ei dywedyd, ac wrth fod pob un ohonynt yn cael i 'mgeledd, a'i pherchi gan ei phobl, hithau drachefn i wneuthur iawn am y caredigrwydd a gafodd sy'n traethu i'w phobl bob peth a fo gwiw ei wybod, hyfryd i glywed, a gogoneddus i wneuthur. Canys nid oes nag ystori i ddysgu hynafiaeth, na chelfyddyd o enw a lles, na gwybodaeth o ddim, a dalai ei ddysgu, nas darfu i'r Hisbaeniaid, Ffrangeg a'i Eidaliaith eu tanu, a'u hau ymysg gwŷr ei gwlad, i dalu am eu magwriaeth a'u 'mgeledd. Pan welais innau hynny, e fu ryfedd iawn gennyf fod y Cymry mor ddiddarbod amdanaf, a minnau mor ddi-fudd iddynt hwythau, yn enwedig wrth weled fod fy Nghymru i, o athrylith a synnwyr yn abl i ymgystadlu â'r rhai gorau yn eu mysg hwy; a minnau mor llawn llythyr i'm sgrifennu, cyn gyfoethoced o eiriau, cyn hyned fy nechreuad â'r falchaf o'r ieithoedd a henwais!

Ond gresyn fod haidd, gwinwydd, llewyg y blaidd, ffwgws, ystrew, berw'r merched, crasddadrwydd, a gwlyb dros ddyfroedd yn amharu'r hwyl, ac yn dwyn arian yr hen Frutaniaid, lle'r oeddynt gynt yn byw yn hŷn, yn iachach, ac yn gryfach, ar laeth, ymenyn a mêl, na'u holl sothach afiach afreidiol alltudaidd pellennig.

O! Frodorion ardderchog maethwch eich hunain ag ymborth eich hen deidiau, oblegid y mae'r unrhyw y pryd hwn â'r dyddiau gynt. Ceiniog bob wythnos dros flwyddyn sydd fwy na 4 swllt; rhowch y rhain at argraffu rhyw goffadwriaethau o'ch gweithredoedd anrhydeddus, a'ch hynafiaid hefyd; a gwnewch goffa tragwyddol o'ch enwau.

Rhag cael fy nghyfri' gyda'r gwas diog yn yr Efengyl, mewn oriau segur pan oeddwn yn athro i ychydig o blant, y cynullais beth o gynilwaith y beirdd, ac wrth fwrw golwg ar amryw, mi a gefais gopïau cywirach o'r naill a'r llall, nag sydd yn y Llyfr Carolau, a brintiwyd i Ffowc Owen yn y flwyddyn 1686. Mae yn ei lyfrysgrifau ef, lawer o ganiadau &c. na buont eto mewn print. Y Llyfr Carolau drachefn a brintiwyd gan Tho. Jones, 1696, a hwn sydd dan amryw feiau. Mi a ddymunwn fod fy nghopi wrth law'r sawl a'i printio y tro nesaf.

Ni welais i fawr o lyfrau Cymraeg na fyddai ynddynt rai beiau: felly na ddisgwylied neb fod mo hwn heb ei wahanglwyf. Y mae ynddo rai beiau a ddigwyddodd o'm anfodd, ac ir wyf yn meddwl mai amhosibl yw gwneuthur un yn ddifai, ac felly nid wyf i yn amau nad eill rhai weled llawer mwy na mae o feiau yn y llyfr yma, ac nid yw anwybod i chwi frodyr mwynaidd mai prif arfer Duw yw dangos ei nerth ei hun drwy wendid dynion, a rhoddi i'r gwannaf ryw ddawn i gynorthwyo y cryfaf. Felly na friwa'r llaw a estynno it arwydd o garedigrwydd, er gwaeled a fyddo. Ond gwir yw'r ddihareb, mai Ffôl pob Tlawd. Ac yn fynych dirmygir doethineb y tlawd, ac ni wrandewir ar ei eiriau ef.

Eto gobeithio amdanoch chwi nad felly a fydd, ond mi glywais am rai ohonoch, eich bod mor barod i werthu y llyfr am 6d. cyn ei weled! (Nid eill dim, er ei odidoced, fod bob amser yn ddiogel rhag gogan ac anair, fel y dywawd y cynfrodorion.) Mi a rown gyngor i'r cyfryw un ddarllain y llyfr yn gynta' drosto am ei 2s. (I eraill ni werthir heb 3s) os bydd llawer yn gyffelyb i hyn, gobeithio na byddwch oll ond y byddwch barod i feddyginiaethu yr anaf a'r gwendid lle trawodd y groes wrth fy ngwaith.

Yr wyf i o'r un feddwl a bwriad yn hyn o fan ag oedd yr

athro mawr a phenadur llawer o ffilosoffyddion dyfnddysg, fel Plato, mewn ewyllys ar wneud rhyw leshad i'm gwlad fel y dywedodd ef Ortus nostri partem patria partem parentes, vendicant, partem amici, sef yw hynny.

Y mae rhan o'n ganedigaeth ni yn ddyledus i'n gwlad, a rhan arall yn ddyledus i'n tadau a'n mamau, a rhan arall yn ddyledus i'n hoffddynion, y cyfryw rai ydych chwi, fy annwyl gyd-dirogion. Gwybydded rhai ohonoch fod aneirif o waith ein beirdd ni mewn ysgrifen. Rhai ohonynt ers cannoedd, ie, mwy na mil o flynyddoedd ac ynddynt drysorau godidog heb ei fynegi, ond i ychydig o bobl, fel y mae'r Dr. Wiliam Wotton, yn addef.

I mae yn fy llyfr, ganiadau duwiol a diddanol: y rhai diddan a roddais ynddo, sydd er boddhau y rhai ifanc, fel y gallo y sawl sydd ac ychydig o addysg ganddynt ddyfod i ddarllain yn well, ac i hoffi y rhai duwiol cyn eu diwedd, fel y dywedir i Lyfr y Ficar wneud. Bydded i hwn wneud duwiol ddiddanwch i'w gyfeillion. Mi wn nad oes gan henaint archwaeth ar ancwyn salw difas. Dymuno ir wyf i chwi y rhai ifanc gofio am ymadrodd S. Paul, pan eloch yn wŷr, yn wragedd, wedi gadael oed plant, am roi heibio bethau bachgennaidd, a chofio am farw-wawd Selyf; medd ef, Gwna yn llawen &c. ond gwybydd y galw Duw di i'r farn am hyn oll! Meddwl am ddywediad S. Paul. Ond chwantau ifenctid ffo oddi wrthynt; a dilyn gyfiawnder, ffydd, cariad, tangnefedd, gyda'r rhai sy yn galw ar yr Arglwydd o galon bur. Cofiwn fel y dywedodd gwraig dduwiol ar ei chlaf wely wrth ei phlant, 'Meddyliwch (ebr hi) fod yn y fynwent feddau bychain.' Hanner gair i gall: nid digon deuair i angall.

'Rwy'n gobeithio nad oes yn hyn o lyfr ddim a wna niwed i grefydd neb. Os wyf i yn atgyfodi gwagedd ac yn hau llygredigaeth, yr wyf yn y camwedd yn gymaint â'r gwŷr a wnaeth y gwaith. Chwenychu yr wyf gyda'r Apostol roi llaeth i rai ifainc, canys maban ŷnt, eithr bwyd cryf a berthyn i'r rhai mewn oedran. Ewyllysio yr wyf finnau ryngu bodd i bawb am hyn o beth, (a pheth rhyfedd os gwnaf), heb geisio fy lleshad fy hun yn unig ond lleshad llaweroedd. Y mae pobl ifainc yn serchu ei gilydd yn gymaint, (ond eu bod yn gnawdol) ac i mae Solomon yn ei adrodd, yr hyn sydd ysbrydol rhwng Crist a'r Eglwys. I mae Origen yn dywedyd fod dau fath ar gariad, un oddi wrth Dduw, a'r llall oddi wrth ddiawl. Mae St. Awstin yn mynegi am dri chariad, un am Dduw, a'r ail i gymydog, a'r trydydd i'r byd. Gwagedd yw mebyn ac ifenctid.

Henwau Seisnig sydd fwy arferedig ar amryw o'r mesurau. Fe fynnai rhai i mi beidio â rhoi henwau y mesurau wrth y gân, oblegid bod llawer ohonynt yn Seisnig, &c. eisiau iddo fod yn Gymraeg, (hynny a fyddai gymwys); eto hyn a fyddai tebyg i ddyn heb ei fedyddio; eraill a chwennych i mi adael yr henw sydd arferol arnynt, pa un bynnag ai Saesneg ai Lladin y fo: canys y mae'r Gymraeg yn gymysgedig â Ieithoedd eraill, ac eraill â hithau, fel y dengys gwaith y gwŷr dysgedig. Ond mi a fûm yn ymofyn ag amryw o gantorion cyfarwydd, ac a gefais ganddynt hwy, ac mewn hen lyfrau sgrifen, gymaint, a mwy nag sydd raid wrthynt, yn y llyfr hwn o hen henwau, fel y cewch weled mewn dalen sydd gerllaw. Y mae rhai geiriau Seisnig yng nghaniadau'r llyfr hwn, o waith y prydyddion.

Nid oes gen i ond ei anfon i'ch mysg gan dybied y byddwch mor dirion wrtho ef ag a fu rhai ohonoch wrth ei gyffelyb o'r blaen: oni wna'r holl ganiadau yma fodloni'r sawl adfain a'i damwain welo, gobeithio y gwnânt fodlondeb i'w perchennog. Anodd yw rhyngu bodd rhai; anhawsach bodloni llawer: nid yr un bwyd a archwaethu [*sic*] bob genau. Buan i barn pob ehud. Cyn belled ag y medrais, mi a ymwneuthum yn bob peth i bawb, fel y gallwn yn hollol o byddai bosibl foddhau rhai. Pei buaswn i o'r un feddwl â Marcus Antoninus, areithiwr huodl o Rufain, mi fuaswn yn ymgadw rhag rhoi lle i neb feio. Ond ymroi fy hunan a wneuthum i ewyllys a dymuniad fy ngharedigion a'm ewyllyswyr da, gan ddewis yn hytrach ddangos i'r byd fy noethni a'm hanwybodaeth, drwy roddi hwn mewn print, na nacáu y rhai oeddynt mor gu ac annwyl gennyf.

Mi a fûm dros amryw o flynyddoedd yn sgrifennu Llyfr y *Blodeugerdd*, llyfr cywyddau, awdlau, ac englynion, historïau, ac achau, &c. I Dduw y bo'r diolch, mawl, a gogoniant pe iawn fedrwn a roddwn iddo, yr hyn sy gymwys, yn bendifaddau i mi, am ei aml drugareddau sydd i'm dilyn yn hyn o'm bywyd; a hyn ir wyf yn ei obeithio a chwanega ef i ni ar ddydd fy ymddatodiad drwy'r Dioddefwr croeshoeliedig ac i holl hiliogaeth Adda hefyd.

Bendigedig yw Duw, Ef a roes i mi, droseddwr, y dynan dicra, yn fynych gennad i orffen y *Blodeugerdd*, ac i'w weled mewn argraff, ac i'w gyfrannu i'm cyd-wladwyr cynorthwyol, rhag cael o rai achos i ddywedyd amdanaf (fel ag y dywedwyd am eraill a fu o'm blaen) mai twyll oedd fy holl fwriad.

Duw a ddeolo o'n plith ni y Brytaniaid (yn enwedig llin y Troywyr) y cyfryw â rhain, sydd weithredoedd y cnawd, sef torpriodas, godineb, aflendid, anlladrwydd, delwaddoliaeth, swyngyfaredd, gelyniaeth neu gasineb, cynhennau, gwynfydu, llid, ymrysonau, ymbleidiau, heresïau, cenfigennau, llofruddiaeth, meddwdod, cyfeddach, a chyffelyb i'r rhain, ac a adfero i'n mysg yn eu lle ffrwyth yr Ysbryd, sef cariad, llawenydd, tangnefedd, hirymaros, cymwynasgarwch, daioni, ffydd, addfwynder, dirwest, neu ymgadw. Gwêl ychwaneg, lle mae manylach rhifiad o bechodau.

Tad y Trugareddau a'n gwnelo achlân yn gyfrannog o'i ddidranc Deyrnas trwy'r Eneiniog Annwyl, i gydseinio *Haleliwia* dragwyddol i'w fawredd anchwiliadwy: Duw a drefno i ni heddwch dan ein dyledog Frenin Siôr yr ail, fel y gallom â chalon rydd ganu yn ddi-flin, ddiludded gân Moses a'r Oen.

Bellach Gywleiddiadon, byddwch wych, byddwch berffaith, diddaner chwi, syniwch yr un peth, byddwch heddychlon; a Duw y Cariad a'r heddwch a fyddo gyda chwi a minnau Amen. Hyn yw gwir ddymuniad eich ufudd wasanaethydd anwiw,

DAFYDD JONES, o Drefriw.

Tan yr Yw,
Mai 15, 1759.

4. Yn Cynnwys Amlygiad o'r Amser, neu'r Pryd, y mae Pechadur yn cael ei Gyfiawnhau

[Timothy Thomas, *Traethawd am y Wisg Wen Ddisglaer*, 1759 (Ail argraffiad, 1800) tt. 177-80]

Y peth nesaf sydd ar fy meddwl i i'w ystyried a'i osod allan, yw'r amser ym mha un y mae pechadur yn cael ei gyfiawnhau; yr hwn wyf i'n olygu a ellir ei rannu'n bedwar: megis yn 1. Yn, neu er tragwyddoldeb. 2. Yr amser y talodd Crist bridwerth neu lawn werth drosto ef. 3. Y pryd y mae e'n credu. 4. Yn nydd y farn gyffredinol. Ac mi geisiaf eglurhau ychydig ym mherthynas i'r amser, yn yr amrywiol rannau hyn. Ond yn

2. Ym mherthynas i gyfiawnhad er tragwyddoldeb. Mae rhai yn barnu fod Duw wedi cyfiawnhau yr holl etholedigion, yn bersonol, er tragwyddoldeb; neu fod cyfiawnhad yn weithred arhosol neu drigiannol *(immanent act)* yn Nuw, er tragwyddoldeb. Mae eraill yn myned ymhell (o bosibl yn rhy bell) yn y gwrthwyneb i hynny. Ond ni chaf i'n bersonol gymryd arnaf wrthwynebu yn neilltuol yr un blaid na'r llall; ond yn unig gosod i lawr yr hyn wyf i'n farnu fod yn union: yr hyn a wnaf fel y canlyn. h.y.

(1) Mae Crist yn cael ei alw'n Etholedig . . . Dywedir hefyd fod y saint wedi cael eu hethol ynddo Ef, cyn seiliad y byd . . . Gan fod y saint wedi eu hethol er cyn dechrau'r byd, ac wedi eu hethol yng Nghrist; yr wyf i'n barnu mai Efe oedd yr Etholedig cyntaf, mewn trefn: (canys ni ellir dywedyd, yn briodol, fod un peth o flaen y llall gyda Duw yn nhragwyddoldeb; oblegid y mae Ef yn cynnwys popeth ar un waith: eto y mae ef yn rhoi lle i ni ystyried pethau, megis pe byddai un peth o flaen y llall, yn cael ei wneuthur ganddo Ef; er mwyn i ni gael pethau at ein deall gwan ein hunain:) ac felly yn ôl i Dduw ethol Crist fel Pen, ac i fod yn Gyfryngwr; mae'n ethol Ei bobl ynddo Ef: fel yr oedd Ef yn cael ei osod yn Ben-cynrychiolwr iddynt hwy, yn y cyfamod hwnnw, yn yr hwn yr ydoedd Crist yn ymrwymo i dalu'r holl ddyled a dynnent hwy arnynt eu hunain mewn amser, trwy droseddu'r ddeddf, neu'r

cyfamod yr aent hwy dano yn y pen-cynrychiolwr [arall], sef yr Adda cyntaf: ac felly i gyflawni'r gyfraith, a rhoddi iawn i gyfiawnder, trwy ddioddef y gosb ddyledus am y troseddiadau. Mewn trefn i Grist wneuthur hyn, y mae Duw yn addo cymhwyso iddo gorff, fel yn y ddwy natur y byddai Efe yn gymwys i'r gwaith mawr hwn. A chyda phob bodlonrwydd ac ewyllysgarwch o bob tu, mae'r Mab yn mynd yn Fachnïydd: ac, fel y cyfryw, y mae'r holl ddyled yn cael ei roddi arno neu ei gyfrif iddo Ef: ac yn yr ystyr yma yr oedd ein hanwiredd ni i gyd yn cael ei roddi arno Ef yn nhragwyddoldeb, gan yr Arglwydd; ac yntau yn myned yn rhwym mewn cyfamod o'i blegid. Ac yn awr, os barnwn ni fod cyfamod tragwyddol yn cael ei wneuthur rhwng y Tad a'r Mab; a bod y Mab yn myned yn Fachnïydd tros bechaduriaid yn y cyfamod hwnnw; a bod y dyled felly yn cael ei osod ar y Machnïydd; yna mi a debygwn y gallem farnu, mai yn yr ystyr yr oedd yn cael ei osod arno ef, ei fod yn cael ei gymryd oddi arnynt hwy: oblegid ni allaf i weled ei fod arno Ef, ac arnynt hwythau ar yr un pryd, ac yn yr un ystyr; oherwydd mai er mwyn iddynt hwy gael myned yn rhydd, pan yr âi Efe yn rhwym, yr oedd efe yn myned yn rhwym; ac nid fel y byddai efe a hwythau yn rhwym ar yr un pryd: (canys nid ymrwymo i gyd-dalu â hwynt yr oedd Efe, nac ymrwymo y talent hwy, ond ymrwymo i dalu Ei hun;) ac fel yr oedd Efe yn ymrwymo i dalu Ei hun, yr oeddent hwy yn myned yn rhyddion: canys myfi a debygwn nad oedd cyfiawnder yn gofyn ond naill ai hwy ai eu Machnïydd (yn enwedig wedi bodloni i gymryd Machnïydd, a gwneuthur cytundeb ag ef i dalu): a phan aeth y Machnïydd yn rhwym, yr oedd cyfiawnder yn union yn edrych arno Ef, mai Efe oedd y Dyledwr; ac yn disgwyl iawn ganddo Ef yn unig, ac nid yn ymofyn ar eu hôl hwy mwyach: h.y. o ran y ddirgel olwg, a'r drefn dragwyddol ydoedd gan Dduw yn ei ddirgel gyngor ar bethau.

(2) Fel yr oedd y Mab wedi myned yn Fachnïydd yn nhragwyddoldeb; ac felly, mewn arfaeth, yr Oen yn cael Ei ladd er [neu cyn] dechreuad y byd: . . . ac fel yr oedd Ef felly, yr oedd Efe mor sicr o farw ac i dalu'r ddyled neu i roddi iawn, â phe buasai Efe wedi gwneuthur hynny: ac felly hefyd, yr oedd y Duw cyfiawn, mewn arfaeth, yn gollwng Ei bobl yn rhyddion, ac yn eu cyfiawnhau hwynt yn bersonol; o ran ei

fod Ef yn bwriadu, ac felly mor sicr i'w cyfiawnhau mewn amser, a'u rhyddhau oddi wrth eu holl anghyfiawnder, â phe buasent wedi eu rhyddhau eisoes; gan fod eu diogelwch hwy'n gyflawn yng Nghrist, a bod gras wedi ei roddi iddynt hwy ynddo ef cyn dechrau'r byd. Y mae cyfiawnder a bywyd wedi eu harfaethu, a'u haddo iddynt, yng Nghrist, gan y digelwyddog Dduw, cyn dechrau'r byd ...

Yn awr, myfi a debygwn (hyd y mae fy neall gwan i yn gallu dirnad pethau) nad oes dim niwed i farnu fod cyfiawnhad er tragwyddoldeb, yn yr ystyriaethau hyn, ond y dylem ni farnu hyn, gan fod yr ysgrythur yn rhoddi lle digonol i ni i wneuthur felly.

... Ddarllenydd annwyl, tro dithau, a chais ddeall meddwl yr Ysbryd: ac os yw fy meddwl i a meddwl yr Ysbryd yn gwahanu oddi wrth ei gilydd, gwell gennyf i i ti adael fy meddwl i, a dilyn meddwl yr Ysbryd.

5. *Llythyr gan William Morris at Evan Evans*

[Hugh Owen, *Additional Letters of the Morrisses of Anglesey (1735-86)*, Y Cymmrodor XLIX, Rhan 1, 1947, tt. 570-72]

CAERGYBI, *Mai y 9^d 1763*
FY MHARCHEDIG GYFAILLT,
Ni choeliech chwi byth faint y cwyilydd sydd arnaf obleit fod eich deulythyr yn cydweiddi arnaf am ateb. Dyma fi yn rhoddi fy nghlun i lawr i'r perwyl hwnnw ond cant i un Os caf lonyddwx i fyned ymlaen gan drafferthion y byd brwnt yma, ai e, nid yw awdurdod y pab yn cyrraedd hyd yn Nhalhaearn, ac e weddai na thâl ei bardynau yna ffydownen. Mae Iechyd Llewelyn yn well nag y bu ers talm byd, ai e mae coeglyfrau'r Saeson yn dda rhag Dolur y pen. Mi debygwn i nad cymwys mo Harvey i'r perwyl hwnnw pan dardd 'iwrth y coler du yn enwedig. Mi a ddarllenais ar droeau y rhan fwyaf o'i amryfal lyfrau; ni welaf i ddim o'm gw n(?) arnynt; mwy o gelfyddyd nag Anian, i'm tyb wael i. Chwi ollyngasoch

dros goł y dasg o'r eiddo y Dr Barrow. Hyd yn hyn y bûm yn dal golwg ar eich llythyr cyntaf; yn awr mi osodaf y llall o'm blaen yn llydan agored, a thyma fo. Am y llyfrau yr ych yn eu crybwyll mi a gefais Gordon y Calatyryn a'r Geiriadur efo rhyw Ddyn lledfeddw o'r sesiwn, heb gymaint ag ychydig o bapur llwyd yn eu cylch, ac yn wir (y gwir meddynt sydd dda i'w ddywedyd) ni fedrwn lai y tro hwnnw ag ymddigio ynof fy hun, fod llyfr fy nheilwng gymydog, yr yswain Pantwn, yn cael felly ei amharchu, a bod y gwagedd a sgrifenaswn innau yng ngeiriadur Ray wedi bod agatfydd yn wawd i silod y cyfreithwyr yn holl gyrtiau'r Tair Sir. A heddyw (sef yr 11eg) y daeth i'm llaw lythyr 'iwrth y Meistr Jn° Thomas o Fangor Fawr, a chydag e *Gorespondens* yr *Anticwariens* (dyna i chwi Gymraeg) wedi ei drybaeddu ag inc, &c, yn yr anafus fodd nas gwn gan gywilydd pa'r sut i'w anfon adref. Mi welais ddalen yn Nhristram Shandy wedi ei thrin y modd yma, nis gwn i pa'r gerydd a haedda fardd am orxwyl o'r fath, ond pe gwnaethwn *i* y cyfryw ddirmyg haeddaswn fy maeddu. Mae'r athro yn gaddo anfon y ddeulyfr eraill adref yn o fuan. Y mae'n dda gennyf eich bod yn mwynhau iechyd cystal ag y dymunech; a gwyn eich byd! a'ch bod yn myned o ddifrif i ymddangos mewn print, yn enwedig yng nghyfieithiad yr Henfeirdd. Ond yn rhodd pam na buasech yn mynd ymhellach yn ôl at yr Hen Lywarch, neu Daliesin a'u cydoesiaid? Mi welaf fod y Brawd Llewelyn yntau yn cyfieithu rhai o'r Prif-Feirdd, mae o'n llefain am Gad Goddeu ond ni feddaf mohoni: Gwawd Taliesin ar yr achos hwnnw a ges gennych lle mae holl goed y maes yn ymladd. Ni chawn i y dyddiau yma yn arbennig hamdden yn fy myw i gopïo'r awdlau yma gan amryfal helyntion na ddeuaf i ben eu henwi. 'Rwy'n disgwyl beunydd a pheunoeth herlod im o dre 'Nerpwl; pe bai hwnnw yman y fi a'i gosodwn ar waith. Ond gan fod y rhain oll yn sgrifenedig mewn hen ddull, ni wn i pa'r sut y deuir drwy'r afael. Mi a wn yn rhy dda na cha'r Llywydd Mynglwyd mo'r seibiant i'w haildylino, ac yn wir mae hynny yn dasg rhy galed i myfi. Pwy ond y pen beirdd eu hun a fedr eu dodi yn ddifeius? Chwi a wnewch â myfi gam golau os y chwi a dybia mai gwag esgusion o rhain: nage ddim. Nid oes heddyw yn anadlu nebun Gymro sydd yn fwy awchus pe bai yn ei allu yrru ymlaen y gorchwyl dymunol yma, nag yw eich gwas'naethwr anwiw. Yr oeddwn wedi darllen Dr Brown's Dissertation on Poetry & Music, y llyfr debygwn yr ych yn ei feddwl, ac yr wyf yn ei fawrygu yn dra mawr yn gystal â phopeth arall a welais o'i 'sgrifau, er iddo fy nigio mewn man neu ddau wrth goegi salmyddiaeth plwyfol. Here (medd yr Athro) Devotion is lost between the Impotent Vanity of those who sing, and the ignorant wonder of those who listen. Chwerw ddigon, onid e? A pha beth a dâl goganu'r hen Sternhold a Hopcyn sydd yn bridd a lludw? Nid oedd mo'u gwell pan ganasant. Ai'u bai nhw na arferid gwell gwersiadau yn yr oes gaboledig einom? Er hyn o ffregod can ngresyn na buasai (fal y cwynais wrth Lywelyn) y Doctor yn gydnabyddus â rhai o'n hen gerddi o'r eiddo Taliesin, Llywarch Hen &c. — Ie, na bai o hyn allan yn gohebu efo Llew Pen-bryn a Bardd Tal- haearn, mal y gallech, f'eneidiau, godymu McPherson a'i Osian o flaen ei lygaid. Ymbaratowch am eisteddfod gynta' gallox; yn wir ddiau fe haedda'r Doctor barch a chanmoliaeth gennym ni y Brutaniaid am y gware teg a roddes i'n teidiau, ac am fod yn eirwir. Nid ych yn sôn a[m] y logell-lyfr mewn caead gwyrdd; na yrrwch mohono heb ei selio rhag chwerthin o ffyliaid am ei ben, da chwithau, a'r MS arall yn erbyn Burton.

Dyma fi wedi teilo gwegni agos hyd odre'r ddalen, ac nid oes le namyn i mi ddatgan ichwi a'r hollfyd pe bai ger bron, fy mod yn hollol

Barchedig Syr
Eich Ufudd a'ch Caredig Was'naethwr

Wm MORRIS.

P.S. Mi glywais yn ddiweddar 'iwrth y Mr Ellis a Mr Wm Llwyd o Gowden; pawb yn iax. Y mae gan Belis faban. Mae Llangwm yn myned ymlaen yn odidog; fo fydd yn ein plith a'i lyfrau cyn y bo hir, ait y Mynglwyd.

6. *Drych i Ddwfr Cleifion*

[Argraffwyd gan Ioan Ross, dros Dafydd Efan o Ffynnon-nedd, gerllaw Pont ar Gothi, Caerfyrddin, 1765, tt. 7-8]

Yn awr mi a gaf adael y sylwiadau canlynol i farn ac ystyriaeth pob ymarferwr onest cyfarwydd.

1. Os bydd dwfr y claf yn ymddangos yn denau ac yn wyn fel dwfr gloyw arall, y mae yn dangos diffyg, rhwystrau, anhwyldeb a gorthrymder yn yr ystumog, eisiau blys at fwyd, y clefyd glaswyn, (a elwir felly oherwydd fod y gwyryfon pan y bo yn eu blino yn edrych yn laswyn yn eu hwynebau), neu ynteu'r dropsi. Y mae'r cyfryw ddyfroedd tenau goleu mewn clefydon ffyrnig, yn dra niweidiol; canys y maent yn arwyddo i fod diffyg traul ymborth mawr iawn yn y corff. Canys y mae'r cyfryw ddyfroedd yn dangos i fod effeithiau'r dolur yn codi i'r pen, ac yn fynych yn peri amhwyllder a gwallgofi; fel ag y mae Hippocrates, Aph. 72. Dofp. 4 yn cadarnhau, lle y mae yn dywedyd, Os bydd dwfr yn ymddangos yn wyn ac yn olau, ei fod yn beryglus; yn enwedig os bydd yn dyfod oddi wrth y cyfryw y sy mewn amhwyllder. Neu y maent yn arwyddo llawer iawn o ddiffyg traul ymborth yn y corff, yr hyn sy'n rhag-dystio angau, neu hir nychdod; canys y mae natur yn gofyn hir amser i dreulio allan yr amhuredd hynny. Y mae *Peter Poterii* yn cadarnhau i fod dyfroedd tenau gwyn golau yn wastadol yn ddrwg, yn ei Llyfr 1. pen. 43 tu dal. 663. mewn twymynon ag y sydd yn myned ac yn dyfod, neu rai esmwyth, a phob dydd y mae'r cyfryw ddyfroedd yn dangos i fod lawer o ataliadau ac anhwyldeb yn y ddueg, yr afu, y llieingig, a rhannau eraill o'r corff trwy ba rai y mae'r dwfr yn dihidlo, ag y sydd yn peri iddo i fod mor denau a golau.

2. Y mae'r dwfr sydd yn dyfod o'r corff yn dew, fel yn llawn llaid ac yn gythryblus, ac yn dyfod ohono ei hun yn loyw ac yn olau, yn ddwfr da: canys y mae yn arwyddo buddugoliaeth natur, yn neilltuo'r croes bethau, ac yn ymlid ymaith yr hyn ag y sydd yn niweidiol iddi; a chymaint â hynny yn fwy,

os wedi yr ymraniad, y bydd y rhan dewaf yn aros yn y gwaelod, yn wyn, yn llyfn, ac yn gyfrodedd.

3. Y mae dwfr *tew tywyll*, ag y sy yn parhau felly, ac er ei ddodi wrth dân nad yw yn ymwahanu ac yn goleuo, yn arwydd ddrwg iawn. Y mae'r cyfryw ddwfr, medd Galen, Aph. 70. Dofp. 1. Os bydd y corff yn gryf, yn arwyddo hir nychdod, ond os wedi gwanhau llawer marwolaeth i'r claf: canys yr achos yw i fod llawer iawn o wlybwr (hymors) tew tomlyd, yn gymysg â llawer o wynt yn y corff; fel os yw y nerth wedi mawr wanhau, y mae mawr berygl y caiff natur ei gorchfygu gan ormod amledd y cyfryw wlybwr; ond od oes nerth cymhedrol yn aros, y mae yn gofyn hir amser i weithio allan yr unrhyw. Y mae dwfr tew tomlyd, ac a barhao yn ddiymraniad tros rai dyddiau yn arwydd ddrwg iawn mewn twymyn.

4. Y mae dwfr coch uchel, yn arwydd sicr i fod twymyn mewn gafael: canys y mae yn dangos i fod gwres a phoethder anghyffredin yn yr afu, y cylla, neu'r ddwyfron, fel nad oes dim traul ymborth, ond yn hytrach gorboethi'r gwlybwr sydd yn y corff. Os bydd y dwfr coch uchel hwn yn cael ei wneud yn denau (fel ag y mae yn gyffredin oddi wrth y gwres a'r poethder mawr) ac os parha felly tros ryw amser, y mae yn arwydd drwg jawn. Os bydd y corff yn wan, y mae yn arwyddo angau; ond os bydd y corff mewn nerth cymhedrol y mae yn arwyddo parhad y clefyd, neu syrthiad y gwlybwr i rannau isaf y corff. Er i fod dwfr coch yn arwydd gyffredin o dwymyn, eto y mae yn arwyddo y darfodedigaeth; canys yn afiechyd yr ysgyfaint, oherwydd y poethder mawr, y mae yn fynych yn cael ei wneud yn goch.

7. Llythyr gan Evan Evans at Richard Morris

[Hugh Owen, *Additional Letters of the Morrises of Anglesey (1735-86),*
Y Cymmrodor XLIX, Rhan II, 1947]

GYNHAWDREF: *Tachwedd 29, 1766*

ANNWYL GYFAILLT,

Y mae yn fadws im weithian gydnabod ohonof dderbyn y llythyrau cywraint a addawsoch er mis a chwaneg, a diolch yn fawr iwch am y gymwynas.

Myfi a fûm, wedi ymadael â chwi, yn crwydro yma a thraw, ac nid oes gennyf ddim well i'ch diddanu yr awron na hanes o'm hymdaith. Wele, ynteu, ni gychwynnwn. Yn gyntaf myfi a osodais allan o'r Gynhawdref ynghylch hanner-dydd, ac a gyrhaeddais waelod Ceredigion, ac a letyais gyda châr im y'Nghrug Eryr, y man y mae Lewis Glyn Cothi yn ei feddwl, pan ddywaid am ei berchennog:

Ef yw'r gŵr gorau o Grug Eryr.

Oddi yno mi euthum drannoeth i ymweled â chyd-golegydd im, ond fal yr oedd mwyaf yr anffawd nid oedd mohono gartref, ac onid e ysgatfydd nad aethwn ddim pellach. Oddi yno ymhen dau ddiwrnod mi a gychwynnais tua thref Aberteifi, man na buaswn erioed o'r blaen; oddi yno mi a gymerais hynt i eithaf Dyfed i dref Hwlffordd, lle y gwelais lawer o anrhyfeddodau, sef hen leoedd y darllenaswn amdanynt ym Mrut y Tywysogion a'r Beirdd. Ac ymysg eraill Castell Llanhuadain, hen waith gorchestol. Mi euthum oddi yno i Lacharn at Mrs Bevan, yr hon a'm anrhegodd â holl waith printiedig Mr. Gruffudd Jones. Oddi yno mi a gyfeiriais tua Chaer Fawr Fyrddin, ar oddau argraffu CYDFOD YR YSGRYTHURAU SANTAIDD, ond methu arnaf gytuno â Mr Ross, oherwydd nad allwn glywed ar fy nghalon ymddiried i neb am ddiwallu'r wasg, oddi gerth fy mod i fy hunan yn gyfagos i fwrw golwg arno. Diau mai argraffydd da ydyw, ac y mae llawer o lyfrau wedi dyfod o'i wasg ac yn gywirach nag yr oeddwn i yn meddwl, ac iaith rhai onaddunt yn buraidd ddigymysg.

Y mae yn myned ynghylch printio'r Beibl Cysegrlan a nodau arno, yr hwn sydd i ddyfod allan bob wythnos yr un wedd â chyda chwi yn Llundain. Myfi a welais y *Proposals*. Un o'r Methodyddion yw'r gŵr sydd wedi cymryd y gorchwyl gorchestol hwn yn llaw, ei enw Peter Williams. Onid yw hwn yn gywilydd wyneb i'n gwŷr llên ni o Eglwys Loegr! Y mae Rhagluniaeth Dduw ymhob oes yn cyfodi rhai dynion da. Ni waeth pa enw yn y byd a fo arnynt. Oddi wrth ei ffrwyth yr adnabyddir y pren. Y mae yn dra hynod fod yr ychydig lyfrau Cymreig ag sydd argraffedig wedi cael eu trefnu a'u lluniaethu gan mwyaf gan Ymwahanyddion, ac nad oes ond ychydig nifer wedi [eu] cyfansoddi gan ein offeiriaid ni ers mwy na chan mlynedd, a'r rheini ysywaeth yn waethaf o'r cwbl o ran iaith a defnydd. Y mae St. Paul yn dywedyd mai'r 'hyn a heuo dyn hynny hefyd a fed efe'. Ni ddichon fod ond cnwd sâl oddi wrth y cynhaeaf ysbrydol pan fo'r gweithwyr mor segur ac ysmala heb ddwyn dim o bwys y dydd a'r gwres. A'r Esgyb Eingl wedi myned yn fleiddiau rheibus. Duw yn ei iawn bryd yn ddiau a ofala am ei Eglwys.

I ddyfod unwaith eto o'r tro yma i'r ffordd fawr ar daith a adawsom ar ôl heb ei gorffen, myfi a duthiais o Gaerfyrddin i Lanegwad i weled Cymro cywraint y clywswn lawer o sôn amdano ers cryn ddeng mlynedd o'r blaen, ond na chawswn mo'r oedfa hyd yn hyn ddyfod i'w gyfyl. Dafydd Rhisiart yw ei enw; curad Llanegwad ydyw a gŵr priod o berchen gwraig a phlant. Y mae, debygwn, dan ddeugain oed. Y mae ganddo gasgliad gwych o'r hen feirdd ac amryw bethau gorchestol eraill na welais i erioed o'r blaen mewn un lle arall. Y mae heblaw hyn oll yn ysgolhaig godidog, er na throediodd erioed yn un o'r ddwy brifysgol. Os byddwn byw, mi ac yntau, nyni a gynullwn yr hyn a fo gwiw y parthau yma o Gymru. Myfi a nodais pan oeddwn yno y pethau mwyaf cywraint, ac y mae yn addo ei dadsgrifennu. Chwi a gewch glywed ychwaneg amdanom os byw ac iach fyddwch chwi a ninnau.

Unwaith eto at y daith. Mi a ddychwelais o Lanegwad i Gaerfyrddin, ac oddi yno y bore drannoeth i Gynwyl Elfed, ac i Benybeili yng ngwaelod Ceredigion; methu fyth â gweled fy hen gyfaillt. Oddi yno mi a gychwynnais yn drymluog ddigon ac a ddeuthum i Fabws lle y syrthiais yn glaf o gryd engiriol; a chwedi ymiacháu unwaith, dygaswn, mi a ailglefychais o fewn i'r pymthengnos yma. Ond i Dduw y bo'r diolch yr wyf unwaith eto ar wellhad. Ond y mae fyth ryw bigyn blin yn fy ystlys. Yr wyf yn cyrchu beunydd i lyfrgell Ystradmeurig, ac yn astudio Plato fawr, a hen gyrff eraill o dir Groeg a'r Eidal; cymdeithion mwynion iawn ydynt.

Ni chefais i mo'm llyfrau o'r Gogledd eto, ond y mae'r clochydd, fy hen gyfaill ffyddlon yno yn mynegi eu bod yn ddigon diogel. Mae yn fy mryd gychwyn tuag at yno o hyn i Galan Mai neu ddanfon rhywun i'w cyrchu heb ado migwrn oddi yno. Y mae hiraeth arnaf eisoes am eu cymdeithas, ond nid oes modd i ddanfon hyd hynny.

Atolwg, beth yr ydych yn arfaethu ei wneuthur o drysor mawrwyrthiog eich brawd? Ymwrolwch ac ymorelwch da chwithau, er eu tragwyddoli mewn print.

Y mae gennyf yr awron dair eglwys i'w gwasanaethu, a Chapel Ieuan yn Ystradmeurig yw un ohonynt. Felly ni lafasaf fyned ymhell oddi cartref.

Ni welais mo Mr. Paynter wedi'r diwrnod hwnnw i gymerais fy nghennad oddi wrthych chwi yn y Dafarn Newydd, ond y mae yn fy mryd ymweled ag ef rywbryd tu yma i'r Nadolig. Drwg iawn y newydd oddi wrth Oronwy druan; gresyn oedd!

Gadewch im gael hir llythyr oddi wrthych, a pheidiwch â thalu drwg am ddrwg, sef gohirio ysgrifennu fal y gwneuthum i. Cofiwch am roi hir enghraff o gyfieithiad Milton mewn mydr penrydd o eiddo Mr Wiliams. Y mae Mr Richard o Ystradmeurig yn cofio ei wasanaeth yn garedig atoch.

Eich ffyddlon rwymedig gyfaill,
EVAN EVANS.

8. Hanes Bywyd a Marwolaeth Tri Wŷr o Sodom a'r Aipht, 1768

[Garfield H. Hughes, *Gweithiau Pantycelyn*, II, 1967, tt. 130-2]

PERCON.: Duw a roddo ei fendith ar y farwnad yna i ddangos i rywun y trueni sydd o garu'r ddaear yn fwy na'r Nefoedd. Ond ewch at fywyd a marwolaeth Prodigalus ei gymydog, a mynegwch a ddalsoch o sylw ar hwnnw, o'r pryd y daethoch i'w adnabod i'r pryd ymadawodd â'r byd hwn.
CANT.: Efe oedd o dylwyth mawr ym Midian; enw ei fam ef oedd Cosbi, merch Sur, tywysog Midian; ond ei dad ef oedd Amoriad, un o'r cenhedloedd a yrrodd yr Arglwydd ymaith o flaen meibion Israel. Fe'i ganwyd ef yn nhir Nod, lle ffôdd Cain o bresenoldeb yr Arglwydd am ladd ohono Abel ei frawd. Ei dad ef a grynhôdd olud fel golud Cresus, trwy drais, cam a gorthrymder, fel Afaritius ei hun; ac am hynny angen ydoedd eu gwasgaru hwynt gan rai o'r etifeddion, fel dywed yr hen fardd,

> Yr hyn a gesglir trwy gybydd-dra,
> Y mab afradlon a'i gwasgara.

Ond Prodigalus, pan oedd eto ond bachgen, am nas mynnai ei dad gostio wrtho, a gadwodd gwmpeini dynion anfoesol a drwg, y rhai yn ei ieuenctid a'i cynefinodd i bob drygioni; ei gyfeillion ef oedd y meddwon, a hynny yn fore iawn; eu llawenydd hwy oedd ei lawenydd yntau, a'u cân hwy oedd ei gân yntau; yn eu cwmpeini yr oedd y dulsimer, y delyn, a'r dawns: ond gwaith yr Arglwydd oedd bell oddi wrthynt. Yma y treuliodd Prodigalus arian fel gro yr afon, arian ag oedd ei hynafiaid wedi gadw iddo erbyn y dydd; ac yma y gollyngodd ef aur ag oedd ers blynyddau mewn carchar, yn rhydd o'u caethiwed; a chyfoeth ag oedd ddyledus i'r gweiniaid a doddwyd yn awr yn ddiod gadarn; fe lyncwyd codennau aur i lawr yn win melysaf; ac eto rhy fach o olud a gasglwyd iddo i borthi pob chwant. Ei geg oedd fel fflodiad y felin; nid oedd digon o wlybrwydd iddo gael tu yma i'r môr; fel y llwnc tir cras, sychedig, ddwfr, felly llyncai Prodigalus sudd y winwydden, heb fod ei syched ronyn llai; dydd at ddydd a gynyddodd ei feddwdod, nos at nos a chwanegodd ei bleser, nes o'r diwedd iddo fyned yn ben ac yn arglwydd ar ei holl gyfeillion: yr olaf yn flaenaf, yr ieuangaf o flaen pawb; mor barod yw natur i ddysgu yr hyn sy ddrwg.

Erbyn hyn nid oedd na ffrae na chynnwrf, gwaed na chlwyfau, nad oedd Prodigalus â'r llaw uchaf ynddynt; a chymaint hefyd yr ymarferodd â hyn, nes daeth ymrafaelio fel bwyd i'w enaid. A hyn a'i dygodd ef i ymhyfrydu yn y gyfraith wladol, yr hon aeth bob yn ronyn yn bleser nesaf i'w fol iddo ef. Yn awr ni adawai ef na chwrt na sieswn heb fod yn bresennol; ac nis câi ustus o heddwch lonydd, ond ei flino ag achosion ymrafael o'r bore i'r prynhawn. Anodd y dyddiau hynny cael un achos cyfraith yn ei ardal ef nad oedd ganddo law ynddo; cymaint pleser oedd ganddo i ymddial fel mai gwell oedd i spendio can dryll o arian na dioddef colli hanner un o'r rheini; a hyn a'i harweiniodd ef, fel y mae pechod yn arwain i un arall, i ymbleseru mewn anudoniaeth, yr hwn sy'n dilyn ymgyfreithio fel gogysgod yn dilyn gŵr. Ac nid digon iddo ei fod ef ei hun yn ymarferyd â'r bai ysgeler, ond rhaid ydoedd dysgu hefyd i eraill y weithred ysgymun, fel y bai ef a'i gyfeillion yn sicr o ennill y treial, bid gam neu gymwys; a dyfod allan gyda 'hwssâ' oddi ger bron y barnwr, er bod y tlawd yn cael ei orthrymu yn chwerwdost trwy yr anghyfiawnder didrugaredd.

Ond hyn oll a barodd iddo wasgaru ei dda mor ddisymwyth fel y dechreuodd tlodi i'w gyfarch, a gorfod gwystlo'r etifeddiaethau teg a gafodd ei hynafiaid ar wystl gan eraill, ac ni roesant ohonynt fyth yn ôl. Fel hyn y daw'r afon ymhen blynyddau yn ôl i'w therfynau cyntaf; ond er hyn oll ni ddychwelodd ef o'i ffyrdd drygionus, ond aeth rhagddo yn gildynnus, gan chwanegu eto bechod at bechod; tyngu a phuteinio sydd gyfeillion yn fynych i loddest a meddwdod; 'godineb a gwin newydd sydd yn tynnu y galon oddi wrth Dduw'. Yntau halogodd amryw o ferched diwair, ac a'u llithiodd bob yn ychydig ac yn ychydig i wystlo eu diweirdeb i'w drachwantau ef, ac a'u denodd i waered i ffordd distryw, nes myned ohonynt yn ddrewdod i'r byd, ac yn wradwydd iddynt eu hunain. Ond, O druenus ddyn! Ni safodd Prodigalus ddim yma chwaith, ond aeth rhagddo yn ddiatal i gyflawni pob trachwant yn unchwant. Malis, llid, cenfigen, hoced, celwydd, trais, puteindra, meddwdod, a chyfeddach, ynghyd â'r holl dorfeydd sydd yn eu canlyn o bechodau, a lanwodd ei ysbrydoedd fel y dyfroedd yn llanw'r môr; ac nid oedd oll o'i fewn yn awr ond llety i Ddiafol – ffau i holl fwystfilod rheibus y pwll diwaelod oedd ei ysbryd aflan ef.

9. *Llythyr gan William Jones at Richard Morris*

[Hugh Owen, *Additional Letters of the Morrises of Anglesey (1735-86)*, Y Cymmrodor XLIX, Rhan II, 1947, tt. 745-6]

LLANGADFAN,
SIR DREFALDWYN;
Chwefror y 15fed 1768

SYR

Eich serch i'ch cyd-wladwyr a'u hiaith a'm cefnogodd i obeithio na byddai lwyr anghymeradwy gennych air oddi wrth ewyllysiwr da i'r unrhyw er gwaeled fo, ac er nad yw'r neges presennol ond bychan, nid amgen, ag i ddangos ichwi fy llawenydd fod eto rywrai mewn ewyllys medr a gallu i ddiffyn achos eu gwlad mewn 'sgrifen megis y gwnaed yn y traethawd diweddar yn gymen ddangos i hil Hors eu hanghyfiawnder a'u digywilydd-dra yn rhannu plwyfydd Cymru rhwng eu hil eu hunain. Mae awydd a hunaingarwch y Saeson yn anfon eu gwehilion gwancus fel cynifer o gacwn geifr i sugno melystra ffrwythau llafur eraill yn eu hanghariaduso efo eu deiliaid ymhob oes a gwlad, megis yn Ffrainc gynt ac yn Iwerddon ac yn America yn awr. A ddaliasoch sylw mor drahaus yr ysgrifennodd un o blant Rhonwen yn y Gent. Mag. am Ragfyr diwethaf? Gresyn na châi ei ateb. Er maint oedd ei ogwyddiad i ymweled â siroedd anhygyrch Gwynedd, a'i hunan-dyb o'i singular sagacity efe a gyfeiliornodd yn dost o'r ffordd wrth fyned tuag yno drwy Aberteifi a Phenfro, ac ymhell o'r gwir pan ddywedodd mai cwbl hyd y Sir yw o Aberystwyth i Aberteifi; ac mae lle i amau nad yw ef fawr nes ato mewn rhai pethau eraill y mae'n eu hadrodd ynghylch ei helynt hyd y ffordd. Mae'n ymhyfrydu yn fawr weled Mynyw yn lle mor wael, ac nid allai edrych ar feddrod tad Harri'r 7^{fed} heb drahaustra (ai ni wyddai'r eiddig ei fod yn un o hynaif ei frenin ei hun?), nac ar y man y claddesid rhai o hen esgobion Cymru heb chwydu peth o'i wenwyn ac nid yw y Llythyr i gyd p'run bynnag ai ffugiol ai hanfodol ydyw onid gorferw drygnaws a chenfigen. Ac annheilyngach oedd esgyb Cymru nag esgobion llawruddiog Lloegr gynt. Paham y dennyd y Saeson yr ysfa i'r Cymry ag amled yw brech yr anlladrwydd yn eu plith eu hunain, yr hon sydd anadnabyddus yng Nghymru oddi gerth ei chael weithiau yn anrheg ganddynt hwy? Paham y soniant am letygarwch? Ni wybu odid o dlodion Cymru pa beth oedd diffyg ymborth drwy'r drudaniaeth diweddar lle collodd llaweroedd eu bywyd yn eu mysg hwy; ac am drueni a thlodi, ple yng Nghymru y gwelir dim a haeddai ei gyffelybu i'r gwall a ymddengys yn eu trefydd pennaf hwy. Ni ormesaf ar eich mwynder ddim anchwaneg. Hanffyddwch wellwell

Eich annheilyngaf ac anadnabyddus Wasanaethwr,
WILLIAM JONES

Fe fyddai dda iawn gennyf wybod helynt y Cymro cywir-galon hwnnw, y parchedig Mr E. Evans, a'r modd i 'sgrifennu ato.

10. At y Darllenydd

[John Roberts, *Rhifyddeg,* Dulyn, 1768, t. v.]

Myfi gymerais y gorchwyl hwn mewn llaw er mwyn i tithau gael peth o'r briwsion a gesglais i tan fyrddau y dysgedigion. Myfi a ddechreuais yn *Nhabl* Rhifyddiaeth, yr hwn a roddais i lawr hyd naw ffugur. Am y rheolau ni chefais gwbl fodlondeb am eu henwau, (ond darfu i mi roddi yr enwau *Saesneg* ar frig y naill dudalen, hyd ddiwedd y llyfr). Os digwydd i mi, neu rywun arall, gael enwau gwell, gellir eu newid yn yr argraffiad nesaf. Nid wyf yn barnu mai gwell yw cymryd y llyfr o'i gwrr, ond, ar ôl dysgu cysylltiad rhifedi cyfain, myned ymlaen i *Leihad*(?) rhifedi cyfain, ac ymlaen i'r *lluosogiad* rhifedi cyfain ac oddi yno i'r *cyfraniad*. Wedi dysgu hynny dychwelyd yn ôl i'r *Cysylltiad, Lleihad, Lluosogiad,* Rhifedi Amrywiol. Myfi a fûm yn faith yn *Lluosogiad* Troedfeddau a Modfeddau, am mai wrtho ef y mesurir yn gyffredin y rhan fwyaf o bethau: y Degrannau, gwreiddiau, a chyflawnochrau ysgwarau, a roddais ar lawr gydag ychydig o hyfforddiadau i wneuthur y rheolau cyffredin a'r degrannau ac wrth sliding rule. Ni ddarfu i mi ganlyn neb, ond y rhai y cymerais fwyaf ohonynt yw Fisher, a Fenning. Ni ddarfu i mi roddi llawer o addysg i wneuthur y swmau yn y mesuriadau, am fy mod yn meddwl, na ryfyga neb fyned iddynt, heb y rheolau blaenorol. Ac ymhellach, er mwyn y rhai na ddysgant rifyddeg cyffredin na'r degrannau, rhoddais reolau, i fesur wrth y sliding rule. I ddibennu, gallaf ddywedyd amdano (er gwaeled yw y llyfr) nad oes mo'i gyffelyb yn yr Jaith *Gymraeg.*

11. *Llythyr gan Richard Morris at Goronwy Owen*

[Hugh Owen, *Additional Letters of the Morrises of Anglesey (1735-86), Y Cymmrodor XLIX,* Rhan II, 1947]

TWRGWYN LLUNDAIN [*c.*1770]

FY ANWYLAF GYFAILL,

Os byw ydych, fel 'rwy'n gobeithio eich bod, atebwch da chwithau: ond os marw, 'Dedwydd o enaid ydwyt Llaw Dduw a'm dyco lle'dd wyt.' Gron. ddu. Tan obaith cael un llythyr arall oddi wrthych cyn ymadael â'r byd rhaid mynegi ichwi im' ateb eich llythyr gwerthfawr ymhen hanner blwyddyn ar ôl ei dderbyn; ac ynghylch blwyddyn ar ôl hynny mi yrrais arall atoch drwy law Morgan offeiriad, a ddaeth yna oddi wrth y Gymdeithas er ymledu'r Efengyl yn y gwledydd tramor â'r llyfr printiedig Diddanwch Teuluaidd, yn cynnwys Gwaith Gronwy Ddu, Llewelyn Ddu, a'r Bardd Coch, ac fe a addawodd ar ei gred eu dodi yn eich llaw eich hun; ond ni chlywais i fyth gwedyn un gair, f'eneidiau, oddi wrth yr un ohonoch. Mi roddais i'm chwaer-yng-nghyfraith gopi o Farwnad ei Gŵr; hithau a'i benthyciodd i hwn a'r llall, hyd na ddaeth i law Gwilym Howel o Lanidloes, yr hwn a'i printiodd yn ei Almanac, 1770, yn llawn o feiau: minnau a'i ceryddais hyd adref am ei drwsgleiddwaith. Mae yma nifer o Saeson yn dysgu Cymraeg yn wsdwn [?] gwyllt, i'w cymhwyso eu hunain i gyflawn ddealltwriaeth o hen hanesion Prydain. Och fi! na baech yma i'w hathrawu, gaswyr deillion. Dyma'r Hirfardd wedi cyhoeddi ychydig o waith yr hen feirdd, a chyfieithiad Saesneg gyferbyn â'r Gymraeg, ynghyd â'i *Ddisertatio de Bardis* yn Lladin, a gwerthodd y llyfr yn rhwydd dda; ond ysywaeth, mae ef yn awr wedi mynd dros y llestri yn llwyr, trwy hylltod brwysgo, ac nid oes gymorth iddo! Mae eich eisiau chwi yma'n dost, i roi allan argraffiad newydd o Eirlyfr a Gramadeg y Doctor Dafis, &c., a chwi gaech dâl da am eich gorchwyl; dyma'r defnyddiau'n barod, ond eisiau pensaer i'w rhoddi ynghyd. Ond beth a dâl sôn am bethau amhosibl i'w cyflawni? Mae'r Cymrodorion yn cynyddu mewn nifer a charedigrwydd, ac yn hiraethu'n drwm amdanoch i'w plith; gresyndod mawr eich danfon cyn belled oddi wrthynt mewn awr ddrwg; a melltith ei fam iddo yntau'r Dawson am eich ymlid ymaith o Goleg Wiliamsburg. Bendith yr arglwydd ichwi. Mynegwch eich cyflawn hanes, fel y gallem ystyried a oes yma well bywoliaeth i'w chael nag y sydd yna. Beth pe caech fod yn geidwad Llyfrgell Syr Wat. W. Wynn yn Llanforda, a chyflog da i'r fargen? Beth meddwch? Mae'r pendefig hwnnw, a fu y dydd arall yn briod â chwaer Duc Beaufort, ond yrŵan â nith yr Argl. Temple, y llall yn ei bedd, wedi dyfod yn un o'r Cymrodorion, ie, a'i frawd-yng-nghyfraith y Duc, yr hwn sydd gantho eiddo mawr y'ngwlad Forgan: a hefyd yr Arglwyddi Grosvenor, Bwclai, a Paget mab Syr Nic. Bayley, heblaw wmbredd o wŷr mawr eraill!

Dyma glamp o Feibl Cymraeg pedwarplyg, naw mil o rifedi, newydd ei brintio a nodau arno yng Nghaerfyrddin; ac ugain mil o rai wythplyg wedi eu printio yn Llundain i'r gwerinos tlodion: a mwy nag erioed o brintio Cymraeg yn myned ymlaen mewn llawer o fannau. Fe ddaeth allan nifer o lyfrau Eurgrawn (Magazines) bob pythefnos yng Nghaerfyrddin, am dair ceiniog; ond o ddiffyg un fel chwi i'w trin, marw a orug y gwaith ysywaeth cyn cyrraedd pen ei flwydd! Dyma'r cyfaill Parri yn gorchymyn atoch yn garedig; mae ef wedi priodi hen forwyn, ac nid oes plant iddo; a minnau gennyf Angharad 18, Marged 15, a Rhis^t 10 oed, a chleddais i gyd ynghylch ugain o'r epil; a dyma fi wedi claddu mam y plant yma, ysywaeth, fis hydref diwethaf. Nid oedd hi ond 40 a minnau yn y 70 flwyddyn o'm hoedran, a 50 o'm hymdaith yn Llundain. Erchyll mae'r angau glas yn bwrw i lawr fy hen gyfeillion i; ni adawodd imi nemor un onaddynt i ddywedyd fy chwedl wrtho ac i gwyno fy ngholled. Mae'n bygwth y gwna i'r peswch a'r fygydfa fy nanfon innau ar eu hôl cyn y bo hir. Nefoedd i'r eneidiau i gyd pan welo'r Goruchaf yn dda alw amdanom. Ai byw'r ddau herlod Rhobin a Goronwy? A pha sawl un a ynillasoch yn y byd isaf yna? Mae Wiliams o Lôn-y-bais yn gawr, y wraig gyntaf yn y bedd, ac un arall gantho a phlant ohoni. A oes yr un o'r magazines neu o'r papurau newydd Seisnig yn dyfod un amser o Lundain tros y môr mawr atoch yna? Beth a dâl chwanegu pan feallai na dderllyn neb fyth y llythyr? Onibai hynny mi rown ichwi lonaid cod o newyddion bydol. Mi wyf yr eiddoch drwy einioes ac angau

RHIS^T MORYS

If the Rev^d Mr. Owen is dead, I pray a line from the person who opens this with some account of him & his family, directed to Mr. Morris, Navy Office, London.

12. Ymddiffyn Cristionogol

[Robert Jones, Rhos-lan, *Ymddiffyn Cristionogol*, 1770. Codwyd yr isod o argraffiad Aberhonddu, 1776, dan y teitl *Lleferydd yr Asyn*, tt. 4-14, 19-20]

Tan ddifrifol ystyriaeth o'r pethau hyn, a diamheuol warant a sail o'r Ysgrythurau sanctaidd, Heb. iii. 13. I Thes. v. 2. Mat. xviii. 20, ynghyd â rhyddid y llywodraeth werthfawr a ganiateir ac a gynhelir gan ein grasusaf ddaionus arglwydd frenin GEORGE III. a'i oruchel gynghoriaid, y bu ein diweddar gyfarfod yn Rhos-lan. Ac os gofyn neb pa beth oedd diben ein dyfodiad ynghyd, yr ŷm yn rhydd i ateb ger bron y nefoedd, mai'r ddau beth pwysfawr hyn ydoedd, sef, yn gyntaf, talu dyledus addoliad i Dduw ar Ei ddydd sanctaidd, ac erfyn Ei fendith: yn ail, ceisio llesâd eneidiau anfarwol; ac am na cheid un tŷ, rhaid oedd cyfarfod yn y maes. Ac fel yr addolem mewn modd parchus a gostyngedig (megis y gweddai i greaduriaid annheilwng ymddangos o flaen y Jehofah anfeidrol) fe fu i ni yn gyntaf ganu Salm, er clod i enw gogoneddus Duw, ac ymostwng o'i flaen Ef mewn gweddi, ac yn ganlynol darllain a sylwi ychydig ar ran o'i sanctaidd air Ef; ond cyn gorffen y rhan o'r Ysgrythur, a'r ymadrodd gwerthfawr hwnnw yn cael ei ddarllain air yng air o'r Bibl, sef, Act. iv. 12. – 'Ac nid oes iechydwriaeth yn neb arall, canys nid oes enw arall dan y nef, wedi ei roddi ymhlith dynion, trwy yr hwn y mae yn rhaid i ni fod yn gadwedig' – fe aflonyddwyd y dyrfa gan ddyn dieithr, afreolus a ddaethai yno yn y cyfamser (debygid) i'r diben hynny yn unig: ac er mwyn bod yn fwy llwyddiannus yn ei orchwyl, efe a gymerasai gydag ef offeryn pwrpasol i'r gwaith anraslon oedd ganddo mewn llaw, sef math o utgorn, neu gorn gweiddi. A chan ei fod ef yn ddieithr fel y dywedpwyd, i lawer oedd yno, ac yn ymddangos yn annhebyg iawn i un o drigolion gwlad yr Efengyl, rhoddes hyn le i amryw ymresymu, pwy a allasai yr utganwr fod, ac o ba le y daethai'r cyfryw un allan. Meddyliai rhai mai pagan ydoedd, a ddaethai yn ddiweddar o'r gwledydd tramor, ac yn ebrwydd wedi dyfod ohono i dir, mewn rhyw borthladd cyfagos, iddo gymryd ei gorn gweiddi *(speaking trumpet)* gydag ef, a myned i edrych ansawdd y wlad; ac iddo daro wrth dyrfa o ddynion (yn ei dyb ef) yn esgeuluso eu galwedigaeth (yr hyn beth ym mysg y paganiaid, sydd anghyfreithlon un diwrnod mwy na'i gilydd) a cheisio ohono fel Pharao gynt, eu gyrru ar frys at eu gorchwylion. Ond fe welwyd yn ebrwydd, nad un o'r paganiaid ydoedd, oherwydd ei afreolaeth; canys y mae llawer o'r rhai hynny yn casáu yn hollol anfoesoldeb a thyngu.

Fe dybiai eraill wrth ystyried y geiriau oedd yn cael eu darllain yn y cyfamser, sef nad oes iechydwriaeth yn neb ond Iesu Grist; a'i glywed yntau yn gwrthateb, ac yn gweiddi allan, 'Gwaed diawl! yr ydwyt yn dywedyd celwydd', mai Iddew gwargaled ac anghrediniol ydoedd; canys ni chred yr Iddewon mai yr Iesu yw Mab Duw, ac mai trwyddo ef y mae cael iachawdwriaeth, ond er mor gryf yw eu hanghrediniaeth, er hynny y mae eu cyfraith yn eu gosod dan rwymau caeth, i ochelyd pob math o lwon ofer ac afreidiol, Lef. xix. 12. Zech. v. 3. Gan hynny nis gellid meddwl yn gyfreithlon ei fod ef yn un o'r genedl honno chwaith.

Pe buasid yn barnu amdano mai un o'r Mahometaniaid ydoedd, buasai lle i'w hamddiffyn hwythau, er mor gyfeiliornus yw eu barnau, nad oes neb ohonynt yn gwbl yn gwadu yr Arglwydd Iesu; canys hwy a'i cydnabyddant Ef megis Proffwyd, ac a'i parchant Ef, fel un wedi dyfod oddi wrth Dduw.

Amryw a fynnent haeru mai Papist ofergoelus ydoedd efe, a ddaethai yno yn llawn sêl i amddiffyn prif addysg ei hen fam gibddall Rufeinaidd, sef anwybodaeth, ac i lwyr wrthsefyll y pelydr lleiaf o oleuni'r Efengyl hyd y gallai rhag llewyrchu.

Ond wrth ystyried fod y deyrnas hon (trwy anfeidrol ddaioni Duw) wedi taflu ymaith iau haearnaidd y Pab oddi ar warrau ei thrigolion ers amryw flynyddoedd, fel na chaent yn gyhoeddus gyflawni eu 'sgeler amcanion megis gynt; ac oherwydd hynny nad oedd un o'r llwynogod hyn mor hyfed â dyfod allan o'u ffeuau y dyddiau presennol. Ymhellach, er eu bod mor greulon â llewod yn erlid eglwys Dduw, yr amser a aeth heibio, er hynny na feiddiant chwaith y pryd hwnnw fytheirio llwon anudon, rhag cael eu trosglwyddo i uffern isod; neu o'r hyn lleiaf (yn eu tyb hwy) dioddef hir a phoenus burdan. Gan hynny nid ellid yn gyfiawn feddwl ei fod ef yn un o'r genedl ofnadwy hon.

Fe ddrwgdybiodd rhai gan hynny (os un o hiliogaeth Adda ydoedd) mai aelod o Eglwys Loegr a allai efe fod. Ond pa fodd y cydsaif hyn eto â chysondeb rheswm, fod yn bosibl i neb a rwymwyd ym moreddydd ei amser mewn cyfamod bedydd ger bron tri o dystion, i ymwrthod â'r diafol a'i holl weithredoedd, fod yn bosibl, meddynt, i'r cyfryw un yn anad neb, gablu Duw, a thyngu llwon mor 'sgeler, yr hyn sydd yn ddiamau yn waith cyhoeddus i'r diafol? Ac wrth ystyried ymhellach fod y ddywededig Eglwys Loegr yn rhwymo ei holl aelodau i gredu'n ddilys, holl brif bynciau'r ffydd Grist'nogol, ynghyd â iachusol articlau yr unrhyw Eglwys yn ddisigl. Onid oedd gan hynny yn anrhesymol, feddwl unwaith fod neb o'r cyfryw mor echryslon â gwrthsefyll a chablu y pennaf ohonynt, sef iechydwriaeth trwy Grist yn unig.

Megis y mae pob un a broffeso ei fod yn aelod o'r eglwys sefydledig dan rwymau i ymwrthod â'r diafol a'i holl weithredoedd, ac i gredu pynciau sylfaenol y ffydd (fel y dywedpwyd) felly yr un modd, y maent yn addunedu, cadw gwynfydedig ewyllys Duw a'i orchmynion holl ddyddiau eu bywyd. Pwy gan hynny, ond dyn eitha camsyniol a fuasai yn meddwl fod neb wedi cymryd y rhwymau cadarn hyn arno, mor rhyfygus, a digywilydd, â throseddu o'i wirfodd y rhai egluraf o orchymynion Duw, ac yn fwyaf enwedigol dorri Ei sanctaidd Saboth Ef?

13. *Ychydig o Eiriau Diweddaf yr Awdur wrth Ymadael*

[*Cenadwri a Thystiolaeth Ddiweddaf Howell Harris, Yswain* . . ., Trefeca, 1774, tt. 42-3]

Pan y cafodd gyntaf sicrwydd o'i ymadawiad, efe ddywedodd: 'Bendigedig a fyddo Duw! Y mae fy ngwaith wedi darfod, ac yr wyf yn gwybod fy mod yn myned at fy annwyl Dduw a'm Tad, canys Efe a gafodd fy nghalon, ie, fy holl galon.'

Drachefn efe a ddywedodd, 'Er bod y gelyn yn cael cennad i boeni fy nghnawd, eto bendigedig ydyw yr Arglwydd, nid yw yn cael ei oddef i ddyfod yn agos at fy ysbryd.'

Mynych iawn y byddai yn ailadrodd y geiriau hyn yn llawen, gan ddywedyd, 'I Dduw y byddo'r gogoniant: nid oes un colyn gan angau. O! Y mae angau wedi colli ei golyn!' Ac eilwaith efe a dorrodd allan fel un yn llawn o ffydd ac o'r Ysbryd Glân, 'O, y mae yn ddigon eglur i mi mai Duw yw fy nhad tragwyddol, ac y caf fyned yn fuan ato.'

Drachefn a thrachefn y byddai yn traethu pa mor rhagorol werthfawr ac annwyl oedd yr Iachawdwr iddo ef, gan ddywedyd, 'Dyma ganlyn yr Iesu yr ydym ni; yr ydym ni wedi dyfod i fynydd Seion; yr ydwyf i ar fynydd Seion yn wir. Myfi a welais ogoniant mawr yn y Dyn Iesu o'r blaen, ond nid oedd ond fel dim at y peth a welaf yn awr; dyma wir ganlyn yr Iesu.'

A phryd arall pan yr oedd yn meddwl ei fod yn ymadael, efe a lefodd allan, 'O, fy Iesu, dyma fi yn dyfod, dyma fi yn dyfod atat Ti.' Ychydig o amser ar ôl hynny efe a ddywedodd, 'Yr ydwyf mewn poen mawr, ond y mae popeth yn dda; popeth yn dda. Fy Iesu a drefnodd bopeth yn dda. O, pa fodd y b'asai yn awr, ped f'asai golyn angau heb ei dynnu ymaith. O na allwn fyned adref, canys y mae fy ngwaith wedi ei orffen yma.'

Ac oddi wrth olwg ar ddioddefiadau anfeidrol yr Iachawdwr, pa rai bob amser a fyddai ei hyfryd destun, efe a ddywedodd, 'Yr ydwyf mewn poen mawr, ond y mae dioddefiadau Crist wedi cymryd ymaith fy nioddefiadau i. O! dyma fuddugoliaeth yn wir. Mawr yw'r gogoniant, ond cul yw'r ffordd sydd yn myned iddo.'

Yna wrth weled mawr ffyddlondeb yr Arglwydd tuag ato, efe a anadlodd allan iaith ei enaid, gan ddywedyd, 'O! fy Mhrynwr annwyl, Efe a gadwodd fy nghalon iddo ei hun!' A phan oedd yn y cyfyngder a'r poen mwyaf, mynych y byddai yn llefain allan, 'O, y cwpan hwn! Bendigedig a fyddo Duw am y cwpan diwethaf hwn. O! fy Iesu a'i hyfodd ef i gyd yn fy lle i, a minnau a fyddaf yn ebrwydd gyda'r Duw hwnnw a fu farw droswyf i'm hachub, i bob tragwyddoldeb.'

Llawer o ymadroddion gwerthfawr eraill a ddaeth allan o'i enau ychydig cyn ei ymadawiad, trwy ba rai yr oedd yn tystio ei fawr gariad, a'i ofal am eneidiau dynion; un o'r rhai diwethaf oedd gyda phwysau, 'O, y mae'r wlad agos yn llawn o gau ffydd, a gau obaith.' Ac felly yr aeth adref i orffwys yn yr Arglwydd.

14. Myfyrdodau yn y Gwanwyn

[Hugh Jones, Maesglasau, *Cydymaith i'r Hwsmon*, 1774. Golygwyd gan Henry Lewis, Gwasg Prifysgol Cymru, 1949, tt. 1-4]

Wele'r gaeaf a aeth heibio, y glaw a basiodd, ac a aeth ymaith; gwelwyd y blodau ar y ddaear, daeth amser i'r adar i ganu: y dydd sydd beunydd yn ymestyn, a'r haul yn mynych ymddangos allan o babell y ffurfafen, ac nid ymgudd dim oddi wrth ei wres ef.

Y ddaear oedd galed, oerllyd ac afrywiog amser gaeaf, yn awr a dry yn feddal a thirion, trwy dynerwch yr hin, a chynhesrwydd yr haul. Wele'r goedfron yn glasu a'r gerddi'n blodeuo, a'r holl greadigaeth yn adnewyddu, er dechreuad y tymor hyfryd hwn.

Gwêl yma, O, fy enaid! wrthddrychau ac arwyddion eglur yn llyfr natur, o gyflwr a moddau dyn cadwedig, yn amser ei ail greadigaeth o newydd yng Nghrist Iesu yr hwn cyn hynny o bryd dedwyddol, sydd wrth ei natur, yn 'farw mewn camweddau a phechodau,' a'i galon yn galed a diedifeiriol, megis y ddaear ganol rhewynt, heb naws meddalwch ynddi. Eithr pan gofio efe ei ffyrdd gynt, a'r holl weithredoedd y rhai yr ymhalogasai ynddynt, yna y galara ac y tawdd yn ei anwireddau, ac yn ôl hyn y cyfyd Haul Cyfiawnder gan dywynnu ar ei enaid a chynhesu ei galon, i'w pharatoi i dderbyn had gair Duw, megis y mae cynhesrwydd neu wres yr haul yn sychu'r ddaear fis Mawrth, i'w gwneuthur yn gymwys i dderbyn yr had a heuir ynddi.

Ffarwel Ned Pugh
Can croeso i'r ddaear, liwgar le,
  Yn nyddie ei hadnewyddiad;
Can diolch Arglwydd am nesáu,

O gynnes olau'r gennad;
Yr adar bach, oedd gynt yn brudd,
Drwy'r dyffryn sydd yn deffro;
A'r byd a'i sylwedd burdeg sail,
Sydd wedi ailnewidio:
Duw Tad o'r uchelne', o newydd gwna ninne,
I gael inni galonne, i redeg y siwrne
A osodwyd o'n blaene cyn blino:
Down gyda phob talar, i dderbyn dy ffafar,
Cyn mynd ein cyrff breugar, a'n hesgyrn ar wasgar,
I waelod y ddaear i dduo.

Amser gwanwyn yn ôl i'r hin dymheru a'r ddaear ddechrau cynhesu; er disgyn ambell gaenen o eira arni, ni erys ond ychydig amser: ac er iddi weithiau galedu dros nos gan rew, mae'n rhywiog i feddalhau y dydd gan des yr haul. Felly ni sai' pechod yn hir yn y galon wir ddychweledig; er digwydd iddi ar ryw ddamwain dywyllu ac oeri yn ei serchiadau tuag at Grist, heb allu ymhyfrydu yn Ei air, nac mor awyddus i ordinhadau sanctaidd ag o'r blaen; er hynny nid hir yr erys yn y cyflwr marwol hwnnw, canys pa wedd y bydd i'r hwn a fu farw i bechod, eto fyw ynddo ef? Cyfyd goleuni i'r rhai uniawn yn y tywyllwch. Troir eu galar yn llawenydd; tros brynhawn yr erys wylofain, ac erbyn y bore y bydd gorfoledd.

Er aros dyn y nos dan iau – galar,
Gelwir ef y borau,
Afon o hedd i fwynhau,
A Pharadwys ei ffrydiau.

Wrth weled y ddaear yn glasu, y coedydd yn impio, a'r holl fyd megis wedi ei greu o newydd, wele mor brysur yr adar bychain yn dangos eu gorfoledd, yn yr hawddgar gyfnewidiad hwn; hwyr a bore y clywir hwynt yn pyncio mawl i'r Creawdwr. Felly yr angylion sanctaidd ar droëdigaeth un pechadur; nid cynt y creir ef o newydd yng Nghrist Iesu, nag y dechrau'r nefoedd seinio o lawenydd uwch ei ben, o weled un etifedd ychwaneg, wedi ei eni i wisgo coron y gogoniant. Y cyfryw un a ddichon adrodd ei ddedwyddwch mewn geiriau fel hyn,

Gwyn fyd y funud, f'enaid, – y gwelaist
Y golau bendigaid;
Newidiest lluest y llaid
Am fawredd y nef euraid.

Hefyd, mae gorfoledd ymhlith pobl Dduw yn y byd yma, pan welont bechadur yn newid ei ffyrdd ac yn rhodio mewn newydd-deb buchedd. Fe adroddir am un a elwid Caius Nearius Victorius, yr hwn oedd yn byw cylch tri chant o flynyddoedd ar ôl Crist, yr hwn a fuasai yn bagan di-gred holl ddyddie'i fywyd: eithr yn ei henaint, efe a ymwrandawodd ac ymofynnodd ynghylch Crist, ac a ddywedodd y mynnai ef fod yn Gristion; eithr y Cristnogion ni chredent mohono ef dros dro; ond pan welsant mewn difrif, fod gras yn gweithio ar ei galon, hwy a ddechreuasant lawenychu a chanu salmau yn yr holl eglwysydd o'i blegid; a llefain allan gan ddywedyd Caius Nearius Victorius a ddaeth yn Gristion!

Y tymor gwanwyn sydd gyffelyb i amser pob Cristion yn y byd yma i ymbaratoi erbyn tragwyddoldeb; oblegid fel y mae hon yn adeg brysur gyda'r hwsmon, pan fyddo'n flin arno wrth droi, hau, a llyfnu, cau a chloddio, a phob gorchwyl arall ar ei dir angenrheidiol ei wneuthur erbyn yr haf. Felly hefyd gyda'r Cristion yn oed ei bererindod ar y ddaear: dyma'r unig amser iddo lafurio am y bwyd ni dderfydd, eithr a bery i fywyd tragwyddol, ac i weithio allan ei iechydwriaeth ei hun trwy ofn a dychryn.

Os yr hwsmon a fydd ymarhous i grynhoi ar ei dir erbyn Clamai, gan ei adael yn llanastr agored i 'nifeiliaid ei sathru a'i bori, mae'n enbyd y bydd yn ei golled yn fawr o'r achos. Felly hefyd y pechadur a ymdry yn ei bechod a'i anwiredd, a'i galon yn agored i bob trachwant ac ynfydrwydd bydol, nes torri llinyn ei einioes. O! mewn pa berygl ofnadwy y mae hwnnw ynddo, o golli ei hun a chymaint ag a fedd, yn dragywydd! Dedwydd y llafurwr sy'n fawr ei boen a'i ffwdan yn trin y ddaear, a fyddai mor ddiwyd a dygn yn ymaelyd am iechydwriaeth i'w enaid; yna 'mhen ennyd bach, dim mwy ymhela â phridd a cherrig y ddaear: y dwylo geirwon fu'n trin tywerchi a gânt gario ynddynt balmwydden o fuddugoliaeth. A'r cyrff lluddiedig a wneir yn fwy gwisgi nag un aderyn. Ni fydd arnynt na newyn na syched mwyach; ac ni ddisgyn arnynt na haul na dim gwres.

15. Drych y Dyn Maleisus

[Theophilus Evans, *Drych y Dyn Maleisus*, 1777, tt. 10-13]

Mi a ddymunwn, petai y rhai sy yn bostio o ddoniau mawr yr ysbryd, neu eraill sy yn ymchwyddo o ddysg a gwybodaeth (er eu bod yn dda, yn dda odiaeth yn eu rhyw neu eraill eto sy yn dynn eu meddwl ac yn edrych yn uchel am eu bod mewn uchel radd a rhyw awdurdod yn y byd) na baent, meddaf, yn ystyried, fod eu holl gyneddfau a'u dysg a'u dyrchafiad ond megis yn drewi gerbron y Duw sanctaidd pur, heb wir gariad brawdol yn y galon. 'Pe llefarwn â thafodau dynion ac angylion,' ebe'r Apostol, 'a phe bai gennyf bob gwybodaeth, a phe bai gennyf ffydd fel y gallwn symud mynyddoedd, a heb fod gennyf gariad nid wyf i ddim,' medd yr Apostol mawr ei ddoniau, S. Paul.

Ond nid yw y dyn maleisus yn sawru dim o'r fath athrawiaeth â hon; nac yw, mewn modd yn y byd; y mae malais digasog a chwerwedd wedi cronni yn ei galon uffernol, ac efe a fynn ymddial, deued a fynno o'i enaid anfarwol.

Ac os tery ynddo ar brydiau feddwl rhyngddo ag ef ei hun, 'fod ei waith yn rhoi chwedl drwg i'w gymydog, yr hyn y bu efe yn rhagfyfyrio er gwneuthur niwed a cholled iddo, ac nid dim ond ei falais sydd yn ei arwain at hynny, ac felly ei fod efe yng ngolwg Duw cynddrwg â mwrddwr; eto efe a fedr wneud esguson i ddistewi ei gydwybod, ac i ddamnio ei enaid yn y diwedd.' Fe wnaeth y gŵr hwn â'r gŵr rywbeth allan o'i feddwl, ac e fynn iddo adnabod ei hun yn well, a phlygu.

Fel hyn yr ŷm yn darllen I *Sam.* xxii. i ddyn llidiog a chwerw a elwid Doeg achwyn ar ŵr diniwed a elwid Abimelech, a'i gyhuddo gerbron Saul. Nid oedd yr achwyn ddim, ond yr hyn (ac efe yn offeiriad) ag oedd ei ddyledswydd ei wneuthur; ond y mae trais ond yn rhy fynych yn cael y trecha' ar yr iawn; a'r cadarn yn cael y trecha' ar y gwirion a'r gwan. Ac felly yma Abimelech a osodwyd i farwolaeth; ac nid efe ei hun yn unig, ond ei holl dras a'i deulu hefyd. Felly y dymuna llawer dyn maleisus wneuthur eto: nid yw ei falais ddim yn unig yn cyrraedd at y sawl y bo ganddo gas ato, ond gwynfyd ei galon yw clywed i ryw aflwydd neu niwed neu dramgwydd orddiwes ei berthynas hefyd: megis Satan o'i gasineb at Job, am ei fod yn ŵr perffaith ac uniawn, a gyfododd dymestl o wynt a rhyferthwy i ladd ei feibion. *Job.* I. 19.

Mewn gair, pan y bo dyn o ysbryd dwfn a maith a chidwm, neu ddyn o natur boeth a llidiog ac ucheldrem yn dwyn o bobtu ryw chwedl ddrwg yn ddirgel ac yn gyfrwys, yr hyn y mae efo wedi astudio arno er gwneuthur drwg i'w gymydog, yn annog arall i ymddial arno, ac yn gorfoleddu yn ei galon wrth feddwl iddo ef yn y dirgel, eto wneuthur niwed a cholled i'w gymydog yn yr amlwg; dyma ddyn yn casáu ei frawd, ac yng ngolwg Duw cynddrwg â mwrddwr. *Pob un fydd yn casáu ei frawd, lleiddiad dyn yw; a chwi a wyddoch, nad oes i un lleiddiad dyn fywyd tragwyddol yn aros ynddo.*

Fel hyn y bûm yn ystyried un yn casáu ei frawd mewn gair a meddwl, y peth nesaf yw mewn gweithred.

Ac yma y mae dyn maleisus yn dyfod i ben â'i amcan ysgeler: fe allasai o'r blaen ewyllysio yn ddrwg, a meddwl yn ddrwg; ond yma wedi cael oedfa a chyfle y mae efe yn gwneuthur yn ddrwg: yn awr, y mae efe, fel y dywedir, yn cael ei wŷn ar ei elyn. Y mae digon o'r fath esiamplau â hyn yn yr Hen Destament, a gormodedd hefyd ym mhob oes ac ym mhob gwlad, ac o bob gradd a galwad hyd y dydd heddiw.

Gwynfyd dyn drwg a ffals a dauwynebog yw dyfod â'i amcan maleisus i ben. Y mae hi yn hyfrydwch ac yn llawenydd calon ganddo wrth feddwl iddo ef naill ai drwy gam-achwyn â geiriau twn ddial ei lid drwy ddwylo arall; neu ynteu iddo ef ei hun yn gyfrwys fachellu ei gymydog yn y dirgel – os gall efe ymgadw rhag bod cyfraith y tir yn ei alw ef i gyfrif. O! ba fath wledd a mêl a danteithfwyd idd ei galon ffyrnig yw meddwl iddo orffen ei waith yn gyfrwys.

Nid mater bach a all fodloni ei lid; i wneuthur rhyw anghymwynas bychan, nid yw hynny ond megis cellwair â pheth chwarian; ond pa bryd bynnag y daw hi o fewn ei gyrraedd, efe a gymer ei lonaid, ac nid arbed: efe a wna ei orau, naill ai gwneuthur bywyd y gŵr sydd gas ganddo efo, yn faich ac yn flinder iddo; neu ei ddifeddiannu ef o'i fara; neu os gall efe yn ddirgel, o'i fywyd hefyd.

Nid yw ei natur uffernol ddim yn llonydd, ddim yn esmwyth,

ddim yn ddifyr ac wrth ei bodd, nes ei bod hi yn cydgordio â'r diawl; o'r un gynghanedd a naws ag yntef a elwir yn Gyhuddwr y Brodyr Datg. 12. 10. Y mae efe yn ymbesgi, ac megis yn gwledda wrth astudio ar ymddial.

16. Hanes y Bedyddwyr Ymhlith y Cymry

[Joshua Thomas, *Hanes y Bedyddwyr Ymhlith y Cymry*, 1778, tt. 136-8]

Peth cyffredin yr amser hwnnw oedd fod barnedigaethau ofnadwy yn canlyn amryw o'r erlidwyr. Am erlidwyr Mr. W[illiams] cefais hanes, fod dau ustus heddwch yn y gymdogaeth y rhai oedd a llaw neilltuol ganddynt yn yr erlid. Bu farw un ohonynt yn ddisymwth ar ginio; darfu i'r llall, wrth ddyfod adref yn feddw o'r Drefnewydd, syrthio i Hafren a boddi. Mi a glywais hefyd i'r siryf, neu ei raglaw, yr hwn oedd wedi codi anifeiliaid y pregethwr, syrthio oddi ar ei geffyl a thorri ei wddf a boddi ar un waith yn olwg tŷ y gweinidog. Nid wyfi ddim yn sicr pa un a ddarfu i'r traddodiad gamsynied y siryf yn lle'r ustus, neu ynteu gwir cyflawn ydoedd am y ddau, gan fod y ddau mor euog ac mor greulon.

Un rhagluniaeth neilltuol iawn, yr hon a glywais gan amryw, oedd hon. Amgylch mis Medi neu Hydref, codwyd ei dda ac ysbeiliwyd ei ddodrefn. Yr oedd ganddo faes o wenith wedi ei hau o gylch yr amser hwnnw. Yn yr haf canlynol yr oedd y cnwd yn anghyffredin iawn ar y maes hwnnw. Ni wn i pa sawl gwellten oedd ar bob gwraidd, ond yr oedd dwy neu dair tywysen gyflawn a da ar bob gwellten yn gyffredin – clywais rai yn dywedyd dwy, rhai tair. Ond p'un bynnag, nid wyfi'n deall i neb yn y wlad erioed weled y fath beth, na chynt na chwedyn. Dywedir i'r maes gwenith fwy na dwbl wneud i fyny y golled a gawsai ef y flwyddyn o'r blaen trwy drais yr erlidwyr. Yr oedd sôn am hyn trwy'r wlad, a llaw'r ARGLWYDD mor hynod i bawb ynddo. Y maent yn adnabod y maes yn y gymdogaeth honno hyd heddyw. Odid nad oes uwchlaw can mlynedd er hynny. Yr oeddwn i yn marchogaeth y ffordd honno yn 1745, a dangoswyd y maes i mi, fel yr oeddwn yn myned heibio iddo.

Yr oedd i'r gŵr ddeuddeg o blant, y rhai a dyfasant oll i oedran. Bu naw ohonynt yn briod. Merch iddo ef oedd gwraig y gŵr enwog hwnnw Mr. Richard Davies o Rowel yn Sir Trefgogleddafon.* Clywais i'r gweinidog hwnnw wneud marwnad i'w dad-yng-nghyfraith ac iddi gael ei hargraffu, yn Saesneg. Ond ni ellais erioed ei gweled hyd yn hyn. Mae'n debyg fod rhan o'r hanes uchod wedi ei gymryd allan o'r farwnad ys llawer o flynyddoedd a aethant heibio.

Am Mr. Richard Davies, mab-yng-nghyfraith Mr. Henry Williams, rai blynyddoedd wedi marw ei dad-yng-nghyfraith efe a symudodd i'r lle a grybwyllwyd uchod. Er ei fod ef dros fedydd plant, eto 'roedd ganddo barch mawr i'r Bedyddwyr. Bu o ddefnydd neilltuol i Dr. Gill yn ei ieuenctid. Argraffwyd llyfr hymnau o waith Mr. Davies. Cafodd ei ailargraffu ac y mae Dr. Gill, mewn llythyr yn nechrau yr argraffiad diwethaf, yn rhoi clod mawr i Mr. Davies, o ran athrawiaeth a rhodiad.

Pan y bu farw Mr. Henry Williams, gadawodd yr Eglwys luosog, wasgaredig yn yr anialwch a'r erledigaeth. Ond er marw y bugail hwn, eto byw oedd y Pen-bugail mawr. Nodwyd yn barod, iddo ef gael ei symud trwy angau o gylch 1685. Yr oedd gŵr ieuanc cyfrifol yn aelod o'r Eglwys, a elwid Reynallt Wilson. Yr wyf yn deall ei fod ef wedi cael dysgeidiaeth mewn bwriad i fod yn weinidog yn Eglwys Loegr. Ond wedi iddo ddwys ystyried gair Duw, a phrofi ei awdurdod ar ei enaid, er maint trallod y dyddiau hynny, efe a ddewisodd ddioddef adfyd yn ffordd Duw gyda'i bobl, ac ateb cydwybod dda. Wedi ei fedyddio, cafodd alwad i'r weinidogaeth yno, a gwasanaethodd yr Eglwys ar ôl Mr. Williams. Mae'n debyg i Mr. Wilson gael ei fedyddio ryw amser cyn marw Mr. H.W. Efe osododd i fyny ysgol yn y gymdogaeth, a danfonodd gwŷr cyfrifol eu meibion ato, y rhai a aethant wedi hynny, rai yn weinidogion Eglwys Loegr, ac amryw ffyrdd. Trodd un o'i ysgolheigion yn gynhorthwy iddo yn y weinidogaeth, sef Mr. Francis Turner, yr hwn a gafodd alwad oddi yno at Eglwys o Fedyddwyr yn Hill Cliff, yn Sir Gaerllion, gerllaw Warrington. Yn Hanes Cymanfa Llundain, 1689, enwir Mr. Loe yn fugail yn Warrington. Odid nad Mr. Thomas Loe oedd ef, yr hwn a fuasai mor ddefnyddiol o gylch Wrecsam: gweler yr hanes yno. Bu ef farw yn 1696. Mae'n debyg mai wedi hynny y galwyd Mr. Turner yno. Er nad oedd y tŷ cwrdd yn Warrington, eto 'roedd yr Eglwys yn myned ar enw'r dref yn fynych. Bu Mr. Turner yno dros ei amser. Mae yno garreg ar ei fedd a'r ysgrifen isod arni.[†] Tebygol ei fod yno ynghylch 30 o flynyddau. Ni wn i pa sawl blwyddyn y bu yn cynorthwyo Mr. Wilson yn Sir Drefaldwyn.

Ei unig fab oedd Mr. John Turner, yr hwn hefyd oedd yn y weinidogaeth. Galwyd ef ar y cyntaf at yr eglwys yn Woodford yn Sir Gaerllion. Ond symudodd oddi yno at y Bedyddwyr yn Liverpool, lle bu yn dderbyniol dros ei amser. Yr oedd ef yn fedrus iawn mewn ffisygwriaeth, ac yn ddefnyddiol iawn i eneidiau a chyrff dynion. Mae ar garreg ei fedd yno yr ysgrifen isod.[‡] Felly bu farw yn 1739-40 yn 50 oed. Yr oedd iddo ef bedair neu bum chwaer, oll yn grefyddol. Bu farw yr ieuangaf ohonynt yn 1774. Yr hon oedd yn rhagorol mewn duwioldeb.

*Northamptonshire, Breviary of Britain, Fol. 25.

†*Francis Turner* late Pastor of the church of CHRIST, meeting at Hill-cliff, died Sept. 16th, 1727, aged 73.
    Soundness of faith, true learning, love and fear,
    Dwelt in that soul, whose dust in peace lies here.

‡In memory of the late pious and faithful minister of CHRIST, Mr. *John Turner*, who departed this life, Jan. 12th, 1739. Æ t. 50.
    This orient star shall shine for ever bright,
    Who set the sacred truth in a dear light.
    Those sheep and lambs of CHRIST whom here he fed
    Shall live for ever with him in their Head.

17. Y Creaduriaid yn myned i mewn i Arch Noa

[Edmund Jones, *Dwy Bregeth; y Gyntaf, am y Creaduriaid yn myned i mewn i Arch Noa*, 1782, tt. 5-7]

Yr oedd yr Arch ynddi ei hunan yn gysgod o Grist yr Achubwr; a sicr yw hefyd ei bod yn ei rhagarfaethol ddefnyddioldeb, sef i achub y creaduriaid, yn gysgod neilltuol o iachawdwriaeth dynolryw yn, a thrwy Grist; ac am hynny y mae gennym sylfaen sicr i ddal sylw ymhellach ar y testun, fel y canlyn; sef,

Fod gwaredigaeth y creaduriaid yn Arch Noa, yn gysgodol arwyddocâd o waredigaeth y rhai hynny a achubir trwy Iesu Grist, o blith eraill o ddynolryw hyd ddiwedd amser; megis yr ymddengys yn eglurhad y testun: Yr hyn beth y wnaf, trwy ddangos, yn gyntaf: Pa greaduriaid *ni* achubwyd yn yr Arch, yr hon ydoedd gysgod o Grist yr Achubwr; ac yn ail, i ddangos, pa rai *a* achubwyd.

Yn gyntaf, pysgod y môr, a'r rhai yr oedd y dwfr yn elfen bywyd iddynt, ni achubwyd yn yr Arch; canys nid oedd yr Arch yn lle cyfaddas iddynt hwy; a'r dilyw yr hwn a ddifethodd drigolion y ddaear, ydoedd yn elfen bywyd iddynt hwy; er ysgatfydd iddynt gael bywyd aflonydd dros hynny o amser, yn y dilyw terfysglyd o ddigofaint Duw am bechod, eto er hynny ni ddifethwyd hwynt, megis holl drigolion y ddaear y rhai ni ddaethant i mewn i'r Arch.

2. Ni achubwyd 'chwaith y cwbl o un rhyw o greaduriaid ag oedd ar wyneb y ddaear, na glân nac aflan, yn yr Arch; ond yn unig rhai o bob rhywogaeth ohonynt, glân ac aflan, defnyddiol a niweidiol; eithr ychydig, ie, ychydig iawn mewn cymhariaeth i'r rhai ni achubwyd. O! pa fath weddill bychan oeddynt mewn cymhariaeth i'r dorf aneirif a ddifethwyd gan ddilyw digofaint Duw am bechod! Gan hynny, onid yw hwn yn gysgod cymwys, ac fel un pwrpasol i ddarlunio y gweddill hynny a achubir trwy Grist, o blith holl ddynolryw? megis y mae'r Apostol at y Rhuf. ix. 27, yn atgoffa geiriau Eseia, am Israel, gan ddywedyd, 'Cyd byddai nifer meibion Israel fel tywod y môr, gweddill a achubir.' A'r gweddill yma a achubir

hefyd nid yn ôl ewyllys rhydd, fel y dywed rhai, eithr yn ôl etholedigaeth gras, fel y dywed yr ysgrythur, Rhuf. xi. 5. Eto yr oedd y nifer hynny a achubwyd yn yr Arch, o'r anifeiliaid, ehediaid, ac ymlusgiaid, glân ac aflan, o bob rhywogaeth, ynddynt eu hunain, yn nifer fawr iawn; fel hefyd y bydd nifer y rhai hynny a achubir o blith dynion trwy Grist yr Arch ysbrydol, yn dyrfa fawr nad allo neb eu rhifo; gwel Dat. vii. 9. 'Wedi hyn mi a edrychais; ac wele dyrfa fawr, yr hon ni allai neb ei rhifo, o bob cenedl, a llwythau, a phobloedd, ac ieithoedd, yn sefyll gerbron yr orseddfainc, a cherbron yr Oén, &c.' Ond O! Er hyn i gyd pa cyn lleied ydynt mewn cymhariaeth i'r byd o annuwiolion y rhai ni fynnant ddyfod at Grist i gael eu hachub oddi wrth y llid y fydd, eithr sydd yn dewis byw mewn pechod, gan barhau yn anufudd hyd o'r diwedd nes y blinont allan hiramynedd Duw, a dydd gras wedi myned heibio; megis yr hen fyd yn nyddiau Noa, 1 Ped. iii. 20. 'Y rhai a fu gynt anufudd, pan unwaith yr oedd hiramynedd Duw yn aros yn nyddiau Noa, tra darperid yr Arch, yn yr hon ychydig, sef wyth enaid, a achubwyd trwy ddwfr.'

Yn awr, wedi dangos pa greaduriaid *ni* achubwyd yn yr Arch, yr wyf yn myned ymlaen i ddangos pa greaduriaid *a* achubwyd yn yr Arch, yr hon oedd yn gysgod o Grist, Achubwr dynion.

1. Yr oeddynt yn wryw a benyw o bob rhyw o greaduriaid ar wyneb y ddaear; anifeiliaid, ehediaid, ac ymlusgiaid, heb ado un o'r rhai ordeiniwyd tuag at genhedlu, a pharhad o'u rhyw ar wyneb y ddaear, megis y mae geiriau'r testun yn dangos; yr hyn beth ar y ffordd sydd yn dangos i ni, na edifarhaodd Duw wneuthur ohono un o'r creaduriaid a greodd ef yn y dechrau. A phaham y byddai yn edifar ganddo am un o'i weithredoedd ardderchog, pa rai oeddynt oll yn deillio oddi wrth ardderchowgrwydd natur, ewyllys, gallu, a doethineb yr anffaeledig Dduw?

18. Denmarc

[Mathew Williams, *Speculum Terrarum & Coelorum: neu, Ddrych y Ddaear a'r Ffurfafen* ..., 1784. Codwyd o ail argraffiad 1804, tt. 95-7]

Mae'r llywodraeth hon yn fawr, ac yn cyrraedd ymhell; am hynny y ffordd orau fydd eu dosbarthu yn bedair rhan, sef, 1. Greenland, ynysoedd Ffaro, ag Iseland. 2. Norwy a Danish Lapland. 3. Denmarc. 4. Taleithiau Danwb yn yr Almaen.

1. Greenland sy'n gorwedd rhwng 50 o raddau'n orllewinol, a 30 o raddau'n ddwyreiniol oddi wrth Llundain; a rhwng 60 a 80 o raddau'n ogleddol i'r gyhydedd; mae'r rhan fwyaf ohoni'n gorwedd yn y sôn rewllyd. Y wlad hon sy'n llawn o fynyddau mawrion, a chreigydd dychrynadwy i'r olwg; y rheini yn gyforiog o rew ac eira trwy'r holl flwyddyn, a heb ddadlaith, mae'n debygol, er creadigaeth y byd. Yn y parthau hyn mae'r Albaniaid, gwŷr Lloegr, a'r Dutsh, ar amser haf yn dala'r morfeirch er mwyn eu holew. Y trigolion sy'n gwladychu yn yr ardaloedd hyn, y gyfrifir oddeutu saith mil, ydynt, o ran eu corffolaeth, yn ddynion byrion, aelodau breisgion, crwyn gwineuon, wynebau llydain, trwynau fflat, gwefusau tewion, a gwallt du. Am eu gwisgoedd, maent yn cael eu gwneuthur o grwyn moelrhon (seals), a ffowns, sef math o geirw ieuainc, a chrwyn y Rhein deer, neu hyddod gwylltion; ond er mwyn brafiwch, mae ganddynt grwyn math o adar wedi paratoi i'r pwrpas at eu haddurno. Y bwyd mwyaf cyffredin yw pysgod, ac adar gwylltion, o ba rai maent yn cynnull digon ohonynt mewn amser haf, erbyn y gaeaf; ac ni rhaid mo'i halltu, ond yn unig eu claddu mewn eira, ymha un y cadwant dros beth mawr o amser heb waethygu.

2. Iseland. Yr ynys hon sy'n gorwedd rhwng 10 a 20 o raddau yn orllewinol; a rhwng 63 a 67 o raddau yn ogleddol. Mae'r lle hwn yn wresog iawn yr haf, ond mae'r oerfel o'r tu arall yn annioddefol y gaeaf; canys nid yw'r haul ond prin yn machludo ym mis Mehefin, nac yn dangos ei wynepryd dros rai dyddiau ym mis Rhagfyr. Nid oes yma ddim llafur, ond mae glan yr afonydd yn dwyn llawer o borfaoedd, ac yn

porthi rhifedi mawr o anifeiliaid, sef da, defaid, a pheth moch. Yn yr ynys hon mae mynydd tanllyd, a elwir Hecla, pa un sy'n taflu allan dân llosgedig a marwor poeth, yr un dull ag y dywedpwyd o'r blaen am fynyddoedd Mesufius ac Etna. Yma hefyd mae'r goleuni gogleddol yn weledig, fynychaf, bob nos o'r flwyddyn, pan fyddo'r wybr yn ddigymylau. Y trigolion yma sy'n ddynion sobr, onest, gwirion a diniwed; y benywod yn dyner ac yn deg o bryd: a'u gartref-waith mwyaf yw cribo, nyddu, a gwau menyg a hosanau; amlder mawr o ba rai maent yn ei ddanfon i wledydd eraill, mewn ffordd o draffig. Nid oes yma ddim mesur yr amser o'r dydd wrth orleisiau a watshes, neu oriau; canys wrth yr haul, a'r sêr, neu benllanw'r môr, maent yn deall yr amser.

3. Ffaro Islands, neu ynysoedd Ffaro, sy'n gorwedd saith gradd yn orllewinol; a 64 yn ogleddol. Mae'r rhain ynghylch pedair ar hugain o rifedi; yn sefyll oddeutu ddau cant o filltiroedd o du'r gogledd oddi wrth Iscoed Celyddon. Yn yr ynysoedd hyn y mae'r aer yn dymherus; ond y tiroedd sy'n fynyddig, ac yn llawn o greigiau mawrion; eto, y mae rhai dyffrynnoedd yn wasgaredig yma a thraw, lle yr ydys yn magu rhifedi mawr o anifeiliaid. Mae'r rhan fwyaf o'r trigolion hyn yn ddynion esmwyth, arafaidd; ond yn byw'n llwm, a heb wybod fawr beth yw un fath o ddanteithion; canys pysgod, adar gwylltion a llaeth, yw y rhan fwyaf o'u hymborth; halen, diod frag, a bara, sy'n foethau anarferol yn eu plith, ond mewn gwleddoedd, neu ar amser gwyliau.

19. *Toriad y Dydd*

[John Jones, Glan-y-gors, *Toriad y Dydd*, 1797, tt. 7 *et seq*]

Pan fo ryw hen arfer, neu hen gyfraith bengam, yn cael eu cynnal er mwyn elw a budd, mae'n ddyledus ar bob dyn chwilio ac edrych yn y ffynnon lle tarddodd y fath gyfraith, neu'r fath arfer, allan; a pha un ai er eu mael eu hunain, ai er lles y cyffredin, y darfu i'r gwneuthurwyr hyrddu y fath gyfraith i'r byd.

Cyn myned ymhellach gadewch i ni ddal sylw ar y tri phwnc canlynol. Yn gyntaf, nid oedd, ac nid oes, gan un dyn, neu ryw nifer o ddynion, ddim gallu, na braint, na hawl, nac awdurdod, i wneuthur un math o lywodraeth na chyfraith i fod mewn grym neu effaith, heb yn gyntaf gael llais pobl y wlad, lle bo'r llywodraeth neu'r gyfraith yn cael eu gwneud, i wybod a ydyw'r rhan fwyaf ohonynt yn fodlon i fyw tan y fath lywodraeth.

Yn ail, er y geill pobl rhyw wlad uno â'i gilydd i wneuthur y llywodraeth a fônt hwy yn ei weled yn orau, ond nis gallant yn gyson â chyfiawnder wneuthur un math lywodraeth i barhau heb ei chyfnewid hyd ddiwedd y byd. Byddent wrth hynny yn ysbeilio eu plant a'u hwyrion o'u *breintiau anianol,* oherwydd mae cymaint hawl neu awdurdod, gan y naill genhedlaeth â'r llall, i wellhau, neu gyfnewid y llywodraeth fal y byddont yn gweled yn orau.

Yn drydydd, mae llywodraeth, neu gyfraith a ddechreuwyd yn anghyfiawn, ers mil o flynyddoedd, cyn belled o'u lle heddyw ag oedd hi yr amser y gwnaed hi; ac y mae llywodraeth, neu gyfraith a wnaed heddyw yn gyfiawn, ac yn ei lle, mor union ac yn haeddu cymaint o barch â phe buasai wedi ei gwneud ers mil o flynyddoedd. Nid ydyw amser yn cael dim effaith ar weithredoedd ag y sydd wedi eu gwneud i barhau am byth; ni ddaw amser ddim â'r weithred a wnaed yn anghyfiawn yn gyfiawn, cymaint ag y mae amser yn ei wneud i'w arferu; pobl a weithredoedd anghyfiawn, a'r arferiad honno sydd yn eu dallu hwy, rhag iddynt weled anghyfiawnder a gorthrymder mor erchyll ag ydynt. Ond nid sefydliad, nac arferiad, nac ymostyngiad i weithred anghyfiawn, a gyfiawnha sail, neu amcan y weithred ynddi ei hun: anghyfiawn yw ei henw hi byth.

Nid ydyw heneidd-dra llywodraeth, neu gyfraith anghyfiawn, ond rheswm gwan am roddi parch iddynt. Po hwya' y bo ryw weithred anghyfiawn wedi bod yn y byd, mwyaf angenrheidiol yw ei ddiddymu; mae'n ddyledus ar bob dyn sefyll yn gadarn yn erbyn anghyfiawnder, er mwyn y genhedlaeth sy'n tyfu. Pwy sydd mor ynfyd â gadel ei blant yn aerod o anghyfiawnder? Pan elom i chwilio am wraidd, neu ddechreuad rhyw gyfraith neu arfer, gallwn gael ein harwain trwy anialwch a thywyllwch hen oesoedd, hyd oni byddom yn bodloni i gymryd heneidd-dra y gyfraith neu'r arfer yn lle rheswm, am gyfiawnder y fath gyfraith, a chan fod ein hynafiaid wedi ymostwng i ryw ychydig o orthrymder ac anghyfiawnder, fod yn iawn i'w hiliogaeth ddioddef llawer o orthrymder hyd ddiwedd y byd: ond erbyn i ni ddal sylw nad yw amser yn cael dim effaith ar weithredoedd llywodraethol ag y sydd wedi eu gwneud i barhau am byth, ac nad oedd gan y bobl a'u gwnaeth hwy, ddim gallu nac awdurdod i wneuthur y fath weithredoedd, ni ddichon i ni feddwl mewn un modd rhesymol, fod un weithred anghyfiawn yn haeddu mwy o barch oherwydd ei heneidd-dra.

Er mwyn cael gweled yn eglur ddechreuad ac amcan llywodraeth, a hefyd *freintiau anianol* dyn, gadewch i ni dybied i ryw nifer o bobl gael eu taflu i ryw ynys anghyfannedd, lle nad oedd greaduriaid dynol o'r blaen. Ar ôl iddynt gyrraedd y tir, y peth cyntaf a feddylient amdano fyddai lluniaeth, ac am foddion i ymddiogelu eu hunain, rhag i bryfed rheibus eu difetha. Y ffordd debycaf i gael lluniaeth ar yr adwy galed yma fyddai myned i hela pryfed ac adar, a chwilio am ffrwythau coed. Dyma lle byddai yn rhydd, ac yn deg i bob un chwilio am ymborth iddo ei hun; hyn a wnâi iddynt ymwahanu oddi wrth ei gilydd am ychydig amser, ond er lles a diogelwch pob un ohonynt, hwy a unent efo ei gilydd i ddyfod i'r un llannerch at yr hwyr, i gael iddynt fod yn fwy calonnog a chadarn i wynebu bwystfilod a ddigwyddai ddyfod yn agos at eu gorweddfa yn y nos. Dyma'r lle'r ydym yn gweld yn y cychwyn mor angenrheidiol a brawdol i ddyn- olryw fod mewn undeb a chyfeillach â'i gilydd, er lles a daioni y cwbl yn gyffredin, ac nid er mwyn i'r naill ysbeilio a byw ar lafur y llall.

Wedi iddynt fod ar yr ynys am ychydig amser, meddylient am adeiladu rhyw fath o dai, a llafurio llanerchi bychain o'r ddaear er mwyn cael ymborth yn fwy cyfleus. Dyna lle byddai angenrheidrwydd mawr iddynt fod mewn unol gyfeillgarwch a chymdeithas â'i gilydd, oblegid byddai un dyn yn hir amser yn adeiladu rhyw fath o gaban, a byddai eisio ymborth arno; a hynny yn peri iddo ymadel â'i waith i fyned i chwilio amdano; felly daioni i bob un ohonynt a fyddai cynorthwyo ei gilydd, fal y gallai rai fyned i hela am ymborth, a'r lleill aros yn yr unfan i adeiladu tai, ac i lafurio'r ddaear. Ond i adel y modd gorau iddynt sefydlu eu hunain ar feddwl y darllenydd, i gael dyfod yn gynt at y pwnc, rhaid i ni addef, tra byddai y naill yn ymddwyn yn union, ac yn gyfiawn at y llall, na byddai dim eisio llywodraeth yn eu plith; ond y mae'n hysbys i ni nad oes dim tan y nef yn anllygredig, ac fod yn hawdd i'r dyn gorau ei feddyliau a'i amcan syrthio i ddrygioni, ac oherwydd hynny byddai'n angenrheidiol iddynt wneuthur llywodraeth, neu gyfraith, i fod megis yn ddychryndod, ac yn gerydd i rhai a lithrai o gyneddfau a moesau da, ac a feiddiai ymddwyn yn anghyfiawn at ei gymydog, ac a chwenychai segura i fyfyrio am ryw fantais, neu gyfleustra i ormesa, ac i drawsfeddiannu ffrwyth llafur ei gyd-greadur. Yn yr achos hyn byddai raid galw ar bob un ohonynt i'r unfan i sefydlu math o lywodraeth a chyfraith i atal gweithredoedd drwg, ac i lenwi'r diffyg ag y sydd yng nghyneddfau dyn i wneuthur ei ddyledswydd mewn gweithredoedd da. Wedi iddynt ymgyfarfod byddai yn rhydd ac yn gyfiawn i bob un ohonynt fwynhau eu *breintiau anianol* i roi llais, neu feddwl mewn perthynas i sefydliad y llywodraeth, gan fod pob un yn disgwyl cael mwynhau ei freintiau a'i ryddid a'i ddiogelwch i fyw ar ei lafur ei hun, ac i gymryd y llywodraeth ar ôl ei gwneud, yn noddfa rhag dioddeu anghyfiawnder. Mae'n debygol mae'r peth cyntaf a wneid mewn cyfarfod o'r fath yma, a fyddai ychydig o reolau a threfn, er cywilyddio y rhai a ymddygai'n anweddus, a phan droseddai rhyw un, byddai iawn i'r cwbl ymgyfarfod i roi barn arno; er bod y troseddwr, heb droseddu, neu wneud niwed ond i un dyn yn benodol, ond gan fod dioddef i un dyn gael y difyn lleiaf o anghyfiawnder, yn drosedd yn erbyn y rheolau, byddai ddyledus arnynt i gyd, er eu diogelwch eu hunain, gymryd plaid y dioddefwr, a chywilyddio a cheryddu y troseddwr.

20. Cwyn yn Erbyn Gorthrymder

[Thomas Roberts, *Cwyn yn erbyn Gorthrymder*, 1798, tt. 16-19]

Bocca*[c]*io a ddywedodd fel hyn, nad oedd neb yn llithro ymhellach oddi wrth y gyfraith na'r cyfreithwyr, na neb yn myfyrio gan lleied pa beth a fyddai eu lluniaeth na'r ffisygwyr; na neb yn ofni cydwybod flinderog lai na'r eglwyswyr. Mae pobl yn gweled y gyfraith yn anoddefol iawn, cystal â thwyll y cyfreithwyr; ond ar bwy mae mwyaf bai?

Mae yn rhaid i Mr. Cyfreithiwr gael rhyw braw yn achosion agos i bawb, efo ni yma yng Nghymru cyn y diweddir unrhywbeth!

Mae carbwl o ddyn gwledig fel Robin Loli ac eraill wedi cael y fath ddealltwriaeth yn ddiweddar, na fedr wneud agos i ddim heb gyngor ei ddirprwywr (attorney), yr hwn sydd ar bob achlysur yn barod iawn i'w yrru allan o'r iawn ffordd, fel y byddo iddo i gael rhywbeth i wneud, a llawer i'w dderbyn!

O erchylled yw y fath ymddygiad anweddus â hyn! Mae yn rhaid i bob dyn call feddwl am bob cyfreithiwr, yr hwn a rwystro iddo e' cytuno â'i gymydog, nad yw ond aros am gyfleustra i'w dwyllo. Mae gan y gwŷr yma henwau ar amryw o bethau, yn y peth maent yn ei alw yn gyfraith, na ŵyr pobl gyffredin ddim andanynt, er mai henwau Saesneg ydynt weithiau: maent fel y ffisygwyr yn gwneud defnydd o henwau lled erchyll, sef henwau Lladin am amryw o bethau; a throeau eraill, yng ngalwedigaeth Mr. Cyfreithiwr fe ddaw ymlaen efo henwau go ddychrynllyd, gan ein gwasanaethu, (yng Nghymru yn anad un lle yn y byd, yn lle rhoddi i ni Gymraeg glân gloyw am ein harian) efo *nevertheless, notwithstanding, howbeit, said and aforesaid, those, and that, demised, set and let, Plaintiff and Appellant, Defendant, & Respondent*; a'r fath ffugiaith anystwyth, i ddechrau; nesaf daw yn lle cinio, *a Writ of Error, Judgement by default, a non process, a Latitat, a Habeas, a Bail Bond, a Subpoena,* a *Cognovit,* (a *chog,* neu dwyll ydyw'r rhan fwyaf.) Dysglau blasus iawn, i hen gybydd yw y rhain; ac i ddiweddu y diwrnod, maent i swper yn arlwyo, *Verdicts, Nonsuits, Bills of Costs, the hallowed touch of a Bum-Bailiff;*

ac yn y diwedd os na thelir yn lled helaeth ceir clamp o garchar!!

Mae rhyw eiriau anghyffredin, o'r fath hyn yn dychrynu dynion lled wirion, ac maent yn llwyr gredu fod hyn yn ôl rheol y gyfraith; ac maent hefyd yn meddwl wrth glywed y cyfrinachwyr (councillors) yn ymddadlu, a'u gweled yn ysgyrnygu, ddannedd yn nannedd fel bytheiatgwn wrth grafu crochanau, fod y rhain yn ymegnïo i'w gwasanaethu nhw; ond ysywaeth nid yw hyn yn gyffredinol ond rhagrith a gweniaith: o ran gwneud eu gorau i'w gwasanaethu eu hunain mae y bobl; hefyd gael i'r dynion penchwiban fodloni a chredu iddynt gael cyfiawnder.

Yr oeddwn yng Nghaernarfon yn ddiweddar, lle clywais *drial*, ac ar ôl iddo ddarfod, dywedais wrth un o'r cyfrinachwyr, ag oedd wedi ysgyrnygu nes iddo grygu; fod yn ddrwg gan i iddo golli ei *drial*. 'O,' ebr yntau, 'nid yw hynny nac yma nac acw i mi.' 'Fe allai hynny fod,' ebr finnau; 'ac er nad yw y peth nac yma nac acw i minnau, fe ochrodd y rheithwyr (jurors) mal y maent yn gyffredinol, efo y barnydd; a hynny yn groes iawn i fy meddwl i, a phe buaswn yn un ohonynt nid felly y buasai penderfyniad y pwnc, ond yn y gwrthwyneb.'

21. Llythyr at Hen Gymro

[Thomas Jones, Creaton, *Drws yr Eglwys Weledig* ..., 1801 (ail argraffiad) tt. 134-7]

Wr Hynaws,

A chwi'n aros yn nhir Môn, gwyddoch lawer am ei thrigolion. Yn rhodd, dywedwch i mi, ai un o blant y cnawd yw Mr. Christmas Evans? Y mae'n sôn peth mawr amdanynt, nid hwyrach eu bod yn geraint. Ac os bernir amdano wrth ei araith, rhaid meddwl hynny, am nad oes neb yn fwy hyddysg yn iaith y byd. Darllenais yn ddiweddar ran o'i lyfr o blaid ailfedydd, ac yn erbyn gadael i blant bychain ddyfod at Grist:

ac oni buasai mai Iddew penboeth ydwyf (fel y mae'n fy ngalw) aethwn trosto: ond methodd fy amynedd: canys mewn gwirionedd, nid wyf yn cofio ddarllen mewn llyfr erioed lai o synnwyr, a mwy o dafod drwg, ynfydrwydd a chableddau. Ai dyma'r gŵr cymhwysaf a fedd yr Ailfedyddwyr i amddiffyn eu hachos? Os gwir yw hyn, gwae hwynt. Ni chymeraf i ond ychydig sylw o'r amharch a rydd i mi, er dywedyd ohono yn dra mynych nad wyf ddim arall ond 'Papist, Iddew, Mahomedan, Pagan a'r Diawl ei hun.' Ni feiddiaf i ei alw ef ar waeth enw na Mr. Evans, am fy mod yn ofni Duw. Wrth ddadlau ynghylch ordinhadau'r nefoedd, peth anweddaidd iawn yw i ddynion syrthio i'r dymer a'r iaith waethaf: teimlo eu hachos yn ddrwg, neu na fedrant ei amddiffyn, sydd yn peri hyn.

Gan fod y gwŷr hyn yn haeru eu bod yn deall meddwl yr Arglwydd yn well na neb eraill ar y ddaear, onid teg yw gofyn iddynt, yn mha beth y maent hwy yn rhagori ar yr holl fyd Cristnogol? Rhaid fod ganddynt ryw fantais goruwch pawb cyn y gallont ddeall y Beibl yn well na phawb eraill. A rhaid iddynt bledio un, neu ragor, o'r pethau canlynol, sef, eu bod yn fwy dysgedig; neu o berchen cryfach deall naturiol; neu eu bod yn fwy ysbrydol; neu ynteu iddynt dderbyn gweledigaethau gwell na'r Beibl. Y maent yn rhwym i bledio un o'r pethau hyn o leiaf, neu addef y gallant hwy fod ar gyfeiliorn ac yn eu twyllo eu hunain; ond pa un o'r pethau uchod a ddewisant fel eu ple, ni fedraf i eto ddeall. Cewch bob amser eu clywed yr [sic] haeru bod yr Ysgrythurau o'u plaid: ac wrth hyn y maent yn dywedyd eu bod hwy yn deall yr Ysgrythurau yn well na holl Eglwys Dduw ymhob oes. Os yw hyn yn wir, rhaid fod ganddynt fwy o ddysgeidiaeth ddynol neu ddwyfol na neb rhyw bobl ar y ddaear hon cyn y gallont ddeall y Beibl yn well nag eraill. – Os dywedant fod eu deall, eu dysg a'u doniau yn rhagori ar bawb yn y byd a'r eglwys, nid oes i ni ddim i wneuthur ond plygu iddynt ar unwaith a bod yn ysgolheigion wrth eu traed. – Os meddyliant eu hunain yn fwy *ysbrydol* na neb, hyn a brawf eu balchder ar unwaith, a'u pelldra oddi wrth Dduw. Nid yw'r holl Ailfedyddwyr ar y ddaear ond llonaid llaw o bobl wrth eu cydmaru â'r eglwysi eraill; y lleiaf o bob enw ydynt, ac er doe. Nid yw hyn yn wir yn atal iddynt fod yn fwy ysbrydol a dysgedig na phawb. Ond a ydynt hwy felly yw'r pwnc? Os nad ydynt yn sicr fod ganddynt fwy o ddysg ac ysbrydolrwydd nag sydd i'w gael yn holl Eglwys Dduw trwy'r byd a'r oesoedd, pa fodd y gwyddant hwy bod yr Ysgrythurau i'n herbyn ni, ac o'u plaid hwy? – Meddyliwn wrth iaith Mr. Evans mai ar eu hysbrydolrwydd y maent yn pwyso. Ond pa brofiadau a roddasant hwy o hynny? Gadewch i ni edrych arnynt i weled ai felly y mae'r peth yn bod: nid yw mor anhawdd gwybod ag y meddwl rhai: 'Wrth eu ffrwyth yr adnabyddwch hwynt.' Fel y bo'r egwyddor y bydd y dyn. O'r galon y mae buchedd yn tarddu.

Gadewch weled ynte pa un ai bod yr Ailfedyddwyr yn rhagori ar bawb yn ffrwythau gwir santeiddrwydd. A ydynt hwy yn rhagori mewn Brawdgarwch? Ac o feddyliau tyner am eglwysi eraill? Gwelwch hwynt (gan mwyaf) yn gwadu'r cymun i bawb, os na chymerant eu hailfedyddio. Onid ydynt wrth hyn yn dywedyd nad oes neb yn wir Gristnogion ond hwy eu hunain? Canys ar ba sail arall y gwadant y cymun iddynt? Gŵyr pawb eu meddyliau am Eglwys Loegr: dywedant allan, mai un o blant y pab ydyw, ie, mai putain ac Anghrist ei hun ydyw, ac mai bastarddiaid yw ei holl blant. Diolch yn fawr i chwi, wŷr tirion, am eich brawdgarwch, a'ch meddyliau tyner amdanom. Eu ple yw hyn, Ni ddichon mai eglwys Crist yw Eglwys Loegr, am fod y brenin a'r Parliament yn ei hamddiffyn. A ydyw'r Ysgrythurau a'r Sacramentau yn colli eu rhinwedd am fod y brenin a'r Parliament yn eu derbyn? Wrth hyn, bod y llywodraeth yn erbyn yr eglwys sydd yn ei gwneuthur yn eglwys Crist. Nid yw bod y llywodraeth o blaid, neu yn erbyn, yr eglwys, yn cyfnewid yr eglwys ei hun; y mae'n gorffwys ar sail mwy cadarn. Hyn yn fyr am eu brawdgarwch.

A ydyw'r Ailfedyddwyr yn rhai tangnefeddus, yn caru ac yn dilyn heddwch? Edrychwch a gwelwch. A oes unrhyw gynulleidfa o addolwyr nad ydynt hwy yn ymryson â hwynt? Ac onid ydynt yn aflonyddu'r eglwys yn fwy na'r byd? Pwy yn y dyddiau hyn sy'n erlid pob crefyddwyr eraill fel hwy? Diamau na chafodd Eglwys Loegr erioed ei herlid â mwy o enllib a gwaeth tafod gan Eglwys Rhufain ei hun, nag y mae'n gael o hyd gan y gwŷr heddychol santaidd hyn. Y caruaidd Mr. Robinson o Cambridge (cyn iddo droi'n Socinian) a ddanfonai holl esgobion Eglwys Loegr i'r tân tragwyddol. A'i frawd annwyl, Mr. C. Evans, a yfodd yn ddwfn o'i ysbryd ef, ac a arfer iaith pur gyffelyb iddo, fel y gwelwch trwy gorff ei lyfr. Hyn am eu hysbryd tyner a thangnefeddus tuag atom.

Prawf arall o ysbrydolrwydd dynion yw caru, a cheisio cynnal undeb yr eglwys yn rhwymyn tangnefedd, gan ffieiddio pob rhwygiadau yn eglwys Dduw. A ydyw'r Ailfedyddwyr yn blino yn eu hysbryd wrth weled terfysg a rhwygiadau mewn unrhyw gynulleidfa o dduwiolion? Nage, onid ydynt mor fynych ag y gallont yn peri hyn, trwy ddenu dynion, newydd eu deffroi o gwsg pechod, i ymadael â'r eglwys lle yr ymwelodd Duw â hwynt? Ac wrth hyn y maent yn rhy fynych yn troi meddyliau pobl wirion oddi wrth achosion anfarwoldeb at ailfedydd: ar hyn oerant ym materion enaid, a chwerwant yn erbyn y tadau a'u cenhedlodd trwy'r Efengyl. Ped ystyriai yr Ailfedyddwyr fod ymdrechu am y nefoedd o fwy pwys na myned dan y dwfr, byddai arnynt ofn aflonyddu eneidiau gweinion sydd yn ddifrifol am y nefoedd. Pwy erioed a glywodd yr Ailfedyddwyr yn gweddïo yn erbyn y pechod ofnadwy o Sism, rhwygiadau ac anghydfod yn y corff, sef Eglwys Crist? Yn ôl eu barn hwy, nid oes y fath bechod yn bod; ond ym marn y Beibl nid oes un llawer mwy. Heb ddywedyd rhagor y mae'n lled amlwg nad yw'r Ailfedyddwyr yn rhagori ar eraill mewn ysbrydolrwydd mwy na dysgeidiaeth, am eu bod yn bur ddiffygiol yn ffrwythau pennaf santeiddrwydd. Pa fodd ar ôl y cwbl y gwyddant hwy eu bod yn deall yr Ysgrythurau yn llawn gwell na holl Eglwys Dduw? Nid oes i mi ond gofyn y cwestiwn, a gadael iddynt hwythau ei ateb pan fedront. Ped unwaith yr addefent bod yn *bosibl* eu bod yn cyfeiliorni, ni wasgwn mor galed arnynt. Ond tra parhaont hwy mor anffaeledig, gan wawdio dallineb holl Eglwys Crist, rhaid gofyn iddynt o hyd, beth sy'n peri iddynt fod yn ddoethach yn yr Ysgrythurau na phawb eraill?

22. Llythyr gan John Popkin at y Parch. David Jones

[John Popkin, *Llythyr, at y Parch. Mr. David Jones (alias Dafydd ab Ioan) Offeiriad Llangan yn Sîr Forganwg, ynghylch Natur Crefydd, neu Y Rheol o farnu pwy sydd Gristion; gan sylwi ar Lythyr Mr. Jones ar y Pwngc hwnnw, at John Williams. alias Ioan ab Gwilym. Y Prydydd . . .,* 1801, tt. 151-4]

Ond os gwrandawn ar ddysgawdwyr ac athrawon y dyddiau diwethaf hyn, yn ein dysgu pa beth sydd grefydd, yn nod, neu yn arwydd bod dyn yn Gristion, ei fod yn credu Duw ac yn ei garu Ef, chwi gewch y breuddwydwyr yn honni bod dyn yn Gristion, ac yn rhoddi prawf o hynny, trwy ddarllain rhyw lyfr, neu siarad ac ymddiddan â rhyw bregethwr, gan fyned yma ac acw i wrando pregethau; yna y mae'r breuddwydwyr yn honni bod y cyfryw ddyn yn Gristion, gan gyfrif y cyfryw beth yn grefydd, yn nod neu yn arwydd, yn brawf, neu yn dystiolaeth bod y dyn yn fyw, a'i fod yn teithio yn brysur, yn rhedeg, yn cerdded yn gyflym, neu o'r hyn lleiaf yn ymdreiglo tuag at borth yr Ailenedigaeth! yr hwn borth y mae ef, dros hir amser, yn methu ei gyrhaeddyd, er ei fod yn mawr ewyllysio ei fwynhau, gan fyned yn uniongyrch tuag ato! Y cyfryw yw yr athrawiaeth dwyllodrus, a osodir allan trwy ddychmygion calon y breuddwydiwr hwnnw, Mr. John Bunyan, yn y dychymyg hwnnw o eiddo ei galon ef, a elwir *Taith y Pererin.*

Chwi ellwch ganfod yr unrhyw ffiaidd dwyll, yn cael ei ddysgu gan Mr. William Williams, yn y dychymyg hwnnw o eiddo ei galon ef a elwir *Hanes Bywyd a Marwolaeth Theomemphus.* Ac yn y ffieidd-dra hwnnw a gyhoeddwyd gan Mr. Dafydd Jones o Bont-y-pŵl, wrth yr enw *Pererindod Ysbrydol.* Ac ym Mreuddwydion, neu ddychmygion calonnau amryw eraill o'r unrhyw fath athrawon.

Ond er maint yr holl dwyll, fe gyflawna Duw'r Nefoedd eu [*sic*] hyfryd wirionedd, yn dywedyd, 'Cafwyd fi gan y rhai ni'm ceisiasant', (Eseia lxv. 1.) gan eu bywhau, pan oeddynt feirw mewn camweddau a phechodau, Eff. ii. 1. A rhoddi i'r cyfryw galon newydd, a gosod eu [*sic*] Ysbryd ei hun o'u mewn hwynt, a gwneud iddynt 'rodio yn ei Ddeddfau ef gan gadw ei farnedigaethau, a'i [sic] gwneuthur', Esec. xxxvi. 25, 26, 27.

Fe ellid tybied bod y breuddwydwyr heb ddarllain, neu o'r hyn lleiaf, y mae'n ymddangos eu bod heb gredu yr hyn ac y mae Duw'r Nefoedd yn ei dystiolaethu am y cyflwr ac y mae Ef yn cael eu [sic] blant yntho, pan y mae Ef yn ymweled â hwy, ac yn ôl helaethrwydd ei drugaredd yn eu cenhedlu hwy i obaith bywiol, trwy roddi iddynt wybod, a deall, credu, caru, ac ufuddhau y Gwirionedd dwyfol, ac sydd wedi ei egluro yn Atgyfodiad Iesu Grist oddi wrth y meirw, 1 Pedr i. 3. gan eu cyfiawnhau hwy yn rhad trwy Ei Ras Ef, Rhuf. iii, 24, trwy wneuthur iddynt gredu Duw, yr hwn a'i hatgyfododd ef oddi wrth y meirw, yn yr hyn ac y mae ef yn ei dystiolaethu am Ei annwyl Fab, a chan gyfrif iddynt hwy yr hyn ac y maent yn ei gredu amdano Ef. Y mae yn eu cyfiawnhau hwy trwy y cyfryw ffydd neu grediniaeth, ac yn eu heddychu â Duw, Rhuf. iv. 24. Pen. v. 1.

Nid yw Duw yn cael neb o'r cyfryw ddynion (ac y mae Ef yn eu hachub felly) yn teithio, yn cerdded, yn rhedeg, nac yn ymdreiglo tua'r porth o ailenedigaeth, neu yn ymofyn am Dduw, megis y mae y Breuddwydwyr twyllodrus, a'u cydbroffwydi anwireddus yn ei honni, yn ôl dychmygion eu calon eu hun; ond y mae Ef yn cael pawb ohonynt yn yr un truenus gyflwr, yn anghyfiawn, – yn ddiddeall, – yn ddiymgais am Dduw; yn rhodio yn ffordd dinistr a thrueni, heb adnabod ffordd heddwch, heb ofn Duw gerbron eu llygaid, Rhuf. iii, 9, 18.

Yn awr, cyn diweddu fy llythyr hwn, mi gaf sylwi ymhellach ar yr hyn ag y mae y breuddwydwyr a'r proffwydi uchod, yn eu dysgu i'w [sic] *crefydd*, neu'r nod, arwydd, neu dystiolaeth bod dyn yn adnabod Duw, yn Ei garu Ef, ac wedi derbyn gras cadwedigol.

I'r diben hwn, mi gaf ailgoffa i chwi yr hyn a osodwyd allan yn barod yn y llythyr hwn o ddysgeidiaeth yr athrawon am grefydd. Dywedant, 'mae bod uffern a'i holl luoedd yn dilyn ar ôl yr enaid, gan geisio cynllwyn iddo a'i rwydo mewn gafael ddichellgar ymhob man,' yw *crefydd*, neu i fod hynny 'yn *nod amlwg o ras* neu wir Ddychweliad!'

23. Llythyr gan Edward Jones at Gwen Prydderch

[Edward Jones, *Llythyrau Mr. Edw. Jones, Pregethwr Cymreig y Methodistiaid yn Llundain, Gwr gweddus tair a thrigain oed! at ei Gariad, Miss Gwen Prydderch, Merch Ieuangc wyth ar hugain, 1801*]

Y 5ᵈ LLYTHYR

Mai 8, 1800

Annwyl! Annwyl!! Annwyl Gwenno!!!

Derbyniais dy lythyr neithiwr, a da iawn oedd gen' i ei gael. Yr wyf i yn iach, ag o'r un feddwl di-sigl atat ti Gwenno bach; ti elli fod yn ddiofal am holl wragedd gweddwon y byd; nid wyf i yn meddwl am neb arall ond Gwenno bach yn wraig, os caniatâ Duw i hynny fod. Na hidia beth a ddywedo Daniel Jenkins; mae fy ngair da i yn uwch yn Llundain ac y'nghymru nag allo Daniel Dew ddringo i'w dynnu i lawr! Digon am y marw, cleddwch allan o'm golwg. Mae Mr. *Charles wedi gyrru ataf i ddweud yr hanes, ond yr oedd Mr. Charles gwedi clywed o'r blaen: popeth yn dda, mi gei weled yn fuan. Wyf a'th garo mewn gwirionedd, cyn belled yr wyf i yn adnabod fy hun, ac yn clywed dy fod tithau yr un modd. Buasai yn dda gen' i bedesid gwedi myned i'r capel ac i'r Sacrament, ond mi dawaf am hyn. Mi glywais fod gennyt het gron, yn lle yr Bonnet a'r bluen! Yr amser yr wyf i yn meddwl bod yn Llundain, naill ai June yr 21 neu yr 28. Na sôn wrth neb. Oni bai *association* yr Bala mi ddown yn gynt. Os clywi ddim yn chwaneg am wraig weddw Arfon; dwed dy fod yn gobeithio ei bod yn byw yn dda. Mae'r *hung beef* yn sychu; mi ddaw i Lundain yn fuan. Mi a dreiaf roi bodlonrwydd i ti am fy mod yn meddwl peidio setlo yn Nghymru pan welom ein gilydd. Mi wn y byddi di yn fodlon. Mae dau beth yn Llundain yr wyf i yn meddwl nad oes ond angau a eill ein gwahanu, yr *Societ* yn Willderness Roe a Gwenno bach.

Dyna fy meddyliau sefydlog, ac y mynnai yr Arglwydd i hynny fod. Cofia fi at Mrs. Nesbit a fy chwaer. Wyf i, dy Edward Jones. Cael llythyr yn fuan fuan.

EDWARD JONES.

*Mae yn debygol mai Thomas Charles siopwr y Bala ydyw Pab y Methodistiaid, gan fod y pregethwyr yn achwyn ar ei gilydd ger ei fron ef: ac y mae y *Jubilee* fawr flynyddol yn cael ei chadw yn agos i'w siop ef yn y Bala. Nid oes ond ychydig o ragoriaeth rhwng y Methodistiaid a'r Pabistiaid, erbyn edrych yn fanwl yn eu gweithredoedd.

Diawl yr Argraffwr

24. Sylwad Pedwarplyg

[Christmas Evans, *Llythyr Cymanfa Pen-y-parc*, 1802]

1. Sydd yn profi fod Person y Mab yn ogyfuwch mewn mawredd â Pherson y Tad.

(1.) Mae yr holl enwau dwyfol sydd yn perthyn i hanfod y Duwdod yn cael eu rhoddi i'r Mab, ond y cyfryw enwau sydd ym amlygu gwahaniaethol or-sefydliad y Personau eraill yn nhrefn y Drindod, megis enw Tad i Berson y Tad, ac enw Ysbryd Glân i Berson yr Ysbryd Glân. Gelwir Ef yn Dduw, nid fel y gelwid Moses i Pharao, a llywodraethwyr, ar gyfrif eu swyddau, ond yn yr ystyr uchaf. Dywedir mai Duw oedd y Gair (Ioan i. 1). Gelwir Ef y gwir Dduw a'r Bywyd tragwyddol, i'w wahaniaethu oddi wrth eilunod, ac eraill nad ydynt yn dduwiau wrth natur, ond mewn swydd (Ioan v. 20). Y Cyfryngwr a bwrcasodd Ei eglwys; gelwir Ef fel y cyfryw yn Dduw a bwrcasodd Ei eglwys â'i briod waed (Act. xx. 28). Ni welodd neb y Tad ond ym Mherson y Mab; eto Duw a ymddangosodd yn y cnawd, sef Person y Mab, yr hwn hefyd yn ein cnawd a gymerwyd i fyny i ogoniant (I Tim. iii. 16). Yr enw Iehofa, a roddir i Berson y Mab hefyd (Jer. xxiii. 6). Gwelodd Eseia yr Arglwydd â'i odre yn llanw y deml. Pwy oedd hwnnw, ond Person y Mab? (Esei. vi. 6; Ioan xii. 37).

(2.) Mae priodoliaethau perthynol i hanfod y Duwdod yn cael eu rhoddi i'r Mab yng ngair Duw. Y briodoledd o dragwyddoldeb sydd yn perthyn i'r Duwdod; mae Person y Mab yn ei meddiannu, medd Gair Duw. 'Mae cyn pob peth' (Col. i. 17). 'Yr oedd ei fynediad allan er tragwyddoldeb' (Mica v. 2). Anghyfnewidioldeb sydd eiddo Person Crist: 'Iesu Grist yr un ddoe a heddyw, ac yn dragywydd' (Heb. xiii. 8). Mae Person Crist yn holl-bresennol; yr oedd Mab y Dyn yn y nef pan oedd ar y ddaear (Ioan iii. 13). Lle byddo ond dau neu dri yn dyfod ynghyd yn Ei enw, bydd yn eu canol hwynt (Matth. xviii.). Gydag Ei eglwys y bydd bob amser hyd ddiwedd amser. Holl-wybodaeth sydd yn aros yn Ei Berson Ef: gŵyr pa beth sydd mewn dyn. Mae yn gwybod pob peth, medd Pedr (Ioan xxi. 17). Mae yn chwilio y calonnau a'r arennau. Caiff pawb wybod hyn (Dat. ii. 25). Y briodoledd o hollalluogrwydd hefyd a drig ynddo; Duw cadarn yw. Dichon ddarostwng pob peth iddo Ei hun trwy Ei nerthol weithrediad (Phil. iii. 21). Yr hwn sydd yn dyfod, yr Hollalluog ydyw Ef (Dat. i. 8).

(3.) Gweithredoedd Duw yn cael eu gwneud ganddo; y Gŵr a brynodd yr eglwys ar Galfaria; yr holl thronau a'r arglwydd-iaethau, a'r cwbl sydd yn y nef a'r ddaear a grëwyd trwyddo (Col. i. 16). Sylfaenodd y ddaear, a hebddo Ef ni wnaethpwyd dim (Ioan i. 2-4). Mae yn cynnal pob peth â gair Ei nerth, ac ynddo Ef y mae pob peth yn cydsefyll (Col. i. 17). Mae yn cyfodi'r meirw – mae yn bywhau y neb y mynno (Ioan v. a vi. 40). Rhoddwyd pob barn i'r Mab. Mae y gweithredoedd dwyfol hyn yn dangos Ei fod yn Dduw mewn natur, ac nid yn Dduw mewn swydd; oblegid nis dichon creadur feddiannu y fath danllyd briodoliaethau, na gwneuthur y fath anfeidrol weithredoedd.

(4.) Yr addoliad a berthyn i hanfod y Duwdod yn perthyn iddo Ef. Nid goris addoliad a delir i'r rhai sydd yn dduwiau mewn swydd, megis plygu glin i Joseph yn yr Aifft; eithr yr addoliad uchaf sydd berthynol iddo. Medd y Tad, 'Addoled holl angylion Duw Ef' (Heb. i. 6). Angylion a'r prynedigion sydd blith drafflith yn rhoi y fendith a'r gallu i'r Oen a laddwyd (Dat. v. 11). Rhag i ni dybio mai rhyw allanol blygiad teilwng i Dduw mewn swydd ydyw hwn, ni a gawn ein dysgu yng ngair Duw Ei fod yn ogymaint â'r hwn sydd yn deilwng i'r Tad: 'Fel yr anrhydeddo pawb y Mab fel y maent yn anrhydeddu y Tad' (Ioan v. 23). Yn Ei enw y plyga pob glin. Gweinyddir bedydd yn Ei enw, yr hyn sydd weithred o addoliad (Matth. xxviii.). Mae y sylwad pedwarplyg hwn yn profi fod Person Crist yn ogyfuwch mewn gogoniant â Pherson y Tad. Yn Ei Berson mae trysor yr Eglwys byth.

25. Llythyr gan Ann Thomas at John Hughes

[Morris Davies, *Cofiant Ann Griffiths*, 1802, tt. 104-6]

Dolwar Fechan, Ebrill 1802.
Garedig Frawd a Thad yn yr Arglwydd.

Derbyniais eich llythyr ddoe, a da iawn oedd gennyf ei gael, gan obeithio y bydd y pethau gwerthfawr sydd ynddo o fendith i mi. Bu dda iawn gennyf am yr Ysgrythur y sylwasoch arni yn llythyr fy mrawd. Ond mi af ymlaen i adrodd gronyn o helynt fy meddwl i chwi.

Lled derfysglyd ydyw arnaf ers tro nawr. Yr wyf yn cael llawer iawn o siomedigaethau ynof fy hun yn barhaus; ond y mae yn rhaid i mi ddywedyd fod pob profion a phob gwyntoedd o bob natur yn fy ngweithio i hyn; sef, i weled mwy o lygredigaethau fy natur, a mwy o'r Arglwydd yn Ei ddaioni a'i anghyfnewidioldeb tuag ataf. Bûm yn ddiweddar yn dra phell mewn gwrthgiliad o ran fy ysbryd oddi wrth yr Arglwydd; ac er hynny, yn dal i fyny yn wyneb y weinidogaeth, fel pe na buaswn yn gwrthod aros i rodio yn Ei gymdeithas. Ond er fy holl ysgîl, ymwelodd yr Arglwydd â mi yn y geiriau hyn: 'Os wyf Dad, pa le y mae fy anrhydedd? Os wyf Feistr, pa le y mae fy ofn?' Diolch byth am belennau y nef i fyned â'r afiechyd ymaith. Yr oedd fy nghylla mor wan fel nad allwn ymborthi ar drugaredd rad trwy Grist. Yn yr olwg ar fy llwybr wedi ymadael â Duw, a chloddio pydewau toredig, y gair hwn a gododd ronyn ar fy nhraed o newydd; sef, 'yr Arglwydd yw fy Mugail, ni bydd eisiau arnaf.' Myfi yn myned ar grwydr, yntau yn Fugail: Myfi yn analluog i ddychwelyd, yntau yn Arglwydd hollalluog. O! Graig ein hiachawdwriaeth! hollol ymddibynnol arno Ei hun, yn achub ac yn ymgeleddu pechaduriaid! Myfi a ddymunwn gael bod o hyd dan y driniaeth, bydded ei fod mor chwerw ag y byddo.

Gair arall a fu yn fendith neilltuol i mi yn ddiweddar wrth geisio dywedyd fy nghŵyn wrth yr Arglwydd ynghylch amrywiol bethau ag oedd yn fy ngalw ar eu hôl oedd hwn: 'Trowch eich wynebau ataf I, holl gyrrau y ddaear; canys myfi sydd Dduw, ac nid neb arall.' Fel pe buasai yn dywedyd, 'Mi a wn am bob galw sydd arnat, a'u bod yn amrywiol; ond yr wyf innau yn galw, ac nid yw y byd ond byd, na chnawd ond cnawd, na diafol ond diafol; ond Myfi sydd Dduw, ac nid neb arall.' Y mae rhwymau mawrion arnaf i fod yn ddiolchgar am gael profi geiriau Duw yn eu hawdurdod anorchfygol yn trin fy meddwl. Dymunwn o'm calon roddi y clod i gyd i Dduw yn unig am fy nwyn a'm cynnal hyd yma, a chael treulio y rhan sydd yn ôl o'm dyddiau mewn parchus gymdeithas â Duw yng Nghrist. Dymunaf help o'r nef i wneud hynny, nid yn unig o ran hyfrydwch i mi fy hun, ond o barch i Dduw a'i Fab; oherwydd nad allaf ogoneddu mwy na chymaint ar Dduw drwy ddim arall a thrwy gredu yn, a derbyn Crist.

Cofiwch lawer yn eich gweddïau am Seion drwy y byd, ac yn neilltuol am eich hen fam-eglwys, Pontrobert. Y mae cysgodau yr hwyr bron â'i gorchuddio, a phenwynni yn ymdaenu ar hyd-ddi, ac o'r braidd y mae yn gwybod hynny. Y gair yma sydd ar fy meddwl i, ac eraill, hefyd, wrth edrych ar ei dull llesg ac anniben – sef, 'Ai hon yw Naomi?' Ymdrechwch lawer â'r Arglwydd yn eich gweddïau yn ein hachos, rhag i ni, fel enw o dystion drosto yn y byd – rhag i ni, drwy ein gwrthgiliadau, fod yn foddion i guddio Ei enw mawr.

Garedig frawd, y mae yn dda gennyf gael clywed eich hanes yn eich gwaith newydd.* Bellach, mi ddibennaf, gan ddymuno arnoch anfon llythyr ataf ar frys. Wyf, eich annheilwng chwaer, sydd yn cyflym deithio tua'r byd a bery byth.

ANN THOMAS.

*Newydd ddechrau ar ei waith fel gweinidog.

26. Papuryn Achlysurol

[William Richards, Lynn, *Papuryn Achlysurol*, Rhif 6, 1802, tt. 10-13]

O ran gwaith fy ngwrthwynebwyr yn fy nghyhuddo i o wadu Duwdod Grist, y mae yn hawdd gweled mai un o'u castiau hocedus hwy yw hynny, tuag at gynyddu y rhagfarn gyffredin, a symud y ddadl oddi ar ei sylfaen ddechreuol, lle y maent, debygid, yn dechrau gweled, bellach, nad ydynt ddim yn abl i sefyll eu tir. Sylfaen ddechreuol a pharhaus, neu wir sail y ddadl ydyw, 'Pa un a allir cymodi Calfiniaeth, neu grefydd y Gymanfa, â'r Ysgrythur, neu, â'r darluniad efengylaidd o garacter, neu anian a phriodoliathau Duw?' Y mae'r naill blaid yn golygu'r pwnc yn *gadarnhaol*, a'r blaid arall yn ei olygu yn *nacaol*. Ond ni chaf i ddim ei ystyried ymhellach y pryd hwn, gan fy mod yn bwriadu ei wneud yn destun y Rhifyn nesaf.

Yma ni bydd, ysgatfydd, ddim yn anghymwys i sylwi ychydig ar y tri dyn sydd wedi ymddangos mor flaenoraidd, swyddgar, a gweithgar o blaid y grefydd boblogaidd, ac yn erbyn diwygiad, sef Ben o Nant-yr-eryd, Josi o Abertawe, ac Evan Jones o Eglwyswrw; y rhai a olygir gan lawer fel tri chedyrn y Gymanfa, a hynny yn gymwys ddigon, ar a wn i, yn enwedig os gwir yw'r sŵn, mai trwy alwad neu gymeradwyaeth blaenoriaid y Gymanfa y darfu iddynt hwy gymryd y gorchwyl yn llaw, a throi allan.

O ran Ben, druan, fyth oddi ar Cymanfa Blaen-y-waun, fe allir dweud ei fod ef, bob tro yr elo i'r pulpud, yn myned yno a chelwydd yn ei enau. Ac efe a barha i wneud felly cyhyd ag y parhao i ballu galw ei eiriau yn ôl a chwympo dan ei fai. Ond beth allir ddisgwyl yn amgenach, gan fod y Gymanfa megis wedi cytuno i'w gefnogi ef yn ei ddrygioni? Rhyfedd raid fod o gythraul yn yr adyn dideimlad hwn, (a'i wyneb santeiddiol gantho;) yn enwedig os gwir yw'r chwedl am ryw bapuryn a arwyddwyd yn stabl Blaen-y-ffos, gan ryw ddynionach tra pharod i wneud unpeth wrth ei gais ef, a'r hwn sydd yn cael ei ddangos *dan llaw* fel tystiolaeth y gynulleidfa dros ddiniweidrwydd Ben, o ran ei ymddygiad yng Nghymanfa

Blaen-y-waun; ond yr hwn nid ydys yn gweled yn dda neu ddiogel ei gyhoeddi tra fo byw y dynion hynny sydd yn abl ei wrthbrofi. Wedi'r cwbl, nid oes fawr achos, yn sicr, i synnu am ddim a ddigwyddo i'r offeryn drygioni hwn ei wneuthur, wedi gweled ei ymddygiad cywilyddus ef gynt yn achos Dafydd Tomas.

Am Josi, yntef, o Abertawe, fe ellir dweud yn eon, mai golchwr heb ei fath yw hwnnw; ac nad oes braidd un peth yn y byd a ddelo i'w benglog, bydded mor ddi-sail a direswm ag y mynno, nad yw ef yn abl haeru ei fod yn wir. Yr wyf weithiau yn barod i feddwl, er cynddrwg yw Ben, mai gwell yw'r gobaith amdano ef nag am Josi. Pe digwyddai imi un amser ddweud, (fel y gallwn, debygid, yn lled gymwys) nad oedd dim cysylltiad rhwng Ioan Fedyddiwr, pan ymddangosodd ef yn Iwdea, â neb o'r pleidiau crefyddol yn y wlad honno, fy fyddai Josi, mae'n debyg, yn ddigon rhydd i dyngu imi ddweud mai dyn digrefydd oedd Ioan Fedyddiwr, ac mai peth da a dymunol dros ben yw bod yn ddigrefydd! Nid yw papuryn rheiblyd y creadur didoreth hwn yn peri imi un math o syndod pan yr ystyriwyf mai nid dyma'r tro cyntaf iddo ef ysgrifennu rhywbeth o'r un fath. Y mae rhai eto yn cofio, ond odid, am bapuryn a ysgrifennwyd gynt yng nghymdogaeth Llangloffan, yr hwn oedd yn beth mor gywilyddus, diffaith ac ysgymun ag y barnwyd iddo gael ei losgi ar goedd y gynulleidfa; os nid gan y dienyddiwr cyffredin, *(common hangman,)* eto gan ryw un a drefnwyd i'r swydd ar yr achos arbennig hwnnw. Digrif ddigon yw gweled fy ngwrthwynebwyr yn gwneud defnydd o'r fath greadur â hwn, a'i annog i ysgyrnigo arnaf, a chyfarth ar fy ôl.

Am yr olaf o'r dynion hyn, Evan Jones, yr wyf yn meddwl nad oes fawr o debygolrwydd ei fod ef yn fwy rhinweddol dyn na'r lleill. Y mae ef, yn wir, yn cymryd sefyllfa mwy goruchel na'i ddau gyfaill, ac yn ymrithio o'n blaen fel gŵr dysgedig dros ben, a Groegwr godidog, gan haeru, ymysg pethau eraill, fod y cyfieithiad cyffredin o'r rhan ddadleus o Phil. ii, 6. yn gymwys a difai – sef 'ni thybiodd yn drais i fod yn ogyfuwch â Duw'. Y mae rhyw ehofndra, os nid digywilydd-dra hynod a neilltuol iawn yn ymddangos imi yn ei waith ef yn cymryd arno mor feistrolaidd i benderfynu fod y cyfieithiad hwn yn iawn, pan yr oedd (nid yn unig y fath ddyn â Gilbert

Wakefield, ond hefyd) y fath ddynion â Whiston, a Peirce o Exeter, a hyd yn oed Worsley, a Dr. Doddridge, yn methu gallu gweled hynny – dynion rhydd oddi wrth bob tuedd at yr hyn a elwir Sosiniaeth, ac enwog am eu honestrwydd; a dynion hefyd ag oeddent yn deall Groeg, ysgatfydd, tua phum cant o weithiau yn well nag Evan Jones [gwelwch Nodiadau Peirce ar yr Epistolau, a *Chyfieithiadau* y tri eraill o'r Testament Newydd]. Y mae ef hefyd yn ymddangos yn llawn iawn o ddigllonedd yn erbyn y cyfieithiad a roddwyd yn y Papuryn diweddar o Heb. i, 8, sef 'Duw a fydd yn orseddfainc iti yn oes oesoedd'; ond bydded hysbys iddo ef mai nid un cwbl newydd yw y cyfieithiad hwnnw. Y mae un cyfatebol iddo i'w weled yn y Testament Newydd, Groeg a Saesneg, a argraffwyd yn Llundain yn yr oes ddiwethaf, sef yn y flwyddyn 1729, gan J. Roberts yn Warwick Lane: ac, os nad wyf yn camgofio, y mae hyd yn oed Calfin ei hun, er ys cynifer o oesoedd, wedi rhoi yr un cyfieithiad, yn ei Nodiadau ar Salm xlv. Pa fodd bynnag, gan ddarfod i mi sylwi eiswys ar y pen hwn yn y Papuryn diwethaf, yr wyf yn meddwl nad oes achos ymhelaethu yn awr.

Am *Draethawd* hynod y gwrthwynebwr diserch hwn, yr wyf yn golygu nad oes ond rhan fechan iawn ohono yn galw arnaf i am atebiad. Yn erbyn y rhai sydd yn gwadu Duwdod Crist y mae y rhan fwyaf ohono yn milwrio: a chan nad wyf i yn un o'r rheini, nid yw corff y llyfr yn perthyn imi. Y mae rhyw fannau ohono, yn wir, wedi eu hanelu yn neilltuol ac uniongyrch, a chyda mesur nid bychan o surni a chwerwder yn fy erbyn i; ac y mae'n bosibl fod y rheini yn gofyn rhywfaint o sylw oddi wrthyf. Y mae'r awdur o hyd am roi ar ddeall i'w ddarllenwyr fy mod i yn *gwadu Duwdod Crist*; er y gwyddai ef o'r gorau, yr un pryd, *nad wyf*. Myn ef, hefyd, i'w ddarllenwyr feddwl, fy mod i am *rwystro* dynion i gredu'r fath beth â bod *Duw wedi ymddangos yn y cnawd*; yr hyn hefyd, nis gallai ef lai na *gwybod ei fod yn anwiredd hollol,* canys ef a'm clywsai yn fynych yn tystio i'r gwrthwyneb, ac yn proffesu y grediniaeth honno y mae ef yn awr yn fy nal allan fel yn elynol iddi. Y mae ef hefyd wedi gweled bod yn dda i'm gosod i gerbron ei ddarllenwyr fel dyn o ysbryd diffaith ac erchyll dros ben: ac y mae ef yn dwyn hynny fel prawf, ysywaeth, fy mod i yn ddyn *tra chyfeiliornus yn fy marn*! 'Pan y byddo cyfeiliornad yn cael ei lyncu', (eb efe, yn dra santaidd ac offeiriadaidd ei lais a'i wedd,) 'y mae canlyniadau anhapus yn debyg i gymryd lle'. Dyma, yn gymwys, fel y byddai'r offeiriaid pabaidd yn arfer siarad am y diwygwyr, a'r offeiriaid sefydledig am y Neilltuwyr a'r Piwritaniaid. Gochelwch y dynion acw! Ymswynwch rhag eu hegwyddorion! Os llyncwch chwi eu cyfeiliornadau fe fydd rhyw ganlyniadau ofnadwy iawn yn sicr o gymryd lle! Rhyfedd cystled y mae'r dyn wedi dysgu hen wers ysgymun hudolion a rhagrithwyr! – 'Naturiol ganlyniad cyfeiliornad mewn barn' (eb efe, gwedyn,) 'yw lletya meddyliau angharedig am eraill'. Os felly, y mae'n sicr ei fod ef a'i frodyr wedi syrthio i ryw gyfeiliornad ofnadwy mewn barn: canys y mae'n anodd meddwl i fod neb yn y byd yn lletya meddyliau mwy angharedig am eraill nag y maent hwy yn lletya amdanaf i a'm cyfeillion. Wrth bob argoel, ni chyfrifant hwy unrhyw driniaeth yn rhy gas neu galed inni; ac nis gallent lai na chael eu boddio ped fai y llywodraeth yn ein diffuddio o'n rhydd-did. Beth llai a allaf i ei feddwl, pan ystyriwyf eu bod wedi gwneuthur dim ag a allent i gaead pob drws yn ein herbyn, ein hatal i draethu Gair Duw, a pheri i bob dyn ein casáu? – 'Ond,' medd fy ngwrthwynebwyr, ymhellach, 'ymddangosodd yr ysbryd anhynaws hyn yn Mr. W.R. yn ei waith yn cyhoeddi i'r byd feiau ei gymdogion ag oeddent, medd ef, yn euog ohonynt'. Y gwir yw, yr oeddent hwy eu hunain wedi gwneud eu beiau yn ddigon cyhoedd cyn imi sôn amdanynt. Ni wneuthum i ond dal i fyny'r llun ger eu bron hwy ac eraill i edrych a gywilyddient a gwella'u buchedd. Goddefais lawer cyn ysgrifennu gair yn eu herbyn. Cyn pen hanner blwyddyn wedi imi ddyfod i'r wlad, y tro cyn yr un diwethaf, mi ddeallais fod dynion ar waith i'm drwgliwio a chodi rhagfarn yn fy erbyn hyd y gellid. Parhaesant wrth y gwaith da yn ddiflino; ac ni bu eu llafur yn ofer. Cynyddodd y rhagfarn i'r fath radd, nes ydoedd rhai o'm cyfeillion gorau yn pryderu am fy niogelwch, ac yn fy nghynghori a'm rhybuddio i ofalu am beidio â bod allan yn y nos rhag i'm drwgewyllyswyr wneud cynllwyn a chynnig imi niwed. Mewn rhai mannau yr oeddid yn ei gyfrif yn drosedd gymaint â rhoi llety imi; ac yn enwedig fy ngadael (neu fyned i'm gwrando) i bregethu: ie, a hyd yn oed i gyhoeddi yn y tŷ cwrdd fy mod i yn pregethu yn y gymdogaeth!! Ac yr oedd y pethau hyn oll yn cael eu goddef yn ddigerydd, a'u hannog, hefyd, a'u cymeradwyo, mae'n debyg, gan y pregethwyr. Wedi ystyried y mater dros dro, mi welais, o'r diwedd, mai ofer oedd arferyd tiriondeb tuag at y fath ddynion: yn ganlynol, mi a fûm yn lled rydd a llym yn fy ymddygiad tuag atynt [a thyma yr hyn sydd wedi rhoi'r fath dramgwydd i'r llariaidd, a syml, a chydwybodol Mr. Evan Jones!] Gan fod eu hymddygiad hwy wedi myned mor wrthun a phabaidd, pwy anghymwysder allsai fod yn y gwaith o'u trin hwy fel pe buasent gynifer o Babyddion? Yn wir, yr oeddwn yr un pryd yn golygu, fod i minnau hefyd ryw fath o hawl i hunanamddiffyniad. Ond, wrth lais y dyn hwn mae'n debyg imi gamsynied. Er gorfod myned yn hir mewn perygl, trwy eu mesurau camweddus a maleisus hwy, yr wyf yn cael fy nghyfrif yn droseddwr am feiddio, o'r diwedd, eu dal hwy allan ar gyhoedd yn eu *gwir liw a'u llun*, tuag at ddirymu eu cyhuddiadau ac amddiffyn fy hunan.

27. *Traethawd ar y Saboth*

[John Elias, *Traethawd ar y Sabboth*, 1804 (o ail argraffiad 1809), tt. 37-42]

3. Yr ydym, wrth dorri'r Saboth, yn codi yn erbyn llywodraeth Duw arnom ein hunain, ac yn dywedyd yn ein hiaith, Ni fynnwn ni y Duw hwnnw, sydd yn gofyn dydd o saith i'w dreulio yn santaidd iddo, ac yn Ei waith. Gwell gennym ni fyd, cnawd, a diafol, sydd yn gorchymyn i ni dreulio y Saboth ar ein melys-chwant, ac yn wrthryfelgar yn erbyn Duw.
4. Nid yw ond peth bychan cadw dydd o saith, o barch i Dduw, fel Creawdwr, wrth fwynhau ei greaduriaid: gwelwn ein Creawdwr ynddynt.

(2.) Dylem, yn bennaf, gadw'r Saboth o barch i'r Mab, yr hwn a gyfododd o'r bedd y dydd cyntaf o'r wythnos, wedi llwyr orffen holl waith y prynedigaeth. 'Hwn', sef, Crist, 'a orffwysodd oddi wrth Ei weithredoedd Ei hun, megys y gwnaeth Duw oddi wrth yr eiddo yntau'. Heb. iv. 10. Y Mab yn gorffwys oddi wrth Ei waith yn prynu, fel y Tad oddi wrth Ei waith yn creu. Am fod gwaith y prynedigaeth yn fwy, a rhyfeddach, na'r gwaith o greu bydoedd, yr oedd yn weddus newid y diwrnod, i gofio'r gwaith yma yn hytrach. Onid yw y gwaith gogoneddus a wnaeth ein Crist bendigedig, a'r fuddugoliaeth ryfedd a enillodd, ac a amlygwyd fore'r trydydd dydd, yn werth cadw un dydd yn santaidd, yn goffadwriaeth ddiolchgar am hynny, tra byddo amser yn bod? A ydyw cnawdoliaeth y Gair Tragwyddol, Ei waith yn cymryd ein natur, ac yn myned i'n deddfle, dan gyfrifiad o'n pechodau, a than ein melltith a'n cosb; ie, ac wedi gorchfygu ein gelynion, a llwyr dalu ein dyled; a chyfodi yn fuddugoliaethus fore'r trydydd dydd. A ydyw hyn, meddaf, mor ddiwerth yn eich golwg, fel na thâl mo'i gofio? Och, y mae anystyriaeth ac anniolchgarwch dyn, yn fawr iawn!! Os oedd creadigaeth y byd, a'r waredigaeth o'r Aifft yn destunau cadw'r Saboth yn santaidd a manwl, pa faint mwy gwaith ydyw gwaith iachawdwriaeth? Yr hwn a lwyr orffennodd Crist, ac a orffwysodd wedi ei orffen fore'r trydydd dydd! Onid yw gwaith a gorffwysiad Crist yn ddigon i'r meddwl a'r myfyrdod gartrefu ynddynt, a threiddio iddynt, gyda difyrrwch, yr holl Saboth? Ac onid ydyw y gwaith gogoneddus yma yn ddigon i ymddiddan amdano, gyda blas, tra parhao y dydd santaidd hwn? Y mae'n ddirmyg mawr ar Grist, a gwaith y prynedigaeth, i ni dybied fod y Saboth, yr hwn sydd i ni gofio Ei waith a'i orffwysiad Ef, i'w gadw yn fwy penrydd a chnawdol na'r Saboth oedd i gofio'r waredigaeth o'r Aifft, ac yn wystl o'r orffwysfa yng Nghanan. Onid yw y waredigaeth oddi wrth felltith y ddeddf, ac oddi dan lywodraeth diafol a phechod, yn waredigaeth mwy rhyfeddol, ac yn haeddu ei chofio yn santaidd a pharchus, mewn hyfrydwch calon yn y gwaith?

(3.) Dylem gadw'r Saboth yn santaidd, o barch i'r Ysbryd Glân, yr hwn a ddisgynnodd ar ddydd y Pentecost, mewn dull rhyfedd, i wneuthur gwaith rhagorol iawn. Y dydd cyntaf o *amser*, y trefnodd efe y greadigaeth: Gen. i. 2. Ond y dydd cyntaf o'r *wythnos*, y disgynnodd i wneuthur gwaith mwy gogoneddus, sef trefnu y greadigaeth newydd, Eglwys y Testament Newydd. Fe fydd y greadigaeth ogoneddus hon, yn ei disgleirdeb a'i gogoniant, wedi i'r byd fyned ar dân. Yn y greadigaeth gyntaf, Efe a wnaeth greaduriaid hardd, o'r defnyddiau cymysg, *(caos)* ond yn y greadigaeth newydd y mae yn gwneuthur gwaith harddach, o ddefnyddiau pechadurus, a llawer mwy di-drefn na'r *caos* gynt! Ar y Saboth, yn bennaf, y mae Efe eto yn dwyn ei waith gogoneddus ymlaen, er nad ydyw yn ei adael heibio ddyddiau eraill. Y mae Efe yn parhau i argyhoeddi, i aileni, dysgu, arwain, magu, ac ymgeleddu miloedd eto, yn neilltuol y dydd hwn: am hynny dylem gadw y Saboth o barch iddo, ac i ddisgwyl wrtho am ei ymgeledd a'i driniaeth i'n hysbrydoedd yn Ei waith. Pa fodd y disgwylir ymgeledd yr Ysbryd Glân, ym moddion gras, ar y dydd Saboth, tra byddom yn treulio y rhannau eraill o'r dydd i'w dristáu? Y mae llawer yn treulio oriau o'r bore Saboth i gysgu, segura, &c. trwy'r hyn y maent yn tristáu'r Ysbryd Glân. Ac yna, pa ryfeddod eu bod yn amddifaid o ymweliadau'r Ysbryd ym moddion gras? Felly, hefyd, y mae llawer yn treulio'r amser rhwng oedfaon cyhoeddus, i wag ymddiddanion, geiriau ofer pechadurus, a thrwy hynny, yn gollwng i golli yr hyn a [d]derbyniasant yn y moddion aeth heibio; ac yn eu hanaddasu eu hunain at foddion sydd i ddyfod. O'r golled fawr y mae cannoedd o broffeswyr yn gael drwy hyn! Felly, gwelwn fod halogwyr y Saboth yn dirmygu y Drindod.

(4.) Dylem gadw'r Saboth yn santaidd, yn arwydd fod gorffwysfa enaid yn yr Arglwydd; ac nad oes gorffwysfa yn un man arall. 'Dychwel o fy enaid i'th orffwysfa; canys yr Arglwydd a fu dda wrthyt'. Salm cxvi. 7. Collasom ein gorffwysfa yn Nuw drwy'r cwymp: collasom Ei heddwch; Ei gyfeillach; mwynhad ohono; ac ymfodlonrwydd ynddo. Llanwyd ni ag euogrwydd ac ofn drwg; ac aethom i chwilio am orffwysfa mewn pethau eraill: ond er chwilio nid oedd un i'w chael. Ond, o anfeidrol ras enillwyd yr orffwysfa yn ôl i ni gan Grist: ac y mae Efe yn gwahodd y rhai blinderog, a llwythog i gael gorffwystra, yn Ei orffwysfa Ef. 'Deuwch ataf fi, bawb sydd yn flinderog ac yn llwythog – a chwi a gewch orffwysfa i'ch eneidiau'. Mat. xi. 28,29. Dyma'r unig le i enaid llwythog gan euogrwydd i roddi ei faich i lawr; dyma noddfa i'r ffoadur sydd ar ddarfod amdano o flaen y dialydd, i gael ymguddio a gorffwys, yn y gŵr a dalodd y ddyled, ac a lonyddodd gyfiawnder dialeddol yn llawn. Yng Nghrist, hefyd, y cawn ein hanadl, oddi wrth derfysg ein gelynion tufewnol; ein llesgedd a'n pla dirfawr, sydd yn ein trallodi yn barhaus, ddydd a nos. Ond, yr ydym yn cael graddau o orffwysfa oddi wrth orthrymder y rhain, rai munudau yng nghyfeillach Crist: dylem gadw'r Saboth, yn barchus, i gofio hyn.

28. Amddiffyniad y Methodistiaid

[Arvonius, *Amddiffyniad y Methodistiaid:* . . . *Sylwadau ar Epistolau Enllibus Edward Charles,* 1806, tt. 5-8]

Ddarllenydd mwyn, pwy bynnag wyt, gad i mi yr hwn na chafodd erioed y fraint o gael fy nghyfrif yn un o'r bobl ag y mae hwn wedi diystyru cymaint arnynt, sef y rhai a elwir Methodistiaid; gad i mi, meddaf, anturio amddiffyn y rhai hyn, hefyd eu rhinweddau da a'u hymddygiad gweddaidd yn y byd, mewn pwyll a hynawsder, heb sylwi ar lesgedd eu hymadroddion na chwaith ar anghymwyster y dyn i'r gorchwyl a gymerodd mewn llaw. Ond bydded hynny mal y bo, mae'n hawdd deall pa beth y mae'n ei feddwl er gwanned ei ddadleuaeth. Cyn myned ymhell, meddyliwn mai cymwys fyddai crybwyll fod profiad neu orchymyn ysgrythurol o'm plaid, ag sydd wedi troi lawer pryd yn fy meddwl, ac a fu yn anogaeth mawr i mi gymryd arnaf fy hun y cyfleustra yma i ateb yr *athro,* os caniateir ei alw felly, cystal ag i ddangos fy ewyllys da tuag at y rhai y mae ef yn eu gwaradwyddo. A honno yw y ddihareb nesaf i'r llall, sef, 'Ateb yr ynfyd yn ôl ei ynfydrwydd rhag iddo fod yn ddoeth yn ei olwg ei hun.' Ond yr wyf, ysywaeth, yn mawr ofni a hefyd yn sicr mai *doeth* yn ei olwg ei hun y trig ef, heb yn waethaf i mi a phawb arall, nes gwêl yr Arglwydd yn dda droi ei galon at ddaioni, a thynnu ymaith y gorchudd oddi ar ei lygaid: yna'n wir efe wêl mal mae eraill yn gweled, nad yw ei *holl* ddoethineb ond cabledd anwireddol ac anadnabyddiaeth o'r hyn sydd dda. Anwireddol, meddaf, gan y mae ef yn dechrau ac yn diweddu ei epistolau felly. Medd ef, '*Yn wir* ni allwn lai, a hynny nid o ran dangos llid na drwg ewyllys i neb ryw bobl ba bynnag, &c.'

Pe bai y dyn mewn difrifwch yn cymryd ei lw gerbron holl
swyddogion ein grasusaf frenin ni chredwn mohono ef, ac ni
ddichon i un sydd yn berchen synnwyr cyffredin gredu y fath
anwir noeth digywilydd! O *ran cariad brawdol*, ebe fe! Nage,
medd pob gwir Gristion. Beth ynteu? O ran creu llid
a chenfigen rhwng proffeswyr crefydd â'i gilydd, ac o ran
gwaradwyddo a dirmygu'r rhai ag sydd yn caru Crist a'i
Efengyl fel maent yn caru eu bywydau. Clod iddynt a pharch
hefyd am hynny, a hir y parhaont i wneud yr hyn y maent yn
ei feddwl sydd ddyledus arnynt, ac i weled mal mae gelyn eu
heneidiau'n annog yr offeryn hwn i ruthro ymlaen a chwaneg
o'i enllib yn erbyn dilynwyr ffyddlonaf Iesu Grist. Ni allaf lai
na chredu nad oedd rhyw anogaeth *neilltuol* yn denu y dyn
i wneud yr hyn a wnaeth, gan mae'n hawdd dirnad fod ynddo
ef fwy o *ragrith* nag a feddyliai llawer ar y golwg cyntaf o'i
waith, pan y mae yn cynghori fel hyn: 'Cymerwch amynedd,
a gwyliwch ar yr hyn a roddaf o'ch blaen yn yr epistol, &c.'

Mae'n ymddangos fod Satan yn sisial wrtho ef, fod yn
angenrheidiol iddo beri iddynt gymryd *amynedd*, a pheidio
â bod yn gyffelyb i geiliog y gwynt yr hwn a dry ei ben gyda
phob awel, i gael i'w ddarllenyddion feddwl yn well am y
cynghorydd, a'r ffynnon o ba un y tarddodd y cyngor hynaws-
aidd hwn allan. Prin yr wyf yn gweled yn angenrheidiol i mi
grybwyll nad oes dim lle i ofni y bydd neb mor anneallus
â throi gyda'i awel anwadal ef, yn anad un awel yn y byd; eto,
rhag ofn iddo ef anafu meddyliau rhai a fo'n ansefydlog, ac
yn barod i betruso ym mherthynas i'r hyn a berthyn i'w
hiechydwriaeth, meddwl yr wyf mai gwiw yw deisyf arnoch,
Gymry annwyl, fod yn ofalus ac yn wyliadwrus, rhag darllen
gwaith yr hwn sydd yn *elyn* i wir grefydd ac i chwithau hefyd!

'Ow *Gymry!*' medd ef, 'a gymerwch eich bathu a'ch cogio fel
hyn? Na, 'rwy'n gobeithio y sefwch yn gadarn yn erbyn y fath
ffug huodledd a disylwedd.' Pa beth mae'r dyn yn ei feddwl
wrth annog y bobl i sefyll yn gadarn? Mae'n hollol ddiam-
heuol gennyf mai holl fwriad y dyn oedd (ac yw hefyd, os
medr) gyrru pleidiau benben, gerfydd braich ac ysgwydd;
dyna'r unig beth y mae'n ei feddwl wrth *sefyll yn gadarn!*
A dyna'i ddymuniad a'i ewyllys yn ei galon. Yr wyf yn gofyn
iddo ef, ac yn gyhoeddus i'r byd, a fedr ef, neu neb arall brofi
fod y pregethwyr yma (mal y mae wedi chwennych dwyn ar

ddeall) yn cogio, ac yn hudo, mal y drwgdybia'r amheus hwn? Na fedr, na'u gelynion pennaf chwaith.

29. Rhagair i Gasgliad o Emynau

[Thomas Charles, *Casgliad o Hymnau*, Bala, 1806, Y Rhagair]

Y rhan fwyaf o'r Hymnau canlynol a gyfansoddwyd gan Ann Griffith, gynt, gwraig Thomas Griffith o Ddolwar yn Llanfihangel, Swydd Drefaldwyn. Maent yn dangos ehediadau cryfion, a golygiadau ar Berson Crist a'i aberth, sydd oruchel a thra gogoneddus. Wedi gorffen er ys dyddiau â'i thaith drafferthus yma; mae, heb le i amau gan neb oedd yn ei hadnabod, gyda y dorf orfoleddus fry, yn syllu ar y Person a garodd, ac y canodd amdano yma mor hyfryd. Ymadawodd gan orffwys yn dawel ac yn ddiysgog ar drefn sefydlog a chyfamod sicr y Drindod mewn perthynas i gadwedigaeth pechaduriaid trwy y Cyfryngwr mawr. Gellir gweled yn eglur, yn agwedd ei hysbryd, y fath yw dysgeidiaeth yr Ysbryd Glân i bechadur. Nid goleuni heb wres yw ei oleuni: nid syniad cnawdol am Grist, heb barch mwyaf goruchel iddo, mae yn ei genhedlu, ond mae ei oleuni yn dysgu pechadur i adnabod Crist yn gywir, yn ôl tystiolaeth y gair amdano; a hefyd yn llenwi y meddwl â'r cariad a'r parch mwyaf iddo. Trwy yr un ddysgeidiaeth y caffom ninnau ein haddasu i'r un lle.

30. Galwad Garedigol ar yr Arminiaid

[John Roberts, Llanbrynmair, *Galwad Garedigol ar yr Arminiaid, i ystyried Pwy a wnaeth rhagor rhyngddynt hwy ac eraill*, 1807]

Ond yr ydych erbyn hyn yn barod i ofyn, pa fodd y mae yn gyfiawn i Dduw fwriadu er tragwyddoldeb, roddi ffydd ac iechydwriaeth i rai, ac nid i bawb, neu'r hyn sydd yr un peth, pa fodd y mae yn gyfiawn i Dduw ethol rhai yn unig o ddynol-ryw colledig, i fod yn santaidd yma, ac yn ddedwydd byth? A chyn belled ag yr wyf yn deall, pan y byddoch yn ceisio gwrthbrofi yr athrawiaeth o etholedigaeth ddiamodol nid ydych gymaint yn ceisio dangos nad yw'r athrawiaeth yn ôl yr Ysgrythurau, ac yr ydych yn ceisio dangos fod yr athrawiaeth yn anghyson â chyfiawnder Duw. Yn awr dymunaf arnoch ystyried rhai pethau mewn ffordd o atebion i'r gwrthddadl hyn, ag yr ydych yn eu fynych arfer yn erbyn yr athrawiaeth o etholedigaeth ddiamodol. (1) Dymunaf arnoch ystyried, os gellir profi o'r Ysgrythurau i fod Duw, er tragwyddoldeb, wedi arfaethu achub rhai yn unig o ddynol-ryw i fywyd ac nid pawb, neu hyn a ddaw i'r un peth, os yw Duw, mewn amser yn cyfrannu mwy o ras i rai nag i eraill – os gellir profi, meddaf, mai dyma fel ag y mae Duw yn gwneuthur, nid yw yn gorffwys ddim mwy ar y Calfiniad, nag yw yn gorffwys ar yr Arminiad, i ddangos pa fodd mae Duw yn gyfiawn yn hyn. Ni allwn fod yn sicr fod popeth ag mae Duw yn wneuthur yn gyfiawn, er fe ddichon na fedrwn ni amgyffred pa fodd y mae felly. Ni fedrwn ni amgyffred pa fodd y mae Duw yn dragwyddol ac yn holl-bresennol, ac eto yr ydym yn sicr Ei fod felly: ac yr ydym yn fodlon i gyfaddef fod ffyrdd yr Arglwydd yn hyn, yn anolrheinadwy, ymhell tu hwnt i'n hamgyffred.

Yr ydym yn dymuno nerth i gredu popeth ag mae Duw wedi ddatguddio yn Ei air, a phrofi effaith pob dwyfol wirionedd, ar ein calonnau, a'n buchedday, heb flino llawer ar ein meddyliau ynghylch y pethau sydd uwchlaw ein hamgyffred. Yr ydym yn edrych ymlaen, yn dawel, tuag at y dydd, y daw yr Arglwydd Iesu, yn Ei ogoniant, i ddatguddio cyfiawn farn Duw. Yn yr amser hynny, fe fydd i'r Arglwydd, Ei hunain [*sic*] amddiffyn cyfiawnder, ac uniondeb, ei holl weithredoedd, gerbron holl ddeiliaid ei eang lywodraeth, wedi ymgasglu at eu gilydd. Fe fydd y santaidd lyfrau yn cael eu hagor, ac ni fydd gywilydd gan yr Arglwydd i bawb weled yr hyn ag y fyddo wedi wneuthur. Fe fydd y dyrfa ar ei ddeheulaw, yn rhyfeddu Ei ras, a'r dyrfa ar ei law aswy, yn fud, heb allu dywedyd dim yn erbyn Ei gyfiawnder. (2) Mae'r gwrthddadl yma wedi cael ei ateb eisoes gan yr Apostol Paul, mewn byr eiriau. Mae yn deilwng iawn o'ch sylw, fod yr un gwrthddadl yn cael ei wneuthur yn erbyn yr hyn ag yr oedd Paul yn ei ddywedyd am arfaeth Duw ac etholedigaeth yn ei amser ef, ag sydd yn cael ei wneuthur yn erbyn yr hyn y mae'r Calfiniaid yn ei ddywedyd am arfaeth Duw ac etholedigaeth yn ein hamser ninnau. Ac mae hyn yn un peth ag sydd yn fawr gadarnhau fy meddyliau, mai barn y Calfiniaid sydd yn ôl y gair.

31. Llythyr gan Owen Davies at Thomas Jones

[Owen Davies, *Ymddiddanion rhwng dau Gymydog, Hyffordd a Beread, Yn dangos Cyfeiliornadau Calfinistiaeth; Ynghyd â Dau Lythyr at Mr. Thomas Jones*, 1807, o Lythyr I, tt. 336-9]

Yma yr wyf yn gofyn, pwy ond anghredwr *(infidel)* a ddygai ymlaen y fath rannau neilltuol â hyn o'r Ysgrythur, i brofi fod Moses a'r Proffwydi, Crist a'i Apostolion, yn dywedyd ac yn gwrthddywedyd, yn troi ac yn trosi, fel ag i fod yn anodd i ddyn wybod beth oeddynt yn ei bregethu na'i gredu? Ni byddai i neb ond anghredwr gredu fod yr Ysgrythurau uchod mewn gwirionedd yn gwrthwynebu ei gilydd; er, wrth eu cymryd fel y maent yn sefyll ar eu pennau eu hunain, eu bod yn ymddangos felly. Os iawn yw arfer profion o'r Ysgrythur yn y modd yma, myfi a allaf yn hawdd brofi ei fod yn ddyletswydd arnoch chwi i fyned ac ymgrogi; canys oni ddywed yr Ysgrythur i Iwdas fyned ac ymgrogi? Ac oni ddywed hefyd, 'Dos a gwna dithau yr un modd'?

Ac onid trwy gasglu rhyw rannau neilltuol yn y modd yma, allan o 'sgrifeniadau Mr. Wesley, heb ystyried eu perthynas ag ymadroddion eraill, heb ystyried ar ba achosion yr adroddwyd neu'r ysgrifennwyd hwynt, na'r ystyr ym mha un yr adroddwyd neu'r ysgrifennwyd hwynt – meddaf, onid trwy gasglu rhyw rannau neilltuol yn y modd yma y darfu i chwi allu dwyn y fath gwmwl o dystion i brofi anghysonedd Mr. Wesley?

Gan ei fod yn rheol ymhob llysoedd barn (a gobeithio yr wyf na nacéir mohono hyd yn oed yn llys eich cydwybod chwithau) pan y bo i un gael ei brofi, i'r tystiolaethau a ddygir o du y naill blaid a'r llall gael eu chwilio a'u manwl-brofi, ac i sylwadau gael eu gwneuthur ar eu sylwadau hwythau. Am hynny tybiaf fod i minnau lawn ryddid, a'i fod yn ddyletswydd arnaf hefyd, o barch a chariad at fy mharchedig dad a'm cyfaill, yr hwn nid yw mwyach, a'r hwn nid oeddych chwi na minnau yn deilwng i ddatod carrai ei esgidiau ef, i brofi a chwilio y tystiolaethau a ddygasoch i'w erbyn ef.

Yr ydych yn dechrau gan ddangos i Mr. Wesley, wrth ddarllen llyfr o waith yr Esgob Taylor, yn y flwyddyn 1725, gael ei argyhoeddi o'r angenrheidrwydd o sancteiddrwydd calon a bywyd, ac iddo ymroddi yn ebrwydd i gysegru ei holl fywyd i Dduw, ei holl feddyliau ei eiriau a'i weithredoedd. Ddarfod, yn y flwyddyn 1726, i'r argyhoeddiad hwn weithio yn ddyfnach ar ei feddwl, wrth ddarllen *Patrwm y Cristion*, o waith Kempis: ac ar ôl blwyddyn neu ddwy ymhellach, wrth ddarllen llyfrau Mr. Law, sef *Perffeithrwydd Cristionogol*, a'i *Alwad difrifol*, i'r argyhoeddiadau hyn weithio yn ddyfnach, ddyfnach, ac iddo ymroddi i fod yn gwbl gysegredig i Dduw, &c. Yn y flwyddyn 1729, wrth ddal sylw manwl ar y Beibl, iddo weled yn eglurach drachefn yr angenrheidrwydd o gael y cwbl o'r meddwl oedd yng Nghrist. Y cyntaf o Ionor 1733, iddo bregethu o flaen y Brifysgol, yn Rhydychen, ar *Enwaediad y galon*. Ac, yn y bregeth, iddo ddywedyd ei fod wedi cyhoeddi a chymell yr athrawiaeth o berffeithrwydd, yn yr un modd, o ran sylwedd, ag yr oedd wedi credu a phrofi o'r blaen, ac yn yr un modd ag y darfu iddo barhau i'w chyhoeddi wedi hynny, nes iddo argraffu ei Draethawd Eglur arno, y modd yr oedd yn cael ei chredu a'i dysgu ganddo ef, o'r flwyddyn 1725 hyd 1765.

Yn awr, yn hyn oll, yr wyf yn gofyn, ym mha beth y mae Mr. Wesley yn ei wrthwynebu ei hun? Pe fuasai yn Galfinist, efe a fuasai yn anghyson iawn yn wir; oblegid fod pob Calfinist cyson yn credu ei fod bob amser yn berffaith *yng Nghrist*. Ond am Mr. Wesley yn dywedyd fod ei argyhoeddiadau ynghylch athrawiaeth bwysig yn dyfod yn ddyfnach, ddyfnach o amser i amser, a'i ddymuniad yn gryfach am sancteiddrwydd, a'i fod wedi profi rhywbeth ohono o ran ei sylwedd neu ei natur; yr oedd efe wrth hynny nid yn unig yn gyson ag ef ei hun, eithr yn gyson hefyd â gair Duw; gan weled fod 'llwybr y cyfiawn fel y goleuni, yr hwn a lewyrcha fwyfwy hyd ganol dydd'. Diar. iv. 18.

Ond chwi a ddywedwch, yn Hanes Bywyd Mr. Wesley gan Coke a Moore, ei fod yn addef yn ddifrifol ei hun, drachefn a thrachefn, ei fod hyd y flwyddyn 1738, yn ddieithr i Grist, ac i'w drueni gwreiddiol ei hun hefyd; ac yn drahaus ddigon chwi a dynnwch y casgliad hwn: 'Felly yr oedd efe yn ei bechod, tra 'roedd yn tybio ei fod yn ddibechod'.

Atolwg, Syr, ym mha le yr ydych yn clywed, neu'n cael, Mr. Wesley yn dywedyd ei fod yn *ddibechod*? Sicr wyf, mai nid yn un o'r prawf-nodiadau uchod. Myfi a gefais y fraint o gynnal hir gyfeillach bersonol ag ef; myfi a'i clywais ef yn pregethu lliaws o bregethau; a bûm yn ymddiddan ag ef ynghylch yr athrawiaeth o Berffeithrwydd Cristionogol, yn gyhoedd ac yn ddirgel; a chefais bob amser, pa beth bynnag allai fod ei brofiad mewn pethau ysbrydol, fod ganddo yn wastad ormod o orchwyledd i wneuthur uchel broffes ohono.

Meddwch, 'Y mae efe yn proffesu ei fod yn credu ac yn profi Perffeithrwydd, o ran sylwedd, yn ei bregeth ar *Enwaediad y galon*'.

Ac atolwg, beth yw sylwedd neu natur Perffeithrwydd, ond cariad Duw wedi ei dywallt ar led yn y galon, trwy'r Ysbryd Glân, yr hwn a roddwyd i ni? Ac onid all un brofi o sylwedd neu natur hwn, heb brofi y gradd hynny ohono, yr hyn yw braint pob Cristion i'w brofi? Os felly, ym mha le y mae Mr. Wesley yn gwrthwynebu ei hun? – 'O!', meddwch, 'y mae efe yn addef ei fod yr amser hwnnw yn ddieithr i Grist, ac iddo ei hun'. Ac felly y gallasai fod mewn cymhariaeth â'r hyn oedd efe ar ôl hynny, heb wrthwynebu ei hun yn yr hyn lleiaf.

Os yw yn brawf o fod dyn yn ei wrthwynebu ei hun ei fod

yn dymuno cael ei lenwi â chariad, yr hyn yw i gael ei lenwi â chyflawnder Duw, am ei fod yn teimlo ei hun yn ddiffygiad ynddo, ofni yr wyf i eich bod chwithau yn eich gwrthwynebu eich hun. Eich bod yn dymuno hyn, yr wyf yn rhwydd gredu. Ond eich bod yn ddibechod, yr wyf yn cael gormod o le i gredu i'r gwrthwyneb.

32. Y Tafarnwr Dychweledig

[Titus Lewis, *Llyfr Rhyfeddodau*, 1808, tt. 8-9]

Un offeiriad duwiol, yn ôl ei sefydlu mewn plwyf, a gafodd liaws mawr o'r trefydd a'r pentrefydd cymdogaethol i'w wrando. Yr oedd tafarnwr yn byw yn un o'r pentrefydd hynny, ag oedd yn gwneud yn lled rydd â'i dap ei hun; ei drwyn a'i wyneb oedd fel carbwncl; ond yr oedd ef yn tyngu na cheid byth ei weled ef ymhlith yr ynfydion ag oedd yn rhedeg i wrando'r offeiriad. Ond wrth glywed fod canu hyfryd yn yr eglwys lle'r oedd ef, dywedodd yr âi ef ryw bryd, f'allai, i glywed y canu, gan sicrhau trwy lwon na wrandawai efe un gair o'r bregeth. Ar un prydnawn, ar ôl cinio, aeth i'r eglwys, yn unig i glywed y canu, gyda llawn fwriad o gadw ei adduned i beidio gwrando cymaint â gair o'r bregeth.

Yr oedd yn ddyn tew corfforol, a hithau yn ddiwrnod brwd iawn o haf; yr oedd yn chwys i gyd, a thrwy gryn ofid cafodd fyned i mewn i eisteddle ag oedd a chaead arni. Gwrandawodd yn astud ar y canu o flaen y bregeth; yna rhoddodd ei ddwy benelin ar gaead y côr neu'r eisteddfa, a'i fysedd yn ei glustiau, tra parhaodd y weddi. Dechreuodd y bregeth gydag anerchiad difrif at gydwybodau'r gwrandawyr, o'r angenrheidrwydd i wrando'r pethau a berthynant i'w tragwyddol heddwch, oddi ar y geiriau hyn, 'Y neb sydd ganddo glustiau i wrando, gwrandawed'. Y foment cyn i'r offeiriad lefaru'r geiriau hyn darfu i gilionen ddisgyn ar drwyn coch y tafarnwr, ac a'i brathodd yn galed; tynnodd yntau un o'i fysedd i daro'r gilionen ymaith. Ar y foment honno y geiriau,

'Y neb sydd ganddo glustiau i wrando, gwrandawed' a lefarwyd gyda dwyster mawr. Aeth eu sŵn i mewn i'r glust oedd yn agored fel sŵn taran. Cafodd yntau ei daro gyda grym anwrthwynebol; cadwodd ei fys rhag dychwelyd i'w glust, a chan deimlo rhyw argraff ar ei feddwl ag na wyddai o'r blaen amdano, tynnodd y bys arall yn union, a chyda sylw difrif a wrandawodd ar y bregeth a ganlynodd.

Y diwrnod hwn oedd dechreuad dyddiau iddo ef: cyfnewidiad a weithiwyd ynddo, a hwnnw yn amlwg i'w holl gyfeillion blaenorol; ni ddychwelodd ef byth o'r dydd hwnnw at neb o'i weithredoedd o'r blaen; ac ni welwyd ef byth gwedyn yn feddw, ni chlywyd mohono 'chwaith yn tyngu llwon. Daeth yn wir dduwiol; a thros lawer o flynyddau aeth ar bob tywydd i'r eglwys, lle y derbyniodd gyntaf wybodaeth o bethau Duw. Ac yn ôl o gylch 18 mlynedd o rodio agos gyda Duw, bu farw gan lawenhau yn y gobaith o'r gogoniant hwnnw ag y mae yn awr yn etifeddu.

33. Rhagymadrodd i Ramadeg Cymraeg

[Robert Davies, Bardd Nantglyn, *Gramadeg Cymraeg*, 1808]

Yr Iaith Gymraeg, medd dysgedigion, yw un o'r ieithoedd hynaf, grymusaf ei geiriau, a phereiddiaf ei barddoniaeth dan y nef, yr hon a fu gynt mewn mawr anrhydedd a chymeriad yn y byd, yn brif iaith Llys a Senedd Brydain Fawr; ac yn sail addysg a chelfyddyd i'r ieithoedd athrawol, fal y tystia aneirif o eiriau sydd yn ddyledus iddi, nid yn unig gan y Saesneg, ond hefyd gan y Lladin, ac amryw eraill. Ond pan y'n goresgynwyd trwy ryfeloedd, a pherchenogi ein gwlad gan estroniaid, ein iaith hefyd a gollodd dir ynghyd â'n cenedl; a than y gormesdeyrn hyn, ein holl lyfrau celfyddydau a hynafiaeth, a losgwyd ac a ddifawyd gan ein gelynion. Ninnau, megis gweddilliedig o'r Brutaniaid, a gaethiwyd i'r rhan orllewinol hon o Frydain a elwir Cymru; ond, i Dduw byddo'r diolch, cadwyd i ni ein hiaith hyd y dydd hwn. Er fod rhai o'i chaseion yn darogan ei llwyr ddiflaniad, eto nid oes lle i amau heddyw na thrig yr Iaith Gymraeg yng Nghymru hyd na byddo amser mwyach.

Wrth sylwi ar ymegnïad ac awyddfryd gwresog miloedd o ieuenctid Cymru i ddysgu darllen Cymraeg yn y dyddiau hyn, meddyliais mai buddiol iawn iddynt ddysgu rheolau a rhannau ymadrodd yr iaith; ac wedi rhyfeddu, er ys amryw flynyddoedd, na buasai rhywun, o wybodaeth a dysg, yn cyhoeddi Gramadeg i'r Cymry uniaith; minnau, wrth weled pawb yn esgeuluso y gorchwyl angenrheidiol hwn, a fwriedais ddefnyddio y dalent fach a feddwn i at y gwaith; ac wedi cael amryw anogaethau gan eraill, mi anturiais gyhoeddi y Gramadeg canlynol i'r Iaith Gymraeg, yr hyn mae yn debyg, a edrychir arno megis peth dianghenraid gan rai, eto a gofleidir gan eraill sydd yn dyall yr angenrheidrwydd ohono.

Nid wyf yn honni fod y traethawd canlynol yn gwbl ddifai, mwy nag amryw eraill; ac nid wyf yn disgwyl fod y ffurf ohono yn foddhaol gan bawb, oherwydd haws cael barnwyr na chynorthwywyr; eto dyalled y dysgedig fy mod wedi ymegnïo i eglurhau rhannau yr ymadrodd yn y modd mwyaf agos, enillgar a dyalladwy ag y gallwn, i'r anhyddysg; ac i'r diben hynny, arferais amryw eiriau ag y bydd rhai beirniaid, fe allai, yn eu gwrthsefyll; megys, *Berf*, am *Perwyddiad*; *Person* am *Dynsawd*; *Presennol* am *Cyd-ddrychol*, &c. Hefyd gan fod y lluosain *aw* yn cyfnewid i *o*, nid wyf yn gweled un achos angenrheidiol i arfer y drefn glogyrnaidd hon yn nherfyniad geiriau, megis, *achaws, duwiawl, enwawg, priawd*, &c., oddieithr pan arferir hyn weithiau mewn gair i arwyddocáu rhyw neilltuaeth, neu er mwyn cysondeb yn rhwymau caethion barddoniaeth.

Gan fod y dysgedig Dr. Parri a'i gyd-gynorthwywyr, wedi cyfieithu y Beibl i'r Gymraeg, a hynny mewn iaith esmwyth, gadarn a gramadegol, fal nad oes achos gwyro oddi wrthi, mi arferais y rhan fwyaf o enghraffau i'r Gramadeg o'r trysor gwerthfawr hwnnw, ynghyd ag eraill o waith beirdd godidog a'r sydd yn eu beddau, a'u gwaith a'u henwau yn deilwng o goffadwriaeth barchus ar eu hôl: eithr deolais amryw o gytseiniau dyblyg, ac a arferais fynychaf yr arddodyn chwanegol *dy* yn wahanol oddi wrth y blaenddod nacaol *di*.

Diau y dylai pobun a ddysgo ddarllen ei iaith, ymegnïo

hefyd i'w dysgu yn ramadegol; a harddwch neilltuol ar bawb yw medru gramadeg ei iaith ei hun; canys os ymadroddi neu ysgrifennu, onid gwell yw hynny, hyd y gellir, yn ramadegol, nag yn afreolaidd? Felly, chwenychaf annog fy nghyd-wladwyr i garu a choleddu yr Iaith Gymraeg, yr hon y bu garw gan ein tadau ei chadw er y cyn-oesoedd, fal na byddo iddi gwympo yn ein dwylo ni; ac i'r perwyl hwn, mi gyhoeddais y Dosbarth dilynol, i agor megis cil drws ar ei thrysorau, gan fod yn dra diolchgar i'm cynorthwywyr tuag at y gwaith.

R.D.

Nantglyn, *Ebrill* 1808.

34. *Pregeth*

[Richard Davies, Llanwnog, *Pregethau*, 1810, Pregeth V, tt. 73-7]

Mor ddychrynadwy hefyd fydd yr hyn a wna angau, a'r canlyniad gweledig o hynny. Wrth weled yr hyn a wna efe, pwy sydd a'r na ddychryna? Efe a wna i alluoedd y bywyd hwn yn raddol ddarfod, ac a'n gwna ni, fel nas gallom ymsymud; yna y canlyn tywyllwch oll-gyffredinol, noswaith hir, oerni, merwindod, ymadawiad â'r holl fyd gweledig, y bedd, llygredigaeth, ac ymddatodiad: gwelwch, dyna ei fuddugoliaeth ef! Heblaw amgylchiadau'r olygfa arswydus hon, ystyriwch y gofidiau poenus a flinasant y sawl a fyddo 'mron marw – y gobaith am fyw yn hwy a rydd efe i fyny mor anewyllysgar – y perthnasau caredig a omeddant ymadael – edliwiau cydwybod – a'r ofnau fyned i fyd anadnabyddus. Onid yw buddugoliaeth angau yn ddychrynadwy? Mor eang a helaeth yw ei ddifrodiadau, ac mor ddirfawr ydyw achosion wylofain! Mor anfeddyginiaethol ydyw briw'r wraig weddw a'r plant amddifaid, ac mor anesgorol yw'r golled am amddiffynnol allu eu tad! *Yma* llawer iawn o ragfwriadau ac amcanion rhesymol a wna ef yn ddi-les; *yma* y gorchfyga efe y galluoedd mwyaf, er cadarned fyddont, ac a rwystra'r doniau gobeithiolaf ymddangos. *Yma* ni chaiff y rhai llafurus ganddo ef mo feddiannu ffrwythau eu llafur: ac *yma* y deifia efe flagur y gweithredoedd godidog pan ymddangosont gyntaf. *Yma* mewn llawer iawn o ffyrdd y distrywia efe bleserau, hyfrydwch, llawenydd, a gobaith dynion. *Yma* y gwna efe i ni ganfod achosion amrywiol ac anghynefinol o dlodi, o ofid a thrueni. *Yma* y wraig weddw, a'r plant amddifaid a eisteddant, a dagrau ar eu gruddiau. *Yma* y rhai gofidus a'r anghennus a gwynant, oherwydd iddynt golli eu hewyllyswyr da, a'u cymwynaswyr. – Felly dychrynllyd ac anhyfryd ydyw'r hyn a wna angau! Felly arswydus yw ei ymddangosiad, ac wylofus ydyw'r hyn a ganlyn ei rwysg dinistriol! Felly ofnadwy ydyw ei fuddugoliaeth ef, ar yr holl rai ag sydd yn fyw, ac yn perchen anadl! Yn y dull dychrynllyd hwn, y rhaid i angau ymddangos i bobun, pan ystyrio felly yr hyn a wna efe, a'r hyn yn ddiatreg a ganlyn hynny, os na wna ragolygu ar fyd arall sydd well y diwrnod hwnnw, pan farno Duw y byd mewn cyfiawnder.

Ond y diwrnod hwnnw, angau a lyncir mewn buddugoliaeth – mewn buddugoliaeth ein hatgyfodiad uwchben buddugoliaeth uffern, sef, y bedd. Er bod ei lywodraeth ef yn ollgyffredinol; ac er ei bod yn cyrraedd dros y fuchedd farwol ddarfodedig hon, eto, onid ydyw llywodraeth y bywyd yn llawer mwy eang a helaeth, ac yn cyrraedd dros y cwbl oll a'r a fu, ac ysydd, ac a fydd? Nid oes dim, gan ddarfod, yn llwyr ddarfod; nid oes dim, gan farw, yn marw yn dragywydd. Nid oes dim yn darfod, a'r na adfywheir; na dim yn marw, a'r na bydd byw drachefn. Hyd yn oed, y pethau tyfadwy yn y byd hwn, blaen-dardd a darparolion ydyw angau a llygredigaeth, iddynt hwy ymddangos drachefn, mewn newydd wedd, eu bod yn fyw. Oni bydd yr hedyn marw, ni ddichon efe na blaguro, na blodeuo, na dwyn ffrwyth ychwaith. Os y gwna'r gaeaf a'r oerni rewi a distrywio, er hynny y gwanwyn hyfryd drachefn a adfywha y cwbl oll, gyda gwychder a phrydferthwch adnewyddedig. Gan hynny, er gorchuddio'r ddaear â beddau, a phentyrru'r meirw ar a meirw, eto, ychwanegiad heuad ydyw hynny erbyn y cynhaeaf cyffredinol a fydd: a pho mwyaf cyfoethog a fyddo'r heuad, mwyaf cyfoethog a gogoneddus fydd a cynhaeaf hwnnw. Yn eang a helaeth faes Duw, ein Tad nefol, ni heuir dim, a'r na thyrr allan, ac a'r na flodeua, yn fwy prydferth a pherffaith. Ond yn hytrach, heblaw golygu ar adfywhad yma yr holl bethau a fuont yn feirw, er bod llywodraeth angau mewn ymddangosiad mor ollgyffredinol; eto nid ydyw felly mewn gwir hanfodoledd. Nac ydyw, yn unig llwch, yn unig yr hyn a grëwyd o'r llwch, yn unig gweledig, amlwg, a daearol blisgyn y creaduriaid byw, ac ysbrydol sydd yn ddarostyngedig i'w allu dinistriol. Nis gellir dinistrio'r gallu y cedwir hwynt yn fyw trwyddo; yr ysbryd sydd yn preswylio ynddynt hwy, nid oes iddo ef unrhyw angau i'w ofni, nac unrhyw ymddatodiad na llygredigaeth ychwaith i'w arswydo. Y mae efe yn meddwl, yn gweithredu, ac yn byw, ie, yn ei drymlwythog wisg o glai; ac efe a feddwl, a weithreda, ac a fydd byw, gyda mwy o ryddid a gallu, pan ddinistrier y plisgyn hwn, ac y gollynger y carcharor sydd ynddo yn rhydd. Yn unig y llwch a ddychwel i'r ddaear; yr ysbryd a esgyn at Dduw, gan mai ei anadliad a'i ddelw Ef ydyw; gan ei fod yn awr yn perthyn iddo, yn cael cymdeithas gydag Ef, wedi ei arfaethu i ddyfod yn nes ato, a mwynhau cymdeithas mwy hyfryd gydag Ef. 'O angau, pa le mae dy golyn? O uffern, pa le mae dy fuddugoliaeth?' Mor derfynedig yw dy allu! Mor ffugiol yw dy fuddugoliaeth! Tydi a ddinistriais y corff o glai, ond yr enaid a oedd yn trigo ynddo, a gyfododd i fyny uwchben, er ei ddinistrio, yn ddifriw. Yr ysbryd anfarwol, nis gallasit mo'i garcharu yn y bedd anhyfryd tywyll, na'i rwymo yn rhwymau llygredigaeth ychwaith; y mae efe yn uchel-hedeg at ei Greawdwr Hollalluog, ac y mae efe yn fyw ac yn gorfoleddu mewn goleuni a bery yn dragwyddol.

35. Rhagymadrodd i'r Rhetoric, neu Areithyddiaeth Ysgrythyrol

[Arthur Jones, *Rhetoric, neu Areithyddiaeth Ysgrythyrol*, 1810]

Gosoded yr Arglwydd wyliadwriaeth ar ein meddyliau, rhag byth i ni fod yn fwy am drefn a rheol, nag am Ysbryd Duw mewn un rhan o'r gwaith. Eto, am mai rheol amffaeledig yr Ysbryd Glân ydyw, 'Gwneler *pob peth* yn weddaidd ac mewn trefn'; ein dymuniad a'n hymdrech a ddylai fod am ein cael, fel llu banerog, yn drefnwych a hardd.

'Chwiliodd y pregethwr am *eiriau cymeradwy*. Yn gymaint â darfod i lawer gymryd mewn llaw osod allan mewn *trefn*'.

'Minnau a welais yn dda, wedi i mi ddilyn popeth yn ddyfal o'r dechreuad, 'sgrifennu mewn *trefn* atat'. 'A hwy a ddarllenasant yn *eglur* yn y llyfr, yng nghyfraith Dduw, gan osod allan y *synnwyr*, fel y *deallant* wrth ddarllen.'

'*Trefnwn* fy mater ger ei fron ef, a llanwn fy ngenau â rhesymau'.

'Myfi a weddïaf â'r Ysbryd, ac a weddïaf â'r *deall* hefyd. Cenwch fawl yn ddeallus.'

Wrth chwilio yr Ysgrythurau, y mae yn hawdd inni weled fod dynion santaidd Duw yn darllen, gweddïo, ysgrifennu, canu, a phregethu, yn *weddaidd*, ac mewn *trefn*.

Er mai nid fy niben yn hyn o draethawd yw dodi rheol i areithwyr cyhoeddus (ond os dwg e les i'r rhai hynny, da); eto nid anfuddiol yw gwneud ychydig sylw ar areithio yn gyhoeddus, gydag addasrwydd; yr hyn yw llefaru pob *rhyw* araith, yn eglur, yn drefnus, yn hysain, ac yn llafaraidd. Y mae bod un yn areithio mewn llais rhy gryf, main, neu isel, neu fod ei lais yn unsain, sef yr un fath o hyd, yn gwanychu grym ei fater, ac yn arwyddo nad ydyw yn bwysig ar ei feddwl ef ei hun; a hefyd ei fod yn anneallus, yn yr hyn sydd ganddo mewn llaw.

Gan hynny, rhag bod yn gyffelyb i'r cyfryw, yn ofalus, fe ddylid rhoddi heibio pob anhrefn a thrwsgl-ddull mewn ymadrodd, ac astudio i arfer amrywiol lais fel y byddo y mater yn gofyn; a newid uchel gryglais, byrbwyll, neu drwmddioglyd traethu yn unffurf farwaidd, am lais naturiol, rhwydd, prydferth, ac addas i'r effeithiau a fyddo yn cael eu gosod allan yn yr araith; a thrwy fod yr areithiwr yn rhoddi ataliad, pwys a llais, i gyfateb i'r hyn a gynhwysir yn yr araith, efe a'i hamlyga i feddyliau ac amgyffrediadau y gwrandawyr.

O ran ymddygiad y corff, y mae yn gweddu i'r areithiwr fod yn ofalus am ymddwyn yn ŵraidd, a dodi amnaid â'i ben, llaw neu droed. Ei ddull a'i osgo a ddylai fod yn gymwys, yn cydffurfio yn y llais a'r pwysau a gydweddo â'r araith. Mae yr ymddygiad yn dodi grym yn y pethau a adroddir; yn tyneru'r gwrandawyr i wrando, gan lareiddio a meddalhau eu coeledigaethau gwrthnysig, gan beri iddynt goelio mai gwir yw'r peth yn yr hwn y byddai da eu sefydlu.

Nid pob araith barablaidd sydd deilwng o bulpud. Y mae yn angenrheidiol anhepgorol gael pedwar peth cyn y gallo un fod yn areithiwr cymwys.

(1) Profiad trwyadl o wirioneddau yr Efengyl, ac argraff ddofn ar ei enaid o waith yr Ysbryd Glân.

(2) Gwerth yr eneidiau anfarwol ag y mae iddo a wnelo â hwynt i fod beunydd ar ei feddwl.

(3) Ystyriaeth ddifrifol o'r cyfrif cyfiawn a fydd raid iddo roddi i Dduw o'i oruchwyliaeth.

(4) Bod mewn tawelwch meddwl, ac iawn ddeall ei destun. Ni all y pethau hyn i un fod yn gwbl amcan, ond parant iddo ymadroddi gydag effeithiolaeth a thaerineb, i ddal ystyriaeth y gwrandawyr.

Wedi'r cwbl, y mae fod pregethwr yn ystyried areithyddiaeth fel pe bai y peth pennaf, ac i'r diben o ennill clod iddo ei hun, yn dangos nad ydyw efe ond cellweiriwr di-ras â phethau anfeidrol eu pwys, a dinistrydd bwriadol eneidiau, gan eu newynu i farwolaeth â sŵn, ac ystum, yn lle â'r hyn sydd fwyd yn wir, a diod yn wir. Y mae grym ac ardderchowgrwydd pregeth lawer, yn fod Gair Duw yn cael ei drin ynddi yn y fath fodd ag i oleuo'r meddwl, dwys-wasgu'r gydwybod, ac ennill y serchiadau a'r galon. Ni ddichon i'r hwn na fo yn taer weddïo yn y dirgel, dros yr Eglwys, ac am fendith Duw ar ei lafur, fod yn deilwng o'r enw pregethwr.

Ymhellach, Y mae tri *Dull Araith*, a arferir mewn ysgrifennu.

(1) *Dull Diaddurn lled-fras,* a arferir mewn llythyrau cydnabyddiaeth, cydymddiddan, masnach, &c.

(2) *Dull cymedrol, gweddol a rhesymol;* hyn a arferir mewn hanesion, ystorïau, coflyfrau, &c.

(3) Yr un Oruchel, arddunawl, *(Sublime Style):* geiriau rhwysgfawr, ac ymadroddion ceinwych, a thrwy yr eonder arwydderchog, sydd ynddi, y mae yn tynnu (yn hytrach, gorchymyn) clust-ymwrandawiad, serch, a derbyniad, gan y gwrandawyr; hyd yn oed gan y rhai cyndyn ac anewyllysgar.

Y mae yr araith hon wedi ei haddurno ag amrywiaeth o dröellau ymadroddion Rhetoreg *(Rhetorical figures)* yr hyn sydd gelfyddyd mewn araith i gyrhaeddyd at y serch. Yr unig roddwr o hyn yw'r Ysbryd Glân, yr hwn yw awdur cywreinrwydd.

Y mae'r Ysgrythur Lân yn gyflawn o ymadroddion tröellog, ac y mae pob un sydd wedi ei ddysgu i deyrnas nefoedd, yn eu gwybod; heb hynny nis gall ddwyn allan o'i drysor bethau newydd a hen. Barn ar fyd ac eglwys fyddai bod heb y cyfryw.

Felly yr ydwyf yn golygu fod deall a gwybod areithyddiaeth o bwys a chanlyniad nid bychan; oblegid oni ddëellir gradd o'r tröellau ymadroddion, y mae y darllenwyr a'r gwrandawyr yn agored i fod megis y dall yn tywys y dall, a'r ddau yn debyg i syrthio yn y ffos o gamsyniad. Ac yn yr olwg hon, tybiais mai nid afreidiol fyddai anfon y traethawd canlynol i fysg fy mrodorion.

Onid gwrthrychau uniongyrchol fy meddwl, yn hyn o orchwyl, yw y lliaws dynion ieuainc, sydd yn hardd eu gwedd, yn llenwi lleoedd addoliad mewn amryw fannau, y rhai trwy ddaioni Duw, sydd, lawer ohonynt, wedi dysgu darllen; yn newynog a sychedig am fwy o wybodaeth o wirioneddau'r Beibl, taeniad o hyn yw diben cyhoeddiad y gwaith hwn. Gallaf dystio fod ystyriaeth o hyn yn gorffwys ar fy meddwl ddydd a nos. Nid ydwyf heb gydnabod fy ngwaeledd a'm hamerffeithrwydd mawr; yr ydwyf yn wael, yn annigonol, ac yn annheilwng iawn, eto os bydd y gwaith yn dderbyniol, ac yn fendithiol i un enaid, llawen a fyddaf. Heblaw ymdrechu i egluro trofegau yn yr adnodau a ddeuai dan fy sylw, dealled y darllenydd fy mod wedi cymryd y cyfleustra i wneud ychydig gasgliad cymwysiadol oddi wrth y geiriau gwir.

Da fuasai gennyf yrru at fy nghyd-wladwyr rodd mwy

teilwng o'u derbyniad; ond fel y mae, dymunaf eu nawdd iddo, a bendith Duw arno er eu llesâd. Byddai yn uchel fraint gennyf gael bod ar feddwl y rhai sydd yn arfer gweddi. Awdur pob bendith a lwyddo bob ymgais, a phob moddion a fyddo yn tueddu i chwanegu gwybodaeth iachusol, a'r dedwyddwch amserol a thragwyddol.

>Hyn yw gweddi feunyddiol
>Eich annheilwng Wasanaethydd,
>
>A. JONES.

36. *Rhad Ras*

[John Thomas, *Rhad Ras*, 1810, Adargraffiad Dyfnallt Owen, tt. 50-2]

Fel hyn y bu'r gelyn dros amser ynghyd ag amryw ffyrdd eraill o'r cyffelyb yn fy mhoeni gorff ac enaid, nes byddwn yn blino ar fy mywyd heb galon ynof i weithio gwaith fy ngalwedigaeth; yn dihoeni ar fy nhraed, ac yn flinder i mi gerdded y ddaear, ac yn felys gennyf i feddwl am yr amser i fyned i orwedd, gan feddwl am y gair, trwy chwys dy wyneb y bwytei fara hyd pan ddychwelych i'r ddaear.

Yr amser yma hefyd y byddai'r gelyn yn dyfod â'r fath gysgadrwydd yn fynych arnaf yn yr addoliad cyhoeddus, ac mewn gweddïau teuluaidd pan byddai fy meistr yn gweddïo yn y teulu. Ei drefn deuluaidd oedd yn gyntaf myned i weddi yn fyr a'r rhai a fyddai yn bresennol i ddywedyd allan o lyfr yr adnodau oeddynt gwedi dal sylw arnynt, a'u dysgu o'r bennod a ddarllenwyd o'r blaen yn y bore, ac yntau a lefarai oddi wrth rai ohonynt; yn nesaf, un a ddarllenai bennod, sef y bennod nesaf, yna yntau a roddai salm neu hymn allan i ei chanu; ac yn ôl hyn myned i weddi.

Fy ngwaith penodol i tra bûm yma oedd sefyll ar ei bwys a dala'r gannwyll iddo, yr hyn oeddwn yn edrych arno yn fawr fraint, oblegid yr oedd gennyf olwg fawr arno, a'r fath gariad tuag ato, fel yr oeddwn yn edrych arno yn fawr fraint i gael gwneuthur dim iddo, megis sychu ei esgidiau, neu ryw beth o'r cyffelyb; ac weithiau pan fyddwn yn sefyll wrth ei ochr byddwn o gariad arno, gan feddwl am y wraig â'r diferlif gwaed, yn cwrdd ag ymyl gwisg yr Arglwydd Iesu. Ond er hyn byddwn yn fynych yn ffaelu peidio â chysgu ar weddi yn y teulu, a than bregethau; ac wedi hyn y fath euogrwydd a fyddai yn gwasgu arnaf nes byddwn yn gorfod myned o flaen yr Arglwydd i'r dirgel i lefain am faddeuant, ac am nerth yn ei erbyn; a'r gair hwnnw yn llyfr ficar Llanymddyfri yn dyfod i'r meddyliau, 'Gwaeth na'r diawl yw'r dyn a gysgo, Yn y llan ar ddydd gweddïo.' Fel hyn y buais dros amser yn cael fy mhoeni gorff ac enaid, ddydd a nos; y dydd, o eisiau gallu gweithio â fy holl egni; y nos oherwydd cysgu ar weddi; ar gefn y pethau hyn y gelyn a ddaeth â'r gair yn Rhuf. i. 24, ataf, gan amcanu rhoddi ergyd marwol i mi, a fy ngwasgu i lawr i anobaith, nes meddwl ohonof bod Duw gwedi fy rhoddi i fyny fel y cyfryw i amharchu fy nghorff fy hun, ac nid oedd gobaith mwyach. O, ddichellion y Diafol, yn troi wyneb a gwrthwyneb, ac yn bwrw'r draul i geisio dyfod â'i amcan i ben; ond yr Arglwydd oedd â'i ddirgel law oddi danaf, fel na chafodd y gelyn ei amcan arnaf. Nid oeddwn yn cael fy ngadael yn gwbl ddigysur yr amseroedd hyn, yn enwedig, ym mrig yr hwyr wedi rhoddi heibio gwaith fy ngalwedigaeth, pan yr awn o flaen Duw mewn gweddïau, trwy gael nerth i dywallt fy enaid o flaen Duw ac yn teimlo rhyw dangnefedd nefol oddi ar galon ddrylliedig.

37. Ar Ddyletswydd Aelodau Eglwysig

[John Jenkins, *Gwelediad y Palas Arian* ..., 1811, Sylliad II, tt. 471-5]

Gwedi sylwi yn flaenorol ar yr eglwys yn gyffredinol, ni a gawn sylwi yn bresennol ar *Ddyletswyddau* aelodau eglwysig, mewn modd mwy neilltuol. Lle byddo dyn wedi ei fedyddio ar broffes o'i ffydd, yn ôl yr Efengyl, mae yn gymwys i'r cyfryw gael ei ddwyn dan gyfamod i aelodaeth a chymundeb eglwysig, trwy arddodiad dwylo gweinidog neu weinidogion yr eglwys, i ba un y byddo y cyfryw berson yn rhoddi ei hun yn aelod; ynghyd â rhoddi iddo ddeheulaw y gymdeithas, gan y gweinidog, dros yr eglwys, i arwyddo ei dderbyniad cariadlawn i'r frawdoliaeth. Gwedi i ddyn, neu ddynes, fel hyn, hunanymroddi, a chael ei dderbyn trwy gydsyniad cyffredinol y brodyr, dylai y cyfryw gael ei olygu o hynny allan yn aelod gyflawn yn Eglwys Dduw, tra byddo'n ymddwyn yn addas i'r Efengyl: ac fel y cyfryw, y mae y dyletswyddau canlynol yn orffwysedig arno ef neu hi, mewn modd neilltuol:

1. Y mae dyletswyddau neilltuol ar aelodau eglwys mewn modd pendant, y naill at y llall, yn bersonol: sef, 1. Caru ei gilydd. Peth hawdd a fyddai coffhau ugeiniau o anogaethau ysgrythurol i bobl yr Arglwydd garu ei gilydd. Ac nid oes dim yn fwy rhesymol nag i bobl Dduw garu ei gilydd; canys y maent hwy oll yn blant yr un Tad nefol, yn had ac yn wrthrychau yr unrhyw addewidion, yn cael eu trin gan yr un Ysbryd Glân, wedi eu gwisgo â'r un cyfiawnder, yn teithio tua'r un orffwysfa dragwyddol, ac yn ymdrechu â'r unrhyw elynion ysbrydol ar eu taith trwy anialwch dyrys y byd hwn, tua gwlad eu hetifeddiaeth. Mewn trefn i gynnal a meithrin cariad brawdol, cymer sylw ar gynhwysiad deublyg y cyngor canlynol: yn gyntaf, gwylia na byddo i ti unrhyw amser, mewn unrhyw fodd, i roddi achos cyfiawn i'th frawd i dramgwyddo wrthyt; nac i dristáu o'th blegid gan gofio na all cariad y gwirionedd ddim bod yn llawen am anghyfiawnder. Yn ail, gwylia rhag tramgwyddo wrth dy gyd-aelod, heb *ystyr* neu *achos* cyfiawn. Hefyd, na fydded i ti *ymlonyddu* mewn tramgwydd, ac na ddyro ymgeledd i ysbryd ymddialgar. Na fydd rhy *gyndyn* i ymostwng i'th frawd am dy fai, ac na fydded yn anodd gennyt faddau ei gamwedd i'th frawd, yn wyneb ei ymostwng ef i ti, gan ystyried geiriau dwys a safadwy Pen mawr yr eglwys: 'Canys oni faddeuwch i ddynion eu camweddau, ni faddau eich Tad eich camweddau i chwithau.' Ymgadw yn ddyfal at y pethau a nodwyd yw'r ffordd debycaf ag a adnabûm i gynnal a meithrin cariad brawdol yn yr eglwys; ac i gadw undeb yr ysbryd, yng nghwlwn tangnefedd.

38. Am Glwyfau Pechod

[Azariah Shadrach, *Goleuni Caersalem*, 1812, Cyfeillach VI, tt. 22-5]

Ioan. Gan fod hir amynedd Duw wedi caniatáu i ni gael y cyfleustra hyn o'r newydd, THOMAS, cymerwch eich rhyddid i helaethu ar yr ail beth a enwasoch.

Thomas. Y mae'r Ysgrythurau yn dangos yn eglur fod pob dyn wrth natur yn glwyfus gan euogrwydd: 'canys truan a thlawd ydwyf fi, a'm calon a archollwyd o'm mewn', Psalm cix. 22 'Doluriau uffern a'm hamgylchynasant; maglau angau a'm rhagflaenasant'; 2 Sam. xxii. 6. Drachefn, y mae holl ddynolryw yn glwyfus gan halogrwydd: Esa. i. 5,6. 'Y pen oll sydd glwyfus, a'r holl galon yn llesg. O wadn y troed hyd y pen nid oes dim cyfan ynddo; ond archollion, a chleisiau, a gwelïau crawnllyd: ni wasgwyd hwynt, ac ni rwymwyd, ac ni thynerwyd ag olew'.

Ioan. Atolwg, rhowch ychydig o esboniad ar yr adnodau hyn.

Thomas. Fe ddichon wrth yr *archollion* yma, y mae i ni ddeall y barnedigaethau tymhorol ag oedd wedi gorddiwes Israel yn gyffredinol yr amser hynny.
 Wrth y *pen sydd glwyfus*, gallwn ddeall fod llywodraethwyr gwladol Israel wedi myned yn hynod o lygredig.
 Wrth fod y *galon yn llesg*, y gallwn ddeall fod y blaenoriaid eglwysig wedi myned yn hynod o farwaidd a llygredig.
 Wrth fod y *droed* yn glwyfus, y gallwn ddeall fod y bobl gyffredin wedi myned yn llygredig.
 Neu, wrth fod y pen yn glwyfus, y gallwn ddeall fod y deall wedi myned yn llygredig; sef yn dywyll, yn llawn cyfeiliornad, yn methu amgyffred pethau ysbrydol, yn caru y tywyllwch, yn casáu y goleuni, ac yn synhwyrol i wneuthur drwg; a hefyd y meddwl yn llygredig, sef yn dueddol i gofio pethau gwag a diles, ac anghofio pethau o dragwyddol bwys.
 Ac wrth fod y galon yn llesg, y gallwn ddeall y pedwar peth canlynol: 1. Fod yr ewyllys yn wrthwynebol i bob daioni; yn amhlygedig yn wyneb y cynghorion tyneraf, a'r barn-

edigaethau caletaf; yn groes i holl drefniadau'r nef; ac yn wrthwyneb i Grist y Mechniydd. 2. Fod y serchiadau wedi myned yn llygredig; sef yn caru gwrthrychau diles; yn casáu'r daioni pennaf, yn digio heb ystyr, yn llawenhau heb sylfaen, yn galaru yn fwy oblegid y gosb nag oblegid pechod, am golli pethau'r byd yn fwy nag am golli Duw, yn ofni'r gosb yn fwy nag ofni pechod, yn ofni dyn yn fwy nag ofni Duw, yn ofni anfanteision tymhorol yn fwy na chosb dragwyddol, ac yn esgeuluso'r moddion trwy ba rai y gall gael gwaredigaeth oddi wrth yr hyn y mae yn ei ofni; yn dymuno pethau anghyfreithlon, ac yn ormod ei awydd am bethau cyfreithlon; ac yn rwgnachlyd o eisiau cael yr hyn y mae yn ei ddymuno. 3. Y mae bod y galon yn llesg, yn cynnwys fod y meddwl yn llygredig; sef yn llawn o grwydriadau, o falchder, o anystyriaeth, o gau-dduwiaeth, o rhyfyg, o anghrediniaeth, o ragrith, o rwgnachrwydd ac o anfodlonrwydd; ie, yn llawn o gybydddod, o genfigen, o anlladrwydd, a phob drygioni. 4. Y mae bod y galon yn llesg, yn cynnwys fod y gydwybod yn llygredig, sef yn fynych yn ddistaw pan ddylai gyhuddo, yn esgeuluso cymhwyso at ddyn yr hyn a berthyn i'w gyflwr, yn hawdd ganddi ymfodloni i ryw wag esgusodion; y mae yn camgyhuddo ac yn aflonyddu'r meddwl oblegid cyflawniad o ryw bethau cyfreithlon, ac y mae ei gweithrediadau yn hanerog ac yn amherffaith; y mae yn argyhoeddi yn llym am ryw bechodau, ac yn gadael yr enaid i fyw yn dawel mewn pechodau eraill; ac y mae gwendid a llesgedd neilltuol i weled yn ei gweithrediadau, fel y mae ei hymdrechiadau yn gyffredinol yn myned yn ddieffaith.

Wrth fod y *droed* yn archolledig, gallwn ddeall fod aelodau'r corff, a'r rhodiad allanol, wedi myned yn llygredig; ac y mae'r clwyf o halogrwydd wedi ymdaenu dros yr holl ddyn i gyd.
Ioan. Ewch rhagoch; a dywedwch i ni pa fath glefyd yw pechod o ran ei natur.

Thomas. 1. Y mae yn hen afiechyd: 'dy dad cyntaf a bechodd, a'th athrawon a wnaethant gamwedd i'm herbyn', Esa. xliii. 27. 2. Clefyd yw sydd yn annheimladwy i lawer dros dro: 'nid rhaid i'r rhai iach wrth feddyg, ond i'r rhai cleifion', Mat. ix. 12. 3. Clefyd ffiaidd a drewedig ydyw: 'fy nghleisiau a bydrasant, ac a lygrasant gan fy ynfydrwydd. Canys fy lwynau a lanwyd o ffieidd-glwyf; ac nid oes iechyd yn fy nghnawd', Salm xxxviii. 5, 7. Job xv. 16. 4. Y mae pechod yn glwyf ag sydd yn parhau i redeg ac i dorri allan: 'fy archoll a redodd liw nos, ac ni pheidiodd: fy enaid a wrthododd ei ddiddanu', Salm lxxii. 2. 5. Y clwyf mwyaf echryslon a dolurus o bob clwyf ydyw pan ddeuir i'w deimlo: Jer. xxx. 12, 15. 'Oblegid fel hyn y dywed yr Arglwydd: Anafus yw dy ysictod, a dolurus yw dy archoll. Anafus yw dy ddolur, gan amlder dy anwiredd'. Jer. xv. 19. 'Gwae fi am fy mriw, dolurus yw fy archoll'. 6. Y mae yn glwyf tragwyddol ac anfeddyginiaethol o'n rhan ni: Jer. xv. 18. 'Paham y mae fy nolur i yn dragwyddol, a'm pla yn anaele, fel na ellir ei iacháu?' Wrth y dolur a'r pla yn y geiriau hyn, y mae i ni ddeall yn fwyaf neilltuol y dirmyg a'r gwaradwydd oedd y gelynion yn daflu ar y proffwyd Jeremi. Ond y mae yn sicr y bydd y clwyf o bechod i ddilyn myrdd o bechaduriaid dros dragwyddoldeb. Fe fydd eu dolur yn dragwyddol, a'u pla yn anaele, neu yn anfeddyginiaethol.

Pedr. Dywedwch i ni, paham y bydd y clwyf o bechod yn parhau i ddilyn rhai yn dragwyddol, a'u pla yn anaele?

Thomas. 1. Oblegid eu bod yn masnachu gyda gau feddygon: Hos. v. 13: 'Pan welodd Effraim ei lesgedd, a Iwda ei archoll; yna yr aeth Effraim at yr Asyriaid, ac a hebryngodd at frenin Jareb: eto ni allai efe eich meddyginiaethu, na'ch iacháu o'ch archoll'. Y mae llawer o eneidiau archolledig yn cael eu cyfarwyddo gan weinidogion deddfol ac anffyddlon, i fyned at y ddeddf i ymofyn meddyginiaeth; ac y mae llawer o eneidiau yn ymofyn am feddyginiaeth yn eu diwygiadau, eu gweddïau, eu helusenau, eu cymuno a'u gwrando, ac yn ymorffwys yn y pethau hyn am feddyginiaeth; ac am hynny y mae eu pla yn anaele, a'u clwyf yn aros yn anfeddyginiaethol. Er ei fod yn gwella dros ryw ychydig ar yr wyneb, ond y mae'r gwaelod yn ddrwg: Jer. viii. 14. 'Iachasant hefyd archoll merch fy mhobl yn ysgafn, gan ddywedyd, Heddwch, heddwch, pryd nad oedd heddwch'.

2. Oblegid eu bod yn diystyru ac yn dibrisio yr unig feddyginiaeth a ddichon eu iacháu; sef Crist, a'i aberth, a'i addewidion: Act. iv. 12. 'Ac nid oes iachawdwriaeth yn neb arall: canys nid oes enw arall dan y nef, wedi ei roddi ymhlith dynion, trwy yr hwn y mae yn rhaid i ni fod yn gadwedig'.

Y mae Crist yn feddyg anffaeledig: 'Efe a ddichon hefyd yn gwbl iacháu y rhai trwyddo ef sydd yn dyfod at Dduw', Heb. vii. 25. 'Onid oes driagl yn Gilead? onid oes yno ffisigwr?' Jer. viii. 25. Ond paham y mae pla rhai yn anaele? Am eu bod yn diystyru, yn dibrisio, ac yn gwrthod yr unig feddyginiaeth: 'Myfi', medd Crist, 'yr hwn a lefaraf mewn cyfiawnder, ac wyf gadarn i iacháu'; 'Canys os o'n gwirfodd y pechwn, ar ôl derbyn gwybodaeth y gwirionedd, nid oes aberth dros bechodau wedi ei adael mwyach', Heb. x. 26. O frodyr, gochelwn fasnachu gyda gau feddygon; ond awn at yr Iesu fel ag yr ydym: y mae ef yn Feddyg anffaeledig: ni bu neb erioed farw o dan Ei law: y mae meddyginiaeth yn ei esgyll: ac y mae dail y pren yn iacháu'r Cenhedloedd. Ond y mae wedi myned yn llawer o'r nos, y mae'n bryd dibennu'r moddion. Ioan, rhowch air i ganu.

Ioan.   *'Rym ni yma oll yn gleifion, llawn archollion o bob rhyw,*
Llawn o bla, a llawn o nychdod, llawn o bechod du ei liw;
Llawn o ddolur bob munudyn, oll o'n corun hyd ein traed
Ac nid oes a wella'r clwyfau, ond rhinweddau maith y gwaed.

39. Rhagymadrodd i Salmau yr Eglwys yn yr Anialwch

[Edward Williams (Iolo Morganwg), *Salmau yr Eglwys yn yr Anialwch*, Cyfrol I, 1812]

Yn nghylch y flwyddyn 1794, fe'm anogwyd gan gyfeillion dysgedig, (yn eu plith, y Dr. Gregory, Capelwr Esgob Llandaf, y Dr. Kippis, y Parchedig Theophilus Lindsey, ac eraill, yn gystal yn yr Eglwys Sefydledig ag ymhlith yr Ymneilltuwyr), i ysgrifennu rhyw nifer o Salmau neu Hymnau Cymraeg, o'r cyfryw ag y gallai Cristnogion diragfarn, o bob enw a phlaid, ymuno ynddynt i foliannu'r Un Duw a Thad Oll. Parch i'r achos, yn gyntaf, ac yn ail, parch i'm anogwyr dysgedig, ac eglurnod am eu hymarweddiad Cristionogol, a'm cynhyrfodd i gymryd y gorchwyl mewn llaw; a bu'n ddiddanwch nid bychan imi dros amryw flynyddau digon traddodus gan wasg yr amseroedd, clefydau, a dihirdra twyll-gyfeillion. Llwyddais, dan ddwyfawl ragluniaethau, nid llawer, os dim, llai na gwyrthiol, i ysgrifennu dros chwe chant o'r cyfryw ag yr wyf yn awr yn eu gosod o flaen fy ngwlad a'm cenedl: pa gymeriad a gaf i waith fy ngalluoedd bychain, dan drymgwsg oedran, dim llawer llai na deng mlwydd a thrigain, nis gwn: odid fawr na chaf ragfarn yr anffaeledigion yn daer i'm herbyn, neu yn hytrach i'm brad-ergydio drach fy nghefn: yr wyf yn deall fod rhai yn ymbaratoi at y gwaith; maddeuaf iddynt, dan obaith y maddeu Duw iddynt hefyd. Gwir yw, ni chânt ddim yn fy ngwaith a debyga yn y mesur lleiaf i'r cyfryw ynfydrwydd gau-grefyddgar â bloeddio 'Bryn Calfaria!' gan ei wneuthur (agos, os nid yn gwbl,) yn wrthrych eu heilunaddoliaeth. 'Ymgysylltasant ag eilunod; gadawer iddynt'. Hosea iv. 17.

Amcenais gadw, mor agos ag y medrai fy neall gwan i, at feddwl yr Ysgrythurau: cymerais waith y Brenin Dafydd yn rhagddarlun imi; amcenais er cloffed fy neall, ei ddilyn, ac ymgadw, mor agos ag y medrwn, at ei ffordd ef. Fy ngheinmygedau, yn gyffredin, ydynt fal ei rai yntau; mawl i Dduw; rhagoroldeb Ei air a'i gyfraith; gwynfydigrwydd y cyfiawn a rodio yn eu hôl; addewidion Duw i'r sawl a'i hofnant, a'i carant, ag a ufuddhânt iddo. Gwelir rhai o'm Salmau yn athrawiaethol, yn annog cyfiawnder, cariad, trugaredd, addfwynder, gobaith a chred yn Nuw; yn annog i lynu yn gadarn wrth y gwir, ei ddilyn, i ba le bynnag y bo yn ein harwain, a hynny hyd farw drosto, lle bo achos yn gofyn; i ufuddhau i Dduw yn hytrach nag i ddyn. Yr wyf, er pan gyrhaeddais oedran deall ac ymbwyll, wedi dwyn fy nhystiolaeth, gair ac ysgrifen yn erbyn carn-lofruddiaeth rhyfel; yn erbyn mawrion y byd hwn, a ddyrchafant eu gorseddfeinciau yng nghanol ffrydiau gwaed eu cyd-ddynion; ac nid llai yn erbyn y rhai a geir yn gelwyddog yn eu chwanegiadau at eiriau Duw y gwirionedd. A chan godi'm llais yn uchel yn y cyfryw dystiolaethau, boed imi ymbarhau oni chanwyf yn iach i'r byd hwn.

Salmau yr Eglwys yn yr Anialwch y gelwais fy nghaniadau. Y mae gaudduwiaeth yr awdurdodau daearol, yn Eglwys Rhufain, Eglwysi Luther, rhai Calfin, rhai Oliver Cromwell, ac eraill, fwy nag a dâl eu rhifo, mwy nag y sy'n deilwng o gael eu henwi, wedi gyrru Eglwys Duw a'i Grist i ryw anialwch neu ddiffeithwch dyrys iawn o dybiadau dyn, a geufarn hunan-fodd meibion tywyllwch. Yr ydym, bawb ohonom, fwy neu lai, a'n hymdaith yn y diffeithwch cadduglyd hwn, yn ymgigweinio ein gilydd am ein meddyliau, ac amdanynt yn ysglyfaethu clod i'n hunain, heb ystyried nad oes yn hyn y gronyn lleiaf o glod i Dduw, eithr y cwbl o'n hymrysonau yn gabledd parod yn Ei erbyn. Cariad yw Duw, ac nid galledig inni fod yn blant iddo Ef, heb fod a'n holl ymddwyn y naill at y llall yn gariad a thangnefedd, gan adael cydwybod pob dyn i'r Duw a ŵyr ei chwilio a'i chyfiawn farnu.

Rhydd i bob dyn ei feddwl, rhydd i bob meddwl ei farn, a rhydd i bob barn ei lafar; ond nid rhydd i neb, ond i Dduw yn unig, farnu ar y naill neu'r llall o'r pethau hyn, mewn perthynas i grefydd a phethau'r byd y sydd ar ôl hwn.

Os byw a fyddaf i gyhoeddi cyfrol arall, dywedaf paham y gelwais fy nghaniadau yn *Salmau* yn hytrach na *Hymnau*; nid oes yma le gennyf i'm cymwylliadau.

Cyhoeddwyd Hymnau yn ddiweddar, ym mha rai y gwelir llinellau cyfain, a dau linell ynghyd, yr un peth â'm rhai innau: nid myfi yw'r benthyciwr; bu'm Salmau i, mewn ysgrifen, yn nwylo amryw o ddynion, rai blynyddau yn ôl; bu ynghylch pedwar cant ohonynt yn nwylo un gweinidog ar ymdaith dros y rhan fwyaf o Ddeheubarth Cymru. Nid boddlon wyf i adael lle i neb fy marnu yn euog o annhegwch lle nad wyf yn haeddu y cyfryw dyb amdanaf; y mae'n chwith gennyf fy mod yn gorfod, fal hyn, sôn am y cyfryw ddistadledd. Gwell a fuasai bod y papurle yn rydd i bethau mwy buddiol, i syniadau a fuasent yn ymgysoni yn well â chaniadau crefyddol.

Amcenais fydryddiaeth lithrig a rheolaidd, herwydd hen gelfyddyd cerdd arwest. Ymgedwais rhag twyll-odli, oddieithr lle gorfu arnaf droseddu yn erbyn y rheol, am nad oes (fal y dywed y dysgedig fardd Edmwnd Prys) dim mewn synnwyr yn ein hiaith ni yn cyfodli â Duw. Nid ar ben pob can milltir y ceir un a'm deall yma.

Ymarferais â rhai geiriau a geir ar arfer lled gyffredin yn y Wenhwyseg, sef iaith pedair sir ddwyreiniol Deheubarth Cymru. Y mae'r Dr. Davies yn nodi rhai ohonynt yn ei Eirlyfr fal hen eiriau wedi cael eu gollwng dros gof ac arfer, er ys oesoedd yn ôl; ond camsyniodd ef yn hynny. Y mae'r Wenhwyseg yn burach o lawer yn null ei hymadroddion na'r Wyndodeg, er bod llawer yn barnu yn amgen; y mae yn nes o lawer at iaith ein gorhenfeirdd na'r Wyndodeg. Nid ymarferodd un ysgrifennwr, nac ar gân nac mewn rhyddiaith, erioed â thafodiaith anhydrefn Gwynedd, hyd ynghylch dechrau'r bymthegfed ganrif. Y Wenhwyseg yw iaith holl hen feirdd Gwynedd, yn amser y Tywysogion, a thros amser hir wedi hynny. Ni welwyd rhyddiaith erioed, hyd o fewn i'r pedwar can mlynedd diwethaf, yn nhafodiaith Gwynedd; ac am Hanes Tysilio, ni fu bodoldeb erioed iddi, ond yn ffug ac anwiredd Lewys Morys a'i gyd-ymddichellwyr. Y mae rhif y Cymry a lafarant y Wenhwyseg yn amlach o lawer na'r rhai a siaradant un o ganghennau eraill y Gymraeg; am hynny, cyfiawnder yw dwyn eu hiaith ymlaen i'r goleuni, a'i rhyddhau o'r tywyllwch ym mha un y mae wedi bod, dros hir amser, agos yn anweledig i bawb. Y mae yn amlach ei geiriau, yn fwy rheolaidd ei chyfansoddiad, yn fyrrach, cryfach, a gloywach ei hymadroddion na'r Wyndodeg na'r Ddeheubartheg.

Heblaw'r geiriau Gwenhwyseg, ymarferais ag ambell air arall anghyffredin, a lluniais eiriau cyfansawdd, lle bu achos imi, er darlunio yn fyr ac yn eglur fy nhybiau a'm syniadau. Rhoddwyd ar odref y tudalennau eglurhad ar y rhan fwyaf o'r geiriau a fernir yn anghyffredin yng Ngwynedd, ac yn rhannau eraill o Gymru.

Nid ymarferais, eithr o ddamwain, â'r cynganeddau barddonïaidd, o achos eu bod yn caethu'r synnwyr, yr ymbwyll, a thrwy hynny'r gwirionedd; am hynny nid addas ymarfer â hwynt ar gân arwest grefyddol. Nid oes dim gymaint yn gofyn byrder ac eglurder iaith, nac ymadrodd, ag egwyddorion a syniadau crefyddol.

Nid wyf wedi mawr ymarfer a thröellau ac addurnau, am nad yw cyffrediniaid Cymru yn eu deall: gellir dywedyd llawn gymaint am y rhan fwyaf ymhell o'r athrawon crefyddol. Yr un peth am y deillion arwain, ag am y deillion dilyn; pa rai a'm hudasant, fil o weithiau, i feddwl fy mod yn canfod gair y Proffwyd Hosea yn cael ei gyflawni yng Nghymru –

'Fy mhobl a ddifethir o eisiau gwybodaeth.'

Oni buasai am ddysgeidiaeth, a'r gwybodau y maent hwy

gymaint yn eu dirmygu, er eu hamddiffyn eu hunain yn eu hanwybodaeth, ni fuasai gennym eto air bychan o'r Ysgrythurau yn iaith ein gwlad ni! Moliannwn Dduw am y dysgedigion a gawsom gynt yn ein gwlad; a gobeithiwn y denfyn Ef, yn Ei bryd, eraill o'r cyfryw i'n mysg.

Rhoddais Englyn ar ôl ambell Salm; feallai y bydd hyn yn rhyw faint o ddiddanwch i'r ambell un a ŵyr ryw ychydig o reolau y mesur. A lle bo gweinidog a fedro ei ddarllain yn reolaidd, ni wn i pam yn y byd na ellid, yn ddigon priodol, ei ddatgan ar ôl canu'r Salm; naturiol i ddyn ymhyfrydu mewn amrywioldeb; nid oes un gwirionedd yn ein byd ni yn fwy amlwg ac anwrthddadladwy na hyn; ac ni wn i paham na bai'n iawn cymhwyso y gynneddf hon at achosion addysg grefyddol, ac er clod a moliant i'r Bod mawr a'i rhoddes yn wreiddiol yn ein natur ni.

Gadawer imi, yma, ddwyn fy nhystiolaeth yn erbyn yr anferthwch cywilyddus a ddygwyd yn ddiweddar i'r Gymraeg, sef ysgrifennu *Cynmry, yn mlaen, yn mraint, anmharch, anmraint, &c.*, yn lle *Cymry neu Cymmry, ym mlaen, ym mraint, ammharch, ammraint, &c.*: nid oes naws awdurdod yn y byd i'r fath beth ffieiddlef. Clywaf fod gair wedi myned allan yng Ngwynedd, fy mod i wedi bod a llaw yn y gwaith o ddwyn i mewn i'r iaith y budreddi hyn, ac eraill o'r cyfryw; ond nid oes gair o hynny'n wir. Bydded pawb ar eu gochel rhag cael eu harwain ar gyfeiliorn gan yr hudlewyrn mawr.

Bydded yr hyn a wneuthum er daioni, er addysg, ac er diddanwch gwir grefyddol, i bob un ag y sy'n ymarfer â'r Iaith Gymraeg. A bydded yn cydfyned ag ef y cyfryw fendith ag a wnelo Tad pob cariad a phob cyfiawnder yn gymwys iddo.

IOLO MORGANWG.

Trefflemin,
Alban Hefin, 1812.

40. Natur Cyfamod Eglwys

[Thomas Phillips, *Natur Cyfammod Eglwys*, 1815, tt. 22-5]

Y mae arnynt rwymau neilltuol i beidio cydymffurfio â'r byd hwn; ac ymddidoli a dyfod allan o'u canol hwynt, Rhuf. xii. 2; 2 Cor. vi. 14-18. Y mae Duw yn galw yn uchel ar Ei bobl, gan ddywedyd, 'Deuwch allan o'i chanol hi, fy mhobl, fel na byddoch gyfranogion o'i phechodau hi,' Dat. xviii. 4. Y mae gan y saint anian wahanol oddi wrth y byd; y maent mewn gwahanol a rhagorach perthynas; y maent gwedi ymneilltuo oddi wrth y byd, ac wedi ymrwymo mewn proffes o bethau gwahanol iawn oddi wrth y byd: nid ydynt yn derbyn eu parch, nac yn disgwyl eu gwobr oddi wrth y byd; gan hynny, paham y cydymffurfiant â'r byd hwn? Y mae cyfeillach y byd yn gwneuthur niwed mawr i'r saint; y mae cydymffurfiad proffeswyr â'r byd yn caledu y byd yn eu pechod, ac yn eu gyrru yn fwy cyflym tua'r tân; y mae cydymffurfiad crefyddwyr â'r byd yn gosod y byd i edrych yn fach iawn ar grefydd. Beth pe rhedai un, bob dydd, i dŷ ei gymydog i ymborthi yno? Oni fyddai hynny yn tueddu dynion i benderfynu fod bwrdd ei gymydog yn llawnach, a'i ymborth yn felysach na'r eiddo ef? Pa beth a all y byd feddwl, wrth weled meibion a merched Seion yn dyfod mor aml i'w cyfeillach, eu gwleddoedd, a'u cyfeddach? Onid yw hyn yn rhoddi iddynt achos cyfiawn i feddwl nad oes yn Seion na llawenydd na gorfoledd? Am hynny na chydymffurfiwn â'r byd hwn. Dylai proffeswyr ofalu yn neilltuol na chydymffurfiont â'r byd hwn yn eu hagwedd ysgafn, lawen ac ynfyd; ac mewn gwisgiadau beilchion a choegedd; ond byw yn sobr, fel y gweddai i rai fyddo yn proffesu duwioldeb, ac ymdrwsio oddi mewn â gostyngeiddrwydd. Ni bydd gan y balchaf, ymhen ychydig, ond yr amdo: ond os gwedi ein gwisgo â santeiddrwydd, nid yn noethion y'n ceir. Na chydymffurfiwn â'r byd yn eu iaith gellweirus, gnawdol, ac anllad; ond bydded ein hymadrodd bob amser wedi ei dymheru â halen, ac yn gyfryw a baro ras i'r gwrandawyr. Na chydymffurfiwn â'r byd yn eu [*sic*] hysbryd a'u hymgeisiadau daearol: llafuriwn, nid am y bwyd a dderfydd, ond am y bwyd a bery i fywyd tragwyddol. Ceisiwn y pethau sydd uchod, lle y mae Crist yn eistedd ar ddeheu-law Duw, gan fyw fel dieithriaid a phererinion ar y ddaear, a chan ddangos yn eglur ein bod yn ceisio gwlad well, a honno yn un nefol, lle y mae cyfiawnder yn cartrefu, a gwir olud yn parhau yn dragwyddol. Y mae y proffeswyr sydd lawer yng nghyfeillach y byd, ac yn byw yn debyg i'r byd, yn marw yn gyffredin yn debyg i'r byd; ac, y mae achos mawr i ofni, yn cael eu damnio gyda'r byd. Y mae gennym bob anogaeth i beidio cydymffurfio â'r byd. Y mae y byd yn ein casáu ac yn ein herlid, hyd yn oed pan y byddo yn ein cymell i'w gyfeillach. Y mae cyfeillach y byd yn elyniaeth yn erbyn Duw. Y mae gennym well cyfeillion na'r byd, – gwell arweinydd i'n harwain trwy yr anialwch, gwell llwybrau i'w cerdded, gwell gwisgoedd i'w gwisgo, a gwell parch a gogoniant yn ein haros tu draw i'r llen. Nid oes i ni achos cywilyddio byw yn wahanol i'r byd: ein gogoniant yw gwneuthur hynny. Ardderchog y dywedai Balaam am Israel; 'Canys o ben y creigiau y gwelaf ef, ac o'r bryniau yr edrychaf arno: wele bobl yn preswylio eu hunain, a heb eu cyfrif ynghyd â'r cenhedloedd.' Num. xiii. 10. Fy mrodyr annwyl, gadawn i'r byd i'n gweled, ac edrych arnom o bell, yn rhodio mor hardd ac agos at ein Duw, nes gorfod dywedyd yn dda am bobl Dduw.

41. *Amseryddiaeth Ysgrythyrol*

[Simon Lloyd, *Amseryddiaeth Ysgrythyrol*, 1817, tt. 494-5]

(V) Y mae tri o'r Efengylwyr, Mathew, Marc, a Luc yn crybwyll am y tywyllwch a ddigwyddodd dros y tair awr olaf o ddioddefaint Crist ar y groes. Gan mai diben Ioan wrth ysgrifennu ei Efengyl oedd, gan mwyaf, i adrodd y pethau a adawyd allan gan yr Efengylwyr a ysgrifenasai o'i flaen; felly ni farnodd yn angenrheidiol i sôn am y tywyllwch, gan eu bod hwy wedi gwneuthur hynny eisoes. Y mae amryw bethau perthynol iddo yn deilwng o sylw: 1. Nid oedd y tywyllwch hwn yn tarddu oddi wrth ddiffyg ar y haul trwy achosion naturiol, gan fod y lleuad y pryd hynny yn y llawn, sef y 15fed dydd o'r mis; a chan fod yr Iddewon ar ôl y dychweliad o Babilon yn cyfrif amser yn ôl misoedd lleuadol, ac yn eu cysoni â blwyddyn yr haul trwy fis ychwanegol, yr hwn a alwent *Fe-Adar*. Ac y mae yn hysbys i bawb ag sydd hyddysg yn y rhan hon o ddysgeidiaeth na ddichon fod diffyg ar yr haul yn ôl trefn natur ond yn amser newidiad y lleuad; gan hynny yr oedd y tywyllwch hwn yn wyrthiol. 2. Nid yn Jwdea yn unig y bu y tywyllwch hwn, ond 'ar yr holl ddaear'; eto, deallwn mai yn y rhannau o'r ddaear lle yr oedd hi y pryd hynny yn ddydd, gan fod yr haul yn ôl trefn natur yn llewyrchu ar y naill hanner o'r byd, tra byddo yn nos yn y llall. 3. Y mae tystiolaethau amryw hanesyddion paganaidd a Christionogaidd yn profi cyffredinolrwydd y tywyllwch a'r ddaeargryn a ddigwyddasant yn amser dioddefaint Crist. Ond dylid sylwi fod yr hanesyddion paganaidd yn galw y tywyllwch hwn yn ddiffyg ar yr haul, heb ddeall mai tywyllwch gwyrthiol ydoedd. Y mae Phlegon, hanesydd Groegaidd, wedi ysgrifennu fel y canlyn: 'yn y 4edd flwyddyn o'r 202 Olympiad, y bu diffyg ar yr haul, y mwyaf o'r holl rai a glybuwyd o'r blaen amdanynt, fel y daeth nos ar y chweched awr o'r dydd, a'r sêr a ymddangosasant yn y nefoedd; daeargryn mawr hefyd a ddymchwelodd ran fawr o Nicea yn Bithynia.' Y mae y 4edd flwyddyn o'r 202 Olympiad yn cyfateb i'r flwyddyn o Oed y Byd 4038, yr hon yw y flwyddyn ym mha un y gosodir marwolaeth Crist yn yr 2 Daflen o'r 7fed Dosbarth o'r Amseryddiaeth hwn: ac y mae yn deilwng o sylw fod yr hanesydd paganaidd yn dywedyd i'r tywyllwch ddechrau yn yr un awr ag y dywed yr Efengylwyr. Y mae Eusebius, yr hanesydd eglwysig, yn crybwyll am dystiolaeth Thallus, hanesydd Groegaidd arall, mewn perthynas i'r tywyllwch a'r ddaeargryn, a'i heffeithiau ar Nicea. Y mae Tertullian, un o dadau y brif eglwys, yn ei *Amddiffyniad o'r Cristnogion*, yn crybwyll am y tywyllwch cyffredinol a ddigwyddodd yn amser dioddefaint Crist, ac yn dywedyd wrth y llywiawdwyr Rhufeinig, 'Fod hanes amdano i'w weled yng Nghoffadwriaethau yr Ymerodraeth.' Hefyd, y mae Lucian y merthyr, yn Eusebius, yn dywedyd fod y dystiolaeth hon yn y Coffadwriaethau hynny. Y mae dywediad Dionysius (yr hwn ydoedd y pryd hynny yn bagan, ond wedi hynny a aeth yn Gristion) yn dra hynod. Wrth sylwi ar y tywyllwch gwyrthiol hwn pan oedd yng ngwlad yr Aifft yn yr amser y dioddefodd Crist, dywedir iddo dorri allan yn y geiriau hyn, 'Naill ai mae y Duwdod yn dioddef, neu yn cyd-ddioddef gyda'r hwn sydd yn dioddef.'

Os gofynnir, Pa bethau yr oedd y tywyllwch yn arwyddocáu? Atebir mai arwydd ydoedd, 1. O dywyllwch yr Iddewon. 2. O ysgelerder y weithred o groeshoelio Crist, fel pe buasai yr haul a'r holl greadigaeth ond dyn yn unig, yn gwisgo eu galarwisgoedd, ac yn crynu oherwydd yr amharch a'r anfri a ddangoswyd i'w Creawdwr. 3. O'r tywyllwch a'r digofaint dwyfol a oedd yn gorchuddio enaid y Cyfryngwr.

42. Rhagymadrodd i Farddoniaeth Rhys Jones o'r Blaenau

[Rice Jones Owen, *Gwaith Prydyddawl y Diweddar Rice Jones o'r Blaenau*, Meirion, 1818]

Y mae'r arfer gyffredin o ysgrifennu Rhagymadrodd wedi cyrhaeddyd awdurdod a grym sefydledig ymhlith awduron a chyhoeddwyr, yn ganlynol yr wyf innau'n rhwym i ufuddhau. Wrth ystyried fod, ond odid, y rhan fwyaf o'r sawl a roddasant eu henwau er anogaeth i'r cyhoeddiad canlynol yn deall Saesneg gystal â Chymraeg, bûm ennyd ar fy nghyfynggyngor ym mha un o'r ddwy iaith yr ysgrifennwn hyn o Ragymadrodd, a bwriedais fwy nag unwaith ei 'sgrifennu yn Saesneg: pa fodd bynnag, ar ystyriaeth bwyllus, mi a benderfynais yr ymddangosai y llyfr yn fwy unffurf a chyson trwy fod i gyd yn yr un dafodiaith, ac y byddai yn ymddygiad cyfiawnach tuag at y darllenydd uniaith; felly mi anturiais annerch fy nghyd-wladwyr yn iaith y cyhoeddiad; – ac y mae'n ddrwg iawn gennyf na buaswn yn fwy hyddysg a chyfarwydd ynddi.

Mi a gefais fy annog i'r gorchwyl o gyhoeddi Gwaith Prydyddawl y diweddar RICE JONES gan amryw o wŷr deallus a chywir eu barn, y rhai a'm perswadiasant y byddai iddo gyfarfod â derbyniad croesawus gan y cyffredinolrwydd o ddarllenwyr a hoffwyr barddoniaeth. Mi a gymerais y gorchwyl hefyd mewn llaw yn fwy ewyllysgar, am fod gennyf reswm i feddwl, os oedwn y cyhoeddiad nemor yn hwy, yr ymddangosai argraffiad lladraddaidd ohono, ym mha un, wrth ystyried y parth o'r hwn yr oedd yn debygol o ddyfod allan, y mae'n ddiogel gennyf na buasai cywirdeb arddygraff na harddwch argraffwaith yn cael gofalu ond ychydig iawn yn eu cylch: hunan-les a budr elw fuasai prif os nid unig wrthrych y gŵr yr wyf yn bwrw ato, a thrwy gnafeidd-dra ac anonestrwydd y mae ef yn dal yn ei feddiant adysgrif o'r Gwaith. Beth allesid yn rhesymol ei ddisgwyl o'r cyfryw barth?

Ni chyfarfûm â nemor o anawsterau yn ystod y cyhoeddiad, gan fod gennyf y rhan fwyaf o'r Gwaith yn ysgrifen-law yr awdur ei hun, ac yn ganlynol yn rhydd oddi wrth wallau damweiniol: cyfarfyddais â'r rhelyw wedi ei adsgrifennu gan eraill, yn lled esgeulus, ac yn fynych yn dryfrith o feiau; ond anaml yr oedd meddwl yr awdur wedi ei gymylu yn ddirfawr; a lle'r oedd yr ystyr yn amlwg, hawdd oedd diwygio'r arddygraff.

O ran y llythyreg, mi a ddilynais bron yn hollol drefn yr awdur ei hun, yr hon oedd, cyn belled ag y medrwn i gofio, yn unffurf ag arddygraff yr argraffiadau awdurdodedig o'r Ysgrythur Lân o fewn y deng mlynedd a thrigain diwethaf; yr hon drefn, gyda pharch dyladwy i'r dadleuwyr cywraint o blaid y cyfnewidiadau diweddar, yw'r deilyngaf, yn fy nhyb i, o gael ei dilyn. Eto, ar yr un pryd, yr wyf o'r farn y gellid, ysgatfydd, gyfnewid amryw bethau er gwell yn yr arddygraff gyffredin, pe byddai i'r dysgedig a'r cyfarwydd yn yr iaith gytuno yn eu cylch; eithr hyd oni chymero hynny le, diogelach, yn fy meddwl i, ydyw cerdded yn y llwybr sathredig.

Yr oeddwn wedi penderfynu ymlaen llaw na châi'r Gwaith gynnwys ynddo unrhyw ymadroddion na geiriau a allent fod mewn un modd yn elyniaethol neu dramgwyddol i iawnfoes a gweddeidd-dra, y rhai a allai'r bardd fod wedi eu harfer yn anwagelog mewn awr ddigrif ysmala, heb fwriad i dramgwyddo neb, a'r rhai y mae'n debygol a fuasai ef ei hun yn eu gadael allan pe cyhoeddasai ei Waith: yn ganlynol, mi adewais allan yn rhai mannau lythrennau a geiriau, mewn mannau eraill ymadroddion a llinellau, ac a nodais eu lleoedd â ***, gan dybied na chawswn ond diolch bach gan y darllenydd haelfarn am adael heibio gywyddau ac eraill ganiadau cyfain, oherwydd fod ynddynt ychydig eiriau neu linellau damweiniol a allent o bosibl roddi gradd o dramgwydd i glust ddestlus ambell ddarllenydd tra dillynfoes.

O ran yr argraffwaith, nid oes gennyf ond dywedyd, fod cymaint o ofal a dichlynrwydd wedi cael eu cymryd yn ei gylch ag oedd yn fy ngallu i; ac yr wyf yn hyderu nad oes ynddo unrhyw feiau o bwys heblaw y rhai a nodwyd yn rhestr gwallau'r argraffwasg.

Os bydd rhai yn edrych ar bris y llyfr megis yn ormodol, dylid ystyried fod yr anogaeth i'r cyhoeddiad cyn lleied, fel na anturiais argraffu ond pedwar cant o gopïau, lle ped argraffesid wyth gant neu fil, yr hyn a wneir yn gyffredin, gallesid gwerthu'r llyfr yn is o lawer; heblaw hynny, yr wyf yn tybied fod y rhan fwyaf o'r sawl a anogasant y cyhoeddiad yn arferol o farnu llyfrau, fel pethau eraill, yn ôl eu gwir werth, yn hytrach na'u maintioli.

Ym mherthynas i'r Gwaith, o ran ei gyfansoddiad, ni ddywedaf ddim, gan fy mod yn deimladwy o'm hanalluogrwydd i 'sgrifennu traethawd beirniadol ar gasgliad o farddoniaeth ar gynifer o destunau a mesurau; a chwedi'r cwbl, odid na byddai i sylwadau y darllenydd ei hun ryngu ei fodd yn fwy na'r eiddo fi. Yr wyf, gan hynny, yn cyfleu'r Gwaith gerbron fy nghyd-wladwyr, gan obeithio y bydd i bob tynerwch ac addfwynder gael eu dangos tuag at yr awdur a'r cyhoeddwr ag a ddichon haelfarn, hynawsedd, a chyfiawnder eu caniatáu.

Yr wyf yn hyderu na fydd yr hanes byr canlynol am y Bardd yn annerbyniol gan neb o'i ddarllenyddion:

RICE JONES oedd fab hynaf John Jones o'r Blaenau, ym Meirion, a Sioned merch Hugh Pugh o Garthmaelan, ysw. Efe a anwyd yn y flwyddyn 1713, ac a gafodd ei ddysg yn Nolgellau a'r Mwythig. Yr oedd ei rieni'n bwriadu ei ddwyn ef i fyny i'r gyfraith; ond pan oedd ef yn ddeunaw oed bu farw ei dad, yr hyn a fu'n achlysur iddo, trwy ei adael i'w ddewisiad ei hun, i ymadael â'r ysgol yn gynt nag yr oeddid yn arfaethu; ac ar yr un pryd i roddi i fyny bob meddylfryd am y gyfraith, at yr hon, oherwydd ei athrylith awenyddgar, nid oedd ganddo, ond odid, fawr o dueddfryd. Yn y Blaenau y cartrefodd efe trwy gydol y rhelyw o'i einioes. 1741-2 efe a briododd Ann merch Richard Griffith o Dan-yr-allt, yn sir Gaernarfon. Yn 1773 efe a gyhoeddodd Gasgliad o Waith Prydyddawl hen Awduron, dan yr enw, *Gorchestion Beirdd Cymru*, yn llyfr pedwarplyg. Yr amrywiol gywyddau, ac eraill ganiadau, cynwysedig yn y cyhoeddiad presennol, a gyfansoddwyd ganddo ar wahanol brydiau ac achlysuron yn ystod oes hir iawn; canys efe a fu farw y 14 dydd o Chwefror, 1801, yn yr 88 flwyddyn o'i oedran, ac a gladdwyd yn Eglwys Llanfachreth. Y casgliad a grybwyllwyd uchod, a'r cyhoeddiad presennol, yw'r coffadwriaethau pennaf o'i astudrwydd a'i wiwglod awenyddawl.

R.J. OWEN.

Blaenau, HYD. 12, 1818.

43. Rhagfynegiad i Coll Gwynfa

[W. Owen [Pughe] (Idrison), *Coll Gwynfa*, 1819, tt. 10-11]

Dilynid yr Ysgrythur yn arbenicaf o berthynas idd y dull o lafariad; ond gan fod ambell ragorolion ymadrodd, idd eu clywed ar bob dull amryfal, edrychais am y cyfrai, a dybiwn o les i harddu y gwaith: arferais yn enwedig un peth godidog yn y Wenhwyseg, er gochelu gwall sain o gyfarfod llafariaid ynghyd, trwy ddodi DD wrth y rhagddodau i ac o, er y byddent IDD ac ODD, yr hyn ni arferir onid mewn rhan yn iaith Powys a Gwynedd, sef pan gyfansoddir y sawl geiriau gyda rhagenwau, i lunio IDDO ac ODDI.

Tybiwn mae iaith groyw, lawn, a chywair, yw un o anhepgorion barddoni, gan hynny ymwedais â phob toriad geiriau, trwy golli llythrennau, yn llwyr trwy yr holl waith; a honnaf nad galluadwy yw hyn mewn un iaith arall ond y Gymraeg: a chan fod iddi ragori felly, syniais mai iawn oedd imi ei amlygu.

Nid wyf gwybodus o fod dim amgen a ddylid ei chwanegu am y cyfieithiad hwn, oddi gerth osyd dywedyd na syniaswm o fy mhen fy hunan byth ryfygu cymryd arnaf y fath orchwyl; ac er dangosi mor swta y bu imi hynny, nid anwiw yw dodi yma hanes y dechreuad. Y llynedd, ar ddydd Mawrth y 26 o fis Mai, gan alw arnaf o gyfaill, ac o blith eraill ymadroddion, anogai imi gyfieithu Coll Gwynfa i Gymraeg; a minnau, gan synied hynny o dueddiad i ysgafnhau gorthrymder meddyliau blinion, a ymroddwn i gyflawni yr anogiad, a dechreuwn y gwaith ar y dydd Sadwrn canlynol, a dygid i ben ar nos Fawrth y 22 o Rhagfyr nesaf ar ôl. Ond gan mai efelly er toli gorthrymder yr amcenid rhoddi Coll Gwynfa yn Gymraeg o flaen y darllenyddion, erfyniaf eu nawdd er imi yma osodi argofion yr achos, ie o golli fy annwyl gydwedd Sarah Elizabeth Harper, wrth ei henw morwynol.

44. Rhan o Hunangofiant Thomas Jones

[Thomas Jones, *Hunangofiant*, 1820, Argraffiad Idwal Jones, tt. 10-12]

Cymerwyd fi allan o'r ysgol, yn agos i ddyddiau'r Nadolig, 1771, pan oeddwn ynghylch pymtheng mlwydd a naw mis oed. Yr oeddwn y pryd hynny yn gryn hyddysg yn yr ieithoedd Lladin a'r Groeg; gan hynny bwriadodd fy nhad i mi aros gartref tros beth amser, oblegid ei bod yn rhy fuan ganddo fy rhoi yn y brifysgol. Yn fuan ar ôl hynny, heb i mi fod yn profi yr un radd o drallod ac ofnau ag a fuasai o'r blaen yn fy ngwasgu, dechreuais roddi lle i ryw ddymuniad gwan am fyw yn dduwiol, gan feddwl (oddi wrth yr ofnau, a hefyd y llawenydd hedegog, a deimlaswn) mai hynny a'm gwnâi yn wir ddedwydd, yn y bywyd hwn, ac i dragwyddoldeb. Ymroddais i gilio yn fynych i'r dirgel, lle y darllenwn amryw ffurfiau o weddi; megis am *edifeirwch*, am *ffydd*, &c. yn enwedig am y *gras o barhad*; am fy mod yn mawr-ofni y syrthiwn yn ôl, fel y darfuasai i mi amseroedd eraill.

Yn y mis Mawrth canlynol, daeth un o'r bobl a elwir yn

Fethodistiaid at fy nhad, i geisio ganddo osod tŷ iddynt bregethu ynddo yng Nghaerwys. Yr oedd gennyf feddyliau go dda amdanynt ers peth amser, wrth weled rhai a fuasai yn hynod ddrygionus yn cael eu hynnill trwyddynt i fucheddu'n hardd. Hefyd, yr oedd pregeth a glywswn gan yr hen ŵr syml, Robert Llwyd o Blâs Ashpool (oddi ar Esay 40) wedi cael peth effaith arnaf. Gan hynny dymunais ar fy nhad adael iddynt gael y lle. Fe synnodd wrthyf: ond, er ei fod yn lled-wrthwynebus, cytunwyd amdano. Yr oedd y gŵr ar ei ffordd yn myned i wrando pregeth oedd i fod yn Ffynnon Feuno: fy mrawd, iau na mi, ydoedd awyddus i fyned gydag ef; a'n llysfam a'm lled-gymhellodd innau. Yr oedd arnaf ofn a chywilydd; ond er hynny cydsyniais i fyned. Robert Evans o Lanrwst, oedd yn cynghori (ei destun, Salm 86. II.) ac fe gafodd yr oedfa gymaint o effaith arnaf, fel yr euthum yno drannoeth drachefn, i wrando Edward Parri, Brynbugad, Llansannan. Wedi hynny, mi a geisiais gyfleusderau i wrando amryw bregethwyr eraill, ac a'u gwrandewais gydag awydd-fryd, a rhyw radd o flas a budd. Ychydig wythnosau wedi hyn, fel yr oeddwn efo gorchwyl yn y maes, rhedodd gair fel hyn yn ddisymwth, ac yn rymus, i fy meddwl; 'Mi a'th gerais â chariad tragwyddol.' Nid oedd fy nghydnabyddiaeth â'r Ysgrythyrau ond bychan iawn; ac ni chlywswn am y fath beth ym mhrofiad neb arall: eto meddyliais fod y geiriau yn y Beibl, ac mai yr Arglwydd a'u hanfonasai ataf. Ac yn wir hwy gawsant effaith fawr arnaf; oblegid y pryd hyn mi a adewais fy mhleserau gynt, nid o anfodd, ond o wir ddewisiad; ac fe a'm nerthwyd hefyd i oddef y groes oddi allan, yr hon, erbyn hyn, oedd yn dechrau gwasgu yn lled ddwys arnaf. Mi a chwiliais lawer am y geiriau, oedd wedi swnio mor hyfryd yn fy meddwl, ac a'u cefais o'r diwedd (yn dra thebyg i'r modd y rhedasent i fy nychymyg) yn *Jer.* 31. 3. Ond er hyn yr oeddwn, trwy'r holl amser, yn dra anwybodus o'm cyflwr euog dan y ddeddf, ynghyd â phla fy nghalon: ie, yr oedd yn rhyfedd gennyf pa fodd nad oeddwn i (ar ôl gwellhau cymaint ar fy muchedd) yn fwy teilwng o iachawdwriaeth na'm hen gyfeillion, oedd eto yn byw yn eu pechodau. Ymhen ychydig ar ôl hyn, gwelais beth o'm trueni a'm drygioni tumewnol, trwy fod fy nghalon (dybygwn) yn ymgaledu, a'r hen ddi-dduwiaeth meddwl yn dechrau ailymddangos: a hyn fu'r achlysur cyntaf i mi feddwl yn ddwys am bla fy nghalon.

45. Mordaith y Brig 'Albion'

[Anadnabyddus, *Hanes Môr-daith y Brig Albion. Aberteifi (Llywelyn Davies, Llywydd) gyda Mudolion (Emigrants) &c. o Gaernarfon, i Ogledd America; ynghyd â rhai Ymddiddanion ar y daith* . . ., 1820, tt. 31-5]

23ain (Mehefin 1818). Y rhan gyntaf o'r dydd hwn, gwynt uchel o'r gogledd-orllewin, ac yn y rhan olaf, mwy i'r gorllewin, a môr cas, cribog, yn curo ar ochr y llong; eithr cafwyd ymlaen yn lew.

Ioan: A oes arnoch ofn, Mr. Ofnus? Yr wyf yn eich gweled yn ymafaelyd yn bur ddichlyn.

Ofnus: Oes yn wir; yr wyf yn ei gweled yn gam iawn, ac mae arnaf ofn iddi droi bob munud; ac mi feddyliwn yn siŵr y byddai'n well rhoi rhai o'r hwyliau i dynnu'r ochr arall, i gael iddi wastatu; mae hi'n bur gas fel hyn.

Ioan: Yn wir, nid wyf ddim yn amau: byddai'n bur hyfryd iddi wastatu: pe baech chwi'n myned at y Capten i ddweud, yr wyf yn siŵr y byddai iddo wrando ar hen Wr fel chwi.

Ofnus: Ni allaf yn fy myw gerdded, o ran y mae arnaf ofn syrthio.

Ioan: Mi ddeuaf i'ch danfon; cydiwch ynof i, ac ni fydd dim perygl i chwi syrthio; gael i chwi edrych a gawn gantho wneud rhywbeth rhag ofn.

Capt.: Wel, pa sut yr ydych chwi heddiw, Mr. Ofnus?

Ofnus: Mae arnaf ofn mawr wrth weled y llong mor gam; mi a feddyliwn y dylech wneuthur rhywbeth iddi; rhoi rhai o'r hwyliau'r ochr arall i dynnu, i gael iddi wastatu tipyn, rhag ofn iddi droi ar ei hwyneb.

Capt.: Wel, Mr. Ofnus, mae llawer o lestri'n troi'r ffordd honno; mae'n debygol mae Ioan acw sy'n eich perswadio i feddwl hynny.

Ioan: A ddarfu i chwi ddweud wrth y Captain am yr hwyliau, Mr Ofnus?

Ofnus: Do, a chwerthin a wnaeth ef.

Ioan: Mi a feddyliwn y dylai ef ei gwastatu, rywffordd.

Dyl[edwr]: Mae'n ddigon hawdd ei gwastatu hi, ond cymryd rhai o'r hwyliau uchaf i lawr, yn lle'u bod hwy'n ei phwyso ar ei hochr, fel yma.

Ofnus: Mae rhai'n troi, onid oes, Ioan?

Ioan: Dear *mi,* oes yn aml! Ond, sut y gwnaech chwi pe byddech yn llongwr?

Ofnus: Mi a fuaswn yn ei chadw'n wastad, cyn gymaint ag a fedrwn.

Ioan: Byddai eich mordaith yn hir felly os buasech yn cadw rhy fychan o hwyliau arni.

Ofnus: Buasai'n well gennyf redeg wythnos yn hwy na bod mewn dim perygl.

Dyl.: Mae Mr. Ofnus yn debyg i minnau, oblegid felly y gwnawn innau.

Ioan: Nis gwn pa fodd yr ydych yn gweled y fordaith hon yn hir, dim ond mis ar y ffordd, ac yn agos i'r America eisoes.
   Yr awyr yn 67, a'r dwfr yn 73 o raddau.
   24ain, Gwynt go araf heddiw, ac yn gyfnewidiol, o'r gogledd-orllewin i'r dehau-orllewin. Glanhawyd y dec isaf, a thywalltwyd finegr arno; a phawb yn edrych yn o fywiog, yn medru bwyta eu prydau'n o helaeth. Rhoed un o'r casgiau dwfr mewn congl; a llanwyd hi o heli'r môr; gwnaed i'r bechgyn a'r merched, yn yr hwyr, ymdrochi ynddi'n ôl-yn-ôl; y bechgyn yn myned tan y dec, pan wnâi'r merched ymdrochi; yr arferiad hwn oedd iachus, ac angenrheidiol iawn. Cafodd y capten achwyniad trwm, yn erbyn dwy wraig oedd wedi syrthio allan â'i gilydd.

Capt.: (wrth olygwr y llwyth) Pa un sydd orau, ai cael cosb ar y merched, ynteu gadael i bopeth fyned heibio? Os eu gadael hwy'n llonydd, mi feddyliwn yr ânt yn llawer gwaeth; ac yn fy meddwl i, gwell i chwi alw'r *Committee* ynghyd, i gael barnu eu hachos am y weithred.

Golyg[wr]: Mi af, ac a'u cynhullaf at ei gilydd.

Capt.: Wel *Committee,* yr wyf yn clywed fod ymrafaelio wedi bod neithiwr rhwng dwy o'r gwragedd, ac wrth hynny'n troseddu'r 5ed Reol a wnaethoch; ac yn awr yr ydys yn eich galw i farnu beth a ddylid wneuthur iddynt tuag at ddiffodd y tân a enynnwyd, rhag y bydd gwaeth canlyniadau.

Gobeithiol: (blaenor y committee) Yr ydym yn deall fod (er ein gofid) y ddwy, yn ôl yr hanes, neu'r tystion a gawsom, mewn bai; Margaret yn edliw i Pegi, mai hi oedd y Iona, yn achos o wynt croes, a thywydd garw; a Pegi'n dweud wrth Margaret, *Y sopen front, Y butain,* &c.

Capt.: Mae'n beth galarus i feddwl mai'n union wedi dyfod o'r moddion y darfu i Satan wneuthur defnydd o un i edliw cywilydd y llall iddi; a thrwy hynny codi terfysg tuag at rwystro'r gair i aros yn eu meddyliau, megis yr had yn disgyn ar fin y ffordd, a'r adar yn union yn ei gipio ymaith.

Gob.: Yr ydym yn barnu mai gwell yw ceisio cymodi'r ddwy hen wraig â'i gilydd, na'u rhoi mewn cyffion; ac nyni a alwn y ddwy yma.

Marg. a Phegi yn dyfod o flaen y *committee.*

Capt.: Yr ydym yn cael eich bod yn ymrafaelio â'ch gilydd, ac yn torri'r 5ed Reol; mae'r *Committee*'n canfod eich bod ill dwy ar fai; ac yn barnu i chwi gymodi, ac ysgwyd dwylo, ac yn ymrwymo na throseddwch mwyach yn y llong hon, er mawr anghysur i eraill.

Pegi: Yr wyf yn syrthio ar fy mai, gan gyfaddef fy mod wedi bod yn rhy wyllt, ac ni siaradaf ddim gair â hi, tra y byddwyf yn y llong; ac ni ysgydwaf law byth â hi.

Marg.: Mi ysgydwaf law â hi; ond nid o'm calon y gallaf byth.

Capt.: Wel, *Committee,* mi a welaf, mai wrth eu hannog i gymodi, ac ysgwyd dwylo, nas llwyddwn, tra bo'r digofaint yn aros; pe caem ganddynt wneud hynny, ni fyddai ddim gwell na rhoddi paent gwych ar bren pwdr; ond pa gosb bynnag a farnoch yn addas iddynt, mi fynnaf weled y cânt ei derbyn yn sicr; ac ni allaf ddim dioddef y fath bethau i fyned ymlaen; am hynny, mi a'ch gadawaf i drefnu fel y galloch gytuno.

Dyl.: Os ydych yn myned i roi rhyw gosb ar fy ngwraig, gwnewch mewn pryd, yn lle gadael iddi wylo yn y fan acw.

Trafaelwr: Nis gwyddom beth sydd mewn pryd, gan fod y merched yn nacáu cymodi, yn ôl yr amodau a osodasom o'u blaen hwy.

Dyl.: Paham yr oedd yn rhaid i neb edliw ini, os oedd dyled arnom, a dweud mai ni oedd y Iona, yn achos rhwystr iddynt fyned yn y blaen; mae'n ymddangos wrth hynny, mai fi'n unig yw yr achos o'r rhwystr, ac yn ganlynol, yn gwneuthur eu hunain oll yn lân; ond mae'n debyg, fod yma lawer Iona, heblaw fi; gwyddai pawb, cyn i mi gychwyn, fod dyled arnaf; a'm bod wedi torri, ond, mi ddaliaf am gini, nad oes neb a all ddweud mai trwy un anonestrwydd; ac nid oes gennyf ddim i'w dalu, o achos y colledion mawrion a gefais.

Gob.: Nid oes gennym ddim i wneuthur â'ch galwedigaeth cyn cychwyn o Gaernarfon; ond eisiau cael distawrwydd sydd arnom yn y llong hon; a'ch gwraig chwi sy'n nacáu cymodi.

Dyl.: Ond er fy mod wedi torri, mae gennyf 10 punt eto, ac mi a af yn feichiau am hynny, na ddywed fy ngwraig ddim wrthi mwyach.

Gob.: Mi a allwn feddwl, fod hynny'n ddigon; os cawn gan S--N R--RT fyned yn feichiau dros ei wraig yntau hefyd.

S--N R--RT: Nid af i ddim yn feichiau dros un ferch sydd ar wyneb y ddaear; dowch â dwy gath at ei gilydd, ac ni waeth gennyf fyned yn feichiau dros y rhai hynny un mymryn.

Marg.: Wel, mi a af yn feichiau, am 40 punt, na ddywedaf i un gair wrthi mwyach, tra byddwyf yn y llong hon.

Gob.: Mi a feddyliwn fod hynny'n ddigon; ac os torrwch yr amodau hyn, nyni a wnawn i chwi eu *fforffetio* oll; a byddwch yn sicr, o gael eich rhoi mewn cyffion, nes ewch i'r lan.

Yr awyr yn 74, a'r dwfr yn 69 o raddau.

46. Gruffydd ap Llywelyn

[William Williams, Llandygái, *Prydnawngwaith y Cymry*, 1822, tt. 48-52]

A gyfarchwyd gyda blodest yn dywysog Gwynedd; efe a'i hymddygodd ei hun yn bwyllys a chymwys, fel ei dad; efe a erlidiodd ymaith y Saeson a'r Daniaid yn llwyr o'r wlad ac a aeth i mewn i Ddeheubarth, ac a'i darostyngodd iddo ei hun: Hywel ap Edwin, y tywysog a ffodd; ond ymhen ennyd efe a ailymwrolodd, ac a ddygodd fyddin gref ac a gyfarfu â Gruffydd ym Mhencader, a brwydr filain a fu rhyngddynt, Hywel a orchfygwyd, a'i wraig ef, yr hon a ddygasai gydag ef i faes y frwydr, gan dybied y byddai fuddugoliaethol, a gymerwyd gan Gruffydd, ac efe a'i cadwodd hi iddo ei hun yn ordderchwraig.

Yn 1040, Hywel a wnaeth ei drydydd ymgyrch am adferiad o Ddeheubarth ac a erlidiodd ymaith amryw ddieithriaid a gartrefasai yno, ac yn y diwedd a ddaeth i frwydr benodol yn erbyn Gruffydd, lle y lladdwyd ef.

Wedi hyn dau eraill a hawliasant reolaeth Deheubarth, sef Rhydderch a Rhys, meibion Rhydderch ap Iestyn. Hwy a gynullasant fyddin ac a ymladdasant yn erbyn Gruffydd, ac ymryson gwaedlyd a fu rhyngddynt yr hwn a barhaodd nes i dywyllwch y nos eu gwahanu, a phob un a aeth ymaith a adawsid yn fyw, yn flin iawn.

Ar ôl hyn Gruffydd a fwynhaodd heddwch dros ddwy flynedd, y pryd y lladdwyd 140 o'i wŷr gwrolaf, yn fradwrus, gan fonedd Ystrad Tywi; y lle hwn a ddistriwiwyd gan Gruffydd wedi hyn, a holl ardaloedd Dyfed, er dial am y gyflafan yma.

Mwynhaodd Cymru heddwch ar ôl hyn hyd y flwyddyn 1054, pan y gwnaeth Rhydderch ap Iestyn ymdrech arall i ennill meddiant o Ddeheubarth; ond mewn brwydr yn erbyn Gruffydd efe a laddwyd.

Edward, Brenin Lloegr a ddigiodd wrth Gruffydd am iddo gynnwys yn ei lywodraeth fradychwyr, ac er dial arno efe a frysiodd anfon byddin i Wynedd, ac ar ei ddyfodiad i Ruddlan efe a losgodd lys y tywysog yno, ac a ddistrywiodd ei lynges, yr hon oedd yn y porthladd: ar ôl hyn efe a ddychwelodd yn ei ôl i Loegr.

Yn 1056, Gruffydd a ymgysylltodd â Rhodri, mab Harold, Brenin Denmarc, i wneuthur rhuthrfa ar Loegr ac a wnaethant lawer o ddifrod, ac a ddychwelasant adref yn llwythog o ysbail.

Y Saeson, i ddialu am hyn, a ddaethant i Ddeheubarth, ac a ddifrodasant bopeth o'u blaen. Gruffydd a frysiodd ymbaratoi i'w cyfarfod, ond Harold, blaenor y fyddin Saesneg, a gyflogodd rai o gyfeillion Gruffydd i'w ladd ef; a'r weithred waedlyd hon a gyflawnasant arno, ac a ddygasant ei ben i Harold. Ar ôl hyn, Harold, yn ôl gorchymyn y Brenin Edward, a bennodd Meredydd, mab Owain ap Edwin, yn dywysog Deheubarth. A Gwynedd a bennodd ef ar Fleddyn a Rhiwallon, meibion Cynfyn, brodyr o du mam i'r Tywysog Gruffydd.

Gruffydd ap Llywelyn a reolodd 34 o flwyddi; efe oedd ddyn tra rhinweddol, doeth, a dewrwych. Efe a adawodd o'i ôl un ferch a elwid Nest, yn briodol â Thrahaearn ap Caradog, yr hwn wedi hyn a fu'n dywysog Gwynedd.

47. Y Trydydd Gorchymyn

[R. Thomas, Biwmares, *Pregethau ar Amryw Destunau*, Y Trydydd Llyfr, 1822, Pregeth XV (Ecsodus XX. 7), tt. 142-5]

Na chymer Enw'r Arglwydd dy Dduw yn ofer;
canys nid gwirion gan yr Arglwydd, yr hwn
a gymero Ei Enw Ef yn ofer.

Pan roes Duw y deg gorchymyn i Moses ar fynydd Sinai, yr oedd yno olwg mor arswydus â darfod i Moses ei hun ofni a chrynu'n ddirfawr. A'r holl bobl yr un modd: pan welsant y tân a'r mellt, a'r mynydd yn mygu, a chlywed llais Duw gyda bloedd utgorn a tharanau, brawychasant yn ddirfawr, a dywedasant wrth Moses, 'Llefara di wrthym, a nyni a wrandawn; ond na lefared yr Arglwydd wrthym, rhag ini farw'. Yr awron, meddyliwn ein bod ni yn y fan a'r lle yn gweled ac yn clywed yr un peth â'r bobl hynny. Meddyliwn ein bod ni'n clywed llais Duw o ganol y taranau a'r mellt yn cyhoeddi y geiriau yma, 'Na chymer Enw'r Arglwydd dy Dduw yn ofer,' &c.

Peteid yn meddwl yn ddifri am hyn, pwy a feiddiai halogi'r Enw mawr trwy lwon a rhegfeydd ar bob achos gwag, fel y gwneir yn rhy gyffredin ysywaeth ymhobman mewn tref a gwlad. Mae llaweroedd mor gynefin â hynny, na fedrant hwy prin siarad, heb gymryd Enw Duw yn ofer, neu draethu rhyw eiriau diffaith yn fynych. Rhag bod neb ohonoch yn dilyn y fath arfer lygredig trwy anystyriaeth, goddefwch imi eich rhybuddio chwi'n ddifrifol yn ei herbyn, trwy osod y gorchymyn yn eglur gerbron eich llygaid a'r anferth *berygl* o'i *dorri*. Mae dyn yn torri'r gorchymyn yma mewn amryw ffyrdd. Un ffordd ydyw tyngu'r anudon. Wrth dyngu yr ydym yn galw'r Hollalluog i dystio ein geiriau; ac wrth dyngu ar gelwydd yr ydym ni mor hyfion â galw arno i fod yn dyst o'r celwydd ac i'n cosbi ni fel y byddom yn haeddu. Am yr achos yma y mae llw anudon wedi cael ei gyfri bob amser yn beth mor echryslon ac arswydus nad oes gan rai pobl ddim ewyllys i dyngu ar achos yn y byd, rhag ofn y gwaethaf. Ond nid rhaid iddynt ddim bod mor ofnus â hynny. Nid rhaid i neb ofni tyngu ar y *gwir*, os bydd galwad i wneud hynny gerbron swyddog ar ryw achos pwysfawr. Ar y fath achos mae'r Arglwydd Ei hun wedi gorchymyn i bobl dyngu yn Ei Enw Ef, gan ddywedyd, 'Yr Arglwydd dy Dduw a ofni, ac ef a wasanaethi, ac i'w Enw Ef y tyngi,' Deut. vi. 13. A phan dyngo dyn felly, rhaid iddo ddywedyd y gwir o'i galon. 'Ti a dyngi mewn gwirionedd, mewn barn, ac mewn cyfiawnder,' medd yr Arglwydd. Mae'n amlwg ynteu na ddylai neb ofni tyngu ar y *gwir* mewn achos *cyfreithlon*, ond mai peth cymwys iawn ydyw, ac wedi ei ordeinio gan Dduw Ei hun, i dystio'r gwirionedd, ac 'i derfynu pob ymryson'. Y peth y mae'r gorchymyn yn ei wahardd ydyw, tyngu ar *gelwydd*, yr hyn sydd yn bechod o'r fath echryslonaf. Yr un fath bechod yw i ddyn *addunedu* neu *addo* rhywbeth yn Enw Duw, a pheidio â chyflawni'r peth yn gywir ac yn gydwybodus. Y neb a dorri [*sic*] adduned neu addewid o'r fath hynny, mae e'n euog o anudonedd, ac felly yn torri y trydydd gorchymyn yn y ffordd waethaf. Gellir torri'r gorchymyn hefyd wrth *weddïo*, fel y gwneir yn aml, pan fyddo pobl yn cymryd arnynt weddïo, ac yr un pryd yn meddwl am rywbeth arall; yn cymryd Enw Duw yn eu *gwefusau* tra byddo eu *calonnau ymhell* oddi wrtho. Beth ydyw hynny ond cymryd Ei Enw Ef yn ofer, a'i ddianrhydeddu Ef yn ddirfawr?

Ffordd arall i dorri'r gorchymyn ydyw tyngu'n ofer mewn ymadrodd cyffredin. Dyna'r peth y mae Crist yn ei wahardd mor bendant yn Ei Bregeth ar y Mynydd, gan ddywedyd, 'Na thwng ddim, ond bydded dy ymadrodd di, ie, ie, nage, nage'. Mae'r gorchymyn yma mor eglur nad oes i'r sawl a'i torro ddim esgus i'w wneud; rhaid iddo fod yn pechu'n rhyfygus yn erbyn goleuni, a heb ddim ofn Duw gerbron ei lygaid; ac am hynny beth a fedr efe ddisgwyl ond y farnedigaeth dostaf? Mae'n beth trwm ac arswydus i feddwl fod un dyn yn meiddio galw ar Dduw i dystio pob chwedl gwag, – i feddwl fod un dyn mor ddibris ag amharchu Enw'r Creawdwr mawr Hollalluog, Enw mor santeiddiol ac ofnadwy, nad ydyw'r angylion ddim yn medru traethu mohono na'i glywed heb 'guddio eu hwynebau' gan arswyd, a syrthio i lawr i addoli gyda pharchedig ofn. Pa sut ynteu y medr y fath greaduriaid gwael ag ydym *ni* roi cymaint o amharch iddo â chymryd Ei Enw Mawr Ef yn ofer ynghymysg â phob ymadrodd ffôl? Ac eto er maint yw'r pechod a'r cywilydd, nid oes dim yn fwy cyffredin ymhlith pob gradd o ddynion. Ceir clywed plant bychain yn halogi'r Enw Mawr, ac yn traethu amryw eiriau diffaith agos cyn gynted ag y medront hwy siarad! Mae'n beth gofidus iawn i bob Cristion teimladwy weled rhieni'n dwyn eu plant i fyny mewn ffordd mor halogedig, ac yn gadael iddynt gychwyn mor fuan ar y ffordd lydan!

48. Cofiant John R. Harris

[Joseph Harris (Gomer), *Gweithiau Awdrol y Diweddar Barch. Joseph Harris (Gomer)*, 1839, tt. xli-xliii]

O ran ei ymddangosiad, yr oedd bob amser yn fywyd i hyfrydwch y gymdeithas y byddai ynddi; medrai gymdeithasu â boneddigion dysgedig, ac â thlodion diddysg, heb un arwydd allanol ei fod allan o'i elfen gyda'r naill na'r llall, yr hyn a enillodd iddo luoedd o gyfeillion ymysg amrywiol raddau. Yn agos pob gymdeithas, ei ffraethineb a'i ddiniweidrwydd a barent iddo gael ei ystyried fel un (o leiaf) o'r teilyngaf o sylw yn eu mysg. Cynyddai ei ostyngeiddrwydd gyda'i ddyddiau a'i wybodaeth. Llawer o'i hen gyfeillion yn Abertawe a ddygant dystiolaeth dros hyn. Ac ymysg eraill o'm alldrefedigion clywed fy nghyfaill, y Parch. D.D. Evans, Caerfyrddin, yn dywedyd iddo glywed amryw yn amlygu eu syndod am fod dyn ieuanc mor helaeth ei wybodaeth ac mor gyflawn o ffraethineb, mor amddifad o feddwl mawr amdano ei hun, a roddai fodlonrwydd nid bychan i mi, oherwydd fod hyn yn fy nghadarnhau yn fy marn mai nid fy serch tadawl yn unig a welai y rhinweddau hyn yn fy Ieuan. Yr anrhydedd a gaffai a eisteddai mor naturiol arno ef, fel mai anaml iawn oedd y rhai a fedrent genfigennu wrtho. Amryw o'i gyd-chwaraeyddion a'i gyd-ysgolheigion gynt, wedi tyfu i'w maintiolaeth, a rhai gryn ysbaid cyn hynny, a ymroddent i afradlondeb ac anfoesoldeb, gan aros allan yn hwyr, yfed i ormodedd gyda'r meddwon, ategu pob maswedd, ac ymgyfeillachu â benywod ag ydynt warth i ddynoliaeth: medrai fy annwyl fab ymddieithrio oddi wrth y rhai hynny, heb eu tramgwyddo; atebai hwynt gyda phob sirioldeb pan gyfarfyddai â hwy, eithr gofalai na fyddai neb yn gyfeillion iddo ond moesolion a chyfrifolion. Gofalai bob amser i ddyfod i'r tŷ yn brydlawn yn yr hwyr; nid oedd un gyfeillach mor felys, nac un brofedigaeth mor gadarn ag a fedrai ei gadw allan wedi yr awr osodedig gan y teulu. Gwyddai nad oedd modd cadw trefn a thangnefedd mewn teulu heb lynu wrth reolau perthynol: am hynny, ni fynnai mewn un modd i dorri y rheolau hynny.

Efe a wyddai fod llawer o ddynion ieuainc wedi cael eu llygru trwy aros allan yn rhy hwyr: am hynny, nid elai i wyneb profedigaeth yn ddi-raid. Carai gymdeithas heddychol oddi ar pan oedd yn blentyn, a'r fath oedd ei ymlyniad wrth wirionedd fel nad wyf yn credu iddo ddywedyd un celwydd o'i grud i'w fedd. Ni wnaeth un achos erioed i'w rieni golli awr o gysgu, tywallt deigryn, nac i ochneidio un ochenaid. Mewn gair, yr oedd ei ymddygiad moesol yn gyfryw ag y gallai *tad* a *mam* ddymuno fod eiddo mab anwylaf, oddi gerth fod perffeithrwydd yn ddisgwyliadwy yn y fuchedd hon.

Nid oedd fy Ieuan wedi uno â'r eglwys: ffynnodd rhyw amgylchiadau i rwystro hynny; eithr credaf fod y Duw sy'n hoffi maddau pechodau wedi myned heibio i'r diffyg hwnnw ynddo. Ei ymddygiadau parhaus yn ei flynyddau olaf a brofai fod ganddo barch calonnog i grefydd a chrefyddwyr; ymddangosai ei fod yn teimlo cymaint hyfrydwch â neb o'r aelodau ffyddlonaf pan fyddai'r achos da yn llwyddo, ac mor ofidus â hwythau pan fyddai aflwyddiannus. Hyfrydwch ei galon oedd bod yng nghyfeillach gweinidogion yr Efengyl. Nid oedd raid un amser ei gymell i'r addoliad. Nid oedd ei le ef byth yn wag gymaint ag unwaith, os iach fyddai, ar y Saboth, ac anfoddlon ganddo fyddai bod yn absennol fyth yn yr wythnos. Gwyn fyd na fyddai hanner proffeswyr Cymru mor awyddus i fyned i dŷ Duw ag oedd efe. Nid ymhyfrydu dyfod i'r cysegr, a dim ond hynny, a wnelai'm serchogaidd Ieuan, eithr byddai agwedd dyn yn gwrando arno agos bob amser; canwaith y sylwais ar ei lygaid mynegawl yn datgan im ei fod yn gwrando yn ystyriol. Ymddangosai yn fynych fod yr hyn a wrandawai yn effeithio ar ei galon, a medrai ddangos wedi'r addoliad ei fod o leiaf yn gwrando, canys adroddai, pan fyddai galwad, gryn lawer o'r hyn a glywsai.

Bu fy machgen tirion dros gryn ysbaid yn ddiwyd iawn, fore a phrynhawn, ynghyd â'i ewythr, yn athrawon yr ysgol Sabothol, a hynny bob Saboth, ac ni chlywais mo'r un ohonynt yn dywedyd ei fod yn ystyried hynny yn gaethiwed neu galedwaith, eithr achwynent ar ddifaterwch anesgusodol eraill. Ni raid i mi ddywedyd y buasai gennym ysgol dra blagurog yn amser iechyd fy John, pe buasai un o bob ugain o'r aelodau mor ffyddlon â hwy ill dau. Blagurodd yr ysgol o'r newydd wedi i destun y Cofiant hwn glafychu; da iawn oedd ganddo glywed hynny, a blin ganddo nas gallasai estyn llaw o gymorth yn yr achos pwysfawr hwn.

Pan gytunodd yr eglwys i osod casgliad wythnosol ar droed tuag at helaethu ein haddoldy, cymerodd fy John ei *garden*, ac ni bu neb yn fwy ffyddlon, na neb yn fwy llwyddiannus, nag ef (oddigerth un, yr hon o feddiannai bryd hynny fwy o amser rhydd,) yn y gwaith hwn. Mynych y gwelid ef, wedi i bawb eraill ddarfod â'u gwaith, a myned i rodio, neu i orffwys, yn cychwyn at ei danysgrifwyr i dderbyn eu ceiniogau, eu dwy geiniogau, &c., gyda'r un hyfrydwch ag yr elai at ei ymborth angenrheidiol; a chyda'r un ewyllysgarwch y rhoddai hanner ei arian llogell, neu yr hyn a ganiateid iddo i wario wrth ei bleser, bob wythnos, at yr un achos da.

Deallais, trwy'r amgylchiad canlynol, ei fod yn llawn fwriadu uno â'r eglwys. Gan wybod pa fodd y dylai proffeswyr ymddwyn, dywedodd wrthyf, ychydig cyn clafychu ohono, mai peth cywilyddus oedd fod y dyn-a'r-dyn a'r ddynes-a'r-ddynes, y rhai a enwodd efe, yn cael eu goddef ar enw Crist; gwyddwn ei fod yn dywedyd y gwir, ond am nas mynnwn ei gefnogi lawer yn y ffordd hon, dywedais, 'Beth yw hynny iti, John bach? Nid wyt ti yn aelod eglwys dy hun, am hynny nid wyt ti yn teimlo'r gwarth a deflir arni.' Ei ateb oedd debyg i hyn, 'Yn wir, fy nhad, yr ydych yn camsynied, y mae arnaf lawer o chwant i uno â'r eglwys er ys tro.' 'Pa beth, gan hynny, sydd yn dy rwystro?' ef fi. Atebai yntau, 'Methu gweled fy hun yn ddigon addas, ac ofni nad wyf yn teimlo megys y teimla dynion duwiol.' Ar hyn daeth rhywrai i'r ystafell, a lluddiwyd y gyfrinach, ac ymhen ychydig wythnosau wedi hyn, dechreuodd fy mhlentyn annwyl achwyn ar anhwylder, yr hwn a gynhyddodd yn raddol nes dwyn ei einioes werthfawr oddi arno. Gofynnwyd iddo wedi iddo glafychu, os dewisol ganddo oedd cael ei fedyddio bryd hynny. Atebodd yn debyg i hyn, 'Da iawn gennyf pe buaswn gwedi cael fy medyddio pan oeddwn iach, eithr fy meddwl yw i ordinhadau yr Efengyl gael eu bwriadu i ddynion mewn iechyd, i ogoneddu Duw, a dangos cariad Crist, ac na amcanwyd na bedydd na swper yr Arglwydd i fod yn geidwaid i gleifion yn wyneb angau, i ffoi atynt am iechydwriaeth.' O ieuenctid mwynion Cymru, sydd a pharch cywir yn eu mynwesau at grefydd Iesu, peidiwch oedi eich ufudd-dod i ordinhadau'r Efengyl – gwelwch fod hyn wedi dolurio meddwl yr hawddgaraf Ieuan Ddu!

49. Amddiffyn Bedydd Eglwys Loegr

[Thomas Evans, Ficer Pen-bre, *Bedydd Eglwys Loegr yn cael ei amddiffyn* ..., 1825, tt. 7-10]

Y mae yn amlwg i bawb a ddarlleno, fod Mr. Williams, Capel Als, awdur dysgedig, efengylaidd, a synhwyrgall y llythyr uchod, yn meddu ar raddau mwy na chyffredin o hyfder a haerllugrwydd; ac yn fwy felly eto fyth, pan ystyrir ei fod yn ddyn mor ddieithr i mi, fel nad ydwyf yn gwybod i mi erioed gymaint â'i weled ef â'm llygaid. Ond, er hynny, y mae uwchlaw gofyn ei esgusodi am ei ehofndra; a'r rheswm paham, medd ef, ydyw, am ei fod 'o gydwybod yn ei anfon'. Fe ddichon mai dyn cydwybodol iawn yw Mr. W.; ond fe ddichon hefyd mai dyn anghydwybodol ydyw; ac mai ei anghydwybodoldeb a barodd iddo ffugio bod mor gydwybodol: ond beth bynnag am hynny, nid yw ei fod yn dywedyd mai *o gydwybod yr oedd yn gwneud*, yn rheswm digonol i'w gyfiawnhau am anfon y fath lythyr ataf i; ac onid e, ar yr un egwyddor, fe all y cydwybodol Mr. W. ddyfod ataf, y tro nesaf, a'm taro ar fy wyneb, gan ddywedyd, 'Nid wyf yn gofyn gennych fy esgusodi; ac na rwgnechwch, syr, canys o gydwybod yr wyf yn anfon pob ergyd atoch'. Ie, ar yr un egwyddor, efe a all ddyfod ataf drachefn a'm lladd, gan ddywedyd, 'Nid wyf yn gofyn gennych fy esgusodi, ac na wingwch, syr, oblegid o gydwybod yr wyf i heddiw yn eich gosod i farwolaeth.' Y mae yn ymddangos i mi yn dra amlwg, fod cydwybod dyner Mr. W. a'i gyffelyb, wedi cael ei rhagweled, a rhagddywedyd amdani gan ein Harglwydd bendigedig, yn Ioan XVI, 2. 'Y mae yr awr yn dyfod, y tybia pwy bynnag a'ch lladdo, ei fod yn gwneuthur gwasanaeth i Dduw.' Nid oes un o broffwydoliaethau ein Hiachawdwr wedi ei chyflawni yn fwy amlwg na hon; canys, er cynifer o filoedd o'n hannwyl frodyr a ddioddefasant eu merthyru yn y modd mwyaf creulon, eto braidd y ceir un siampl nad oedd eu dienyddwyr, o leiaf, yn cymryd arnynt dybied eu bod yn gwneuthur gwasanaeth i Dduw; ac yn ffugio bod mor gydwybodol, hyd yn oed â'r cydwybodol Williams. Ac yr wyf yn apelio at bob meddwl diragfarn, onid yw yr ysbryd cymysgedig o gydwybodolrwydd a llidiogrwydd, yr hwn a anedlir yn llythyr y cydwybodol Williams, yn hollol o'r unrhyw â'r ysbryd y mae ein Harglwydd yn proffwydo amdano yn yr adnod uchod: ac, mewn gwirionedd, y mae lle cyfiawn i farnu, oddi wrth y tymherau llidiog a chwythir yn llythyr y cydwybodol Williams, pe buasai ganddo awdurdod digonol, y buaswn i, er ys talm, wedi fy llusgo gerbron brawdleoedd, os nid llawer pellach.

Ymhellach, pe gallaswn gredu fod yr awdur cydwybodol yn dywedyd y gwir ar yr achos, a'i fod yn wirionedd fod ei gydwybod mor dyner ag y mae ef yn ffugio ei bod, buasai yn llawer hawddach gennyf oddef y fath llythyr erlidigaethus oddi wrtho, gan y gallaswn edrych arno fel dyn gwannaidd, heb wybod dim yn ychwaneg; yn cael ei orchfygu gan hunan-anffaeledigrwydd, balchder a phleidgarwch; ond y mae llawer o achos i ofni, mai nid ar gydwybod Mr. W. y gwasgodd yr amgylchiad hwn yn bennaf, ond yn hytrach ar ei nwydau pleidiol a hunanol, wrth weled arwyddion fod ei achos ef yn dadfeilio; canys pe oddi ar achosion cydwybod y cyfododd yr aflonyddwch mawr hwn arno, rhyfedd na buasai ei gydwybod dyner wedi deffro o'r blaen; oblegid anodd yw credu mai dyma y waith gyntaf y daeth i'w glustiau ef fod gweinidog o'r Eglwys Sefydledig yn bedyddio y rhai a fuasai yn cael eu cyfrif gan yr Ymneilltuwyr. Pe gogoniant Duw, ac achos enaid dyn, fuasai yn gwasgu arno, buasai yn dechrau esmwytháu ei gydwybod, yn y fan, pan glywodd gyntaf fod y fath bechod yn cymryd lle ymhlith creaduriaid o ddynion, trwy ysgrifennu llythyrau mewn modd *cydwybodol* atynt, megis y gwnaeth ataf i. Ond cysgu yn dawel a wnaeth cydwybod W., nes clywed ohono fod rhai o'i ddefaid ei hun yn debyg o'i adael; ac y mae lle i feddwl, pe buasai yn clywed fy mod wedi bedyddio rhai a gyfrifasid yn fedyddiedig gan y Trefnyddion, neu y Wesleyaid, y buasai ei gydwybod ef heb deimlo un mesur o'r gwewyr gwyllt hwn hyd y dydd heddiw, ac na buasai byth yn esgor ar y fath blentyn tlws ag ydyw y llythyr mwynaidd uchod.

Drachefn, nid annhebyg yw ei fod wedi clywed am ryw weinidogion, o ryw enw neu'i gilydd, wedi bod yn euog o gyflawni pechodau eraill yn agos mor drwm â'r pechod mawr hwn (fel y dywed ef) a gyflewnais i; ond a glywyd erioed fod ei gydwybod ef wedi ei haflonyddu a'i chythryblu i'r fath raddau ar un achos o'r blaen? Na, y mae yn lled debyg na chafodd hi erioed y fath lewyg trwm â'r hwn a ddisgynnodd arni ar yr achlysur presennol.

Y mae gennyf achos mawr i fod yn ddiolchgar i gydwybod Mr. W.; canys y mae yn amlwg fod ganddi fwy o ofal am ogoniant Duw ym Mhlwyf Pen-bre, ac am achos fy enaid tlawd innau, nag am ddim arall tan yr holl nefoedd.

Ond rhag, os chwiliwn yn fanylach ynghylch cydwybod dyner yr ysgrifennydd *medrus*, i ni ei gael yn hollol debyg i'r cydwybodau sydd yn cael eu darlunio yn yr Ysgrythur, megis wedi eu serio â haearn poeth, nyni a'i gadawn yn bresennol, fel y gallom fyned ymlaen at beth arall.

50. Llythyr gan John Blackwell (Alun) at ei rieni

[John Blackwell (Alun), *Ceinion Alun*, 1851, tt. 285-7]

Athrofa'r Iesu, Rhydychen,
Chwef. 11, 1826.

Annwyl Rieni,

Yn lle esgus dros fod yn ddistaw cyhyd, rhoddaf i chwi hanes byr o'r modd yr ydwyf yn byw. Wrth ymdrechu dyfod i fyny gyda y rhai a gawsant bob mantais ysgolheigaidd ym more eu hoes, yr wyf yn gorfod bod yn ddiwyd iawn wrth fy llyfrau. Nid ydyw treiddio i mewn i ieithoedd ond gorchwyl sych a diffrwyth, ac i un yn fy sefyllfa i, o ran gwall cyfleusterau boreol, y mae yn waith digon caled. Am y tro cyntaf yn fy mywyd yr wyf yn cael fod 'darllen llawer yn flinder i'r cnawd'. Nid ydyw caethiwo fy hun i fyfyrdod wedi cael un effaith ddrwg ar fy iechyd eto. Aeth cyfaill i mi, a ddarllenasai lawer llai na mi, adref ddoe wedi ei nychu gan ormod o waith. Y mae fy nghorff yn gadarn wrth natur, ond yr wyf yn gorfod cerdded allan rywfaint bob dydd, er mwyn ei gadw mewn trefn.

LLYTHYR GAN JOHN BLACKWELL (ALUN) AT EI RIENI

Bu holiad cyffredin yn ddiweddar ar holl aelodau ein Coleg ni. Euthum drwyddo yn well nag yr oeddwn i na'm hathrawon yn disgwyl. O hyn i ŵyl Mihangel nesaf, rhaid imi fyned drwy ffwrn boethach nag a brofais eto, cael fy holi ar gyhoedd o flaen yr holl Brifysgol, am fy ngwybodaeth o'r Lladin a'r Roeg a Rhesymeg. Rhaid i mi hefyd ddysgu ysgrifennu Lladin mor rhwydd â Chymraeg. Yr wyf yn fynych yn crynu wrth feddwl am y frawdle, yn enwedig wrth weled cynifer a gawsant eu dwyn i fyny yn yr ysgolion gorau o'u mebyd, yn colli'r dydd. Y mae fy mhwys yn bennaf ar y Rhagluniaeth oruchel a fu mor dyner tuagataf hyd yn hyn. Ymhellach, yr wyf yn ystyried mai fy nyletswydd ataf fy hun – at fy nghynalwyr – ac at y plwyfolion a gaf ryw dro, hwyrach, o dan fy ngofal – ydyw lloffa cymaint ag a allaf o wybodaeth am bob dysg a chelfyddyd. Gwelodd y caredig Mr. Clough a Mr. Phillips* fy awyddfryd am bob hyfforddiad, a chymerasent fi gyda hwynt i wrando y darlithoedd a draddodir gan ein prif ddysgedigion ar y celfyddydau breiniol. Y diweddaf a glywais oedd yr enwog Ddoctor Buckland, areithydd ar natur y ddaear, ei chreigydd a'i meteloedd. Pan ddeuaf adref gallaf roddi i chwi rai newyddion am weithiau glo a phlwm. Hawdd i chwi weled fod y gofalon a'r gorchwylion hyn yn difa fy holl amser, ac nid hyn yw y cwbl. Wrth anheddu yn Nhrefaldwyn a Rhydychen, ffurfiais gydnabyddiaeth â llawer o foneddigion, – rhai ohonynt, o ran dysg a dawn, ymhlith y gwŷr enwocaf yn y deyrnas. Nid oes bore braidd yn myned heibio nad wyf yn derbyn llythyr o ryw gwr neu'i gilydd i'r wlad. Nid oes gennyf, gyda chware teg, amser i ateb un ohonynt; ac os bydd un gohebwr y gallaf hyderu ar ei gyfeillgarwch i beidio digio wrthyf, yr wyf yn gadael iddo aros nes elo fy helbul yn yr athrofa heibio. Fy mwriad yn myned dros yr holl bethau hyn ydyw i ddangos i chwi a'm hannwyl gyfeillion, Mr. Thomas Jones[†] ac Isaac, yr unig achos na ysgrifennais atoch oll lawer cyn hyn. Os gwelwch ddim yn yr hyn a ddywedais, yn mynegi yr anrhydedd annisgwyliadwy a ddaeth i'm rhan, gwybyddwch mai nid er mwyn cynhyrfu ymffrost ynoch yr adroddais ef; ond yn hytrach er eich annog i uno gyda mi mewn diolchgarwch i'r Duw a fu mor dirion wrthyf. Bydd yn dda gennych glywed fy mod i ac oddeutu hanner dwsin o'm cyd-ysgolheigion, wedi llwyddo i gael Cymdeithas Genhadol fechan yn ein hathrofa. Yr ydym hefyd yn ymgyfarfod yn ystafelloedd ein gilydd, yn olynol, ar nosau Sul, i ddarllen y Beibl a gweddïo. Nos Sul diweddaf yr oeddynt oll yn fy ystafell i: a phan byddo dadwrdd cyfeddach yn taro ar ein clustiau o ystafelloedd eraill, gallwn ddywedyd, 'Rhoddaist fwy llawenydd yn ein calon nag yr amser yr amlhaodd eu hŷd a'u gwin hwynt.'

Hyfryd iawn oedd gennyf glywed am ymwared fy annwyl chwaer. Cofiwch fi ati yn garedig at fy mrawd, yr holl blant, ac yn enwedig at y ferch ddieithr. Buasai dda gennyf allu anfon anrheg iddi hi a'i mam, ond mae hynny yn bresennol o fy nghyrraedd. Gadewch iddo – mae'r galon yn llawn, os yw'r pwrs yn wag. Byddwch gystal â rhoddi y penillion canlynol iddi yn lle *Valentine*:

      Henffych ferch! i fyd o ofid,
        Byd y dagrau byd y groes:
      Agoraist lygad ar yr adfyd,
        Ti gei flinder os cei oes.
      Mae gwlad well tu draw i'r afon, –
        Nes cael glan ar oror iach,
      Rhag pob drwg, y Duw sy'n Seion,
        Fo'n dy noddi, Marged bach.

      Mae'm dychymyg fel yn gwrando
        P'un a glywaf mo dy sain, –
      Gan holi'r awel sy'n mynd heibio,
        A yw'th wyneb fel dy nain?
      A oes eurwallt ar dy gorun?
        A oes rhosyn ar dy rudd?
      A pha dybiau sydd yn dirwyn
        Drwy'th freuddwydion nos a dydd?

      Pe bawn yna, annwyl faban,
        Mi'th gofleidiwn gyda serch;
      Cait fy mendith am dy gusan,
        Mi'th gyfrifwn fel fy merch:
      Ac os try Rhagluniaeth olwyn
        Fyth i'm dwyn i dir fy ngwlad,
      Ti gei weled y gall rhywun
        Garu ei nithoedd megis tad.

Yr wyf yn gyrru i Ruth; mae yn rhy fychan, ond y gwir yw hyn, – hyd ŵyl Mihangel nesaf byddaf yn llwm iawn o arian; wedi hynny, caf dderbyn swm ychwanegol yn y flwyddyn. Yna mi ofalaf am dalu eich rhent, eich tir pytatws, a phesgi'r mochyn. Rhoddwch ddillad da am Ruth . . . Unwaith eto, yr wyf yn eich tynghedu, na oddefwch eisiau dim. Gyda bendith nid oes perygl na allaf ei dalu yn ôl ar ei ganfed. Pa beth ydyw gwaith fy nhad? A ydyw'n esmwyth? Cofiwch fi yn garedig at deulu Bron-coed, a rhoddwch fy serch at fy hen gyfeillion oll . . . Mae amser a phapur wedi pallu – y gloch yn taro pedwar yn y bore – y gannwyll yn llosgi i'r ganhwyllbren – ni chaf ond dywedyd fy mod yn aros,

Eich dyledog fab,
J. BLACKWELL.

*Y Parch. G. Phillips, Llanfachreth, cyfaill mynwesol i Mr. B.

†Mr. T.G. Jones, yn bresennol [1851] o Fostyn.

51. Rhan o Gofiant David Davies, Castellhywel

[Thomas Griffiths, Gweinidog yn y Ciliau, *Cofiant am y Parch. David Davies, gynt o Gastell-Hywel, Ceredigion*, 1828, tt. 26-34]

Cafodd Mr. Dafis gynnig o £100 yn y flwyddyn am fyned yn Weinidog i Lanedi, ond ei sêl dros achos y byd a ddaw, yn hytrach nag am elw bydol, a'i hanogodd i ddewis yn hytrach adfyd gyda phobl Ceredigion, na nofio yn llawndid Llanedi; yr ymddygiad ymwadol hwn a ddygodd iddo barch nid bychan, yn enwedigol oddi wrth Mrs. Davies, gwraig fonheddig yn byw yn y Foelallt, Plwyf Ciliau, yr hon a'i lletyodd ac a'i bwydodd yn rhad, fel arwydd o'i charedigrwydd. Yn yr eglwysi cyn ac oddeutu yr amser hwn, bu Mr. D. yn dra llwyddiannus, a llaweroedd a unasant â'r eglwysi. Ond yn wir nid oedd, tra y parhaodd ei nerth a'i ddawn, yn fyr o fod yn llwyddiannus iawn; ond yr oedd amserau yn ei weinidogaeth pan oedd yn hynod ei lwyddiant, fel ag yr aeth sôn amdano trwy y gwledydd; ac, meddant wrthyf, 'Dafis, Castellhywel' oedd ymhob genau. Na thybied y darllenydd fy mod yn meddwl wrth hyn fod gweithrediadau goruwchnaturiol yn

cyd-fyned ar droeon â'i weinidogaeth, ac yn ymadael drachefn
dros dro, fel ton y môr. Gormod o lawer o'r farn hon sydd yn
y byd, er magu diogi ysbrydol, anwybodaeth, a diofalwch, nes
y daw ag anystyriaeth; ac na feddylied neb ychwaith fy mod
yn meddwl mewn un mesur wrth ddywedyd, 'Dafis, Castell-
hywel oedd ymhob genau', mai dyn biau'r clod i gyd, a dim i
Dduw; na, nyni a fedrwn lefaru yn wyneb cyhuddiad o gyfeil-
iornadau heresïaidd a damniol, 'Nid all Paul ond plannu,
ac Apolos ond dyfrhau, gan Dduw mae rhoddi'r cynnydd';
a hynny trwy ein bod yn gwneuthur iawn ddefnydd o foddion
cynnydd, y rhai mae Duw wedi osod yn ein dwylo.

Yr oedd Mr. D. yn wresog ei ddymuniad dros ryddid
gwladol, yn gystal â chrefyddol. Ei egwyddorion oeddynt yn
Frytanaidd, gan ystyried y sefydliad neu'r llywodraeth Frytan-
aidd, fel ag yr oedd, yn addasach i sefyllfa'r wladwriaeth na
dim a gynigid. Gan ei fod, gyda llawer o'r dynion mwyaf eu
cymeradwyaeth, yn ffafriol i'r chwyldroad, neu yn hytrach
y cyfnewidiad Ffrengig *(French Revolution)*, nodwyd ef allan yn
fuan gan uchelwyr y deyrnas, fel un i wylied arno. Aeth
drwgdybiau y llywodraeth wladol mor bell am anffyddlondeb
Mr. Dafis, fel ag y gosodwyd Goruchwyliwr y Trethi *(Surveyor
of the Taxes)*, o'r enw Johnson, i graffu yn wyliadwrus ar
Mr. D. Cenadodd, neu awdurdododd y *Premier*, Mr. Pitt, ef i
agor pob llythyr oddi wrth neu at Mr. D. Dywedodd Johnson
wrth y Parch. Mr. Griffiths, Llwyndyrys, am hyn. Tystiodd
yr offeiriad parchus hwnnw nad oedd ganddynt un achos
yn y byd i ofni ei fod fel ag y tybient, pa beth bynnag oedd ei
syniadau, ac yma y terfynodd y peth di-sail hwn.*

Yr oedd Mr. D. yn cadw ysgol yr holl amser yma, a hynod
mor glodfawr y bu fel ysgol-feistr. Nid ydyw newydd i neb a
glywsant am ei enw, fod plant o bell ac agos yn cael eu danfon
ato i'r ysgol; bonedd a thlawd, offeiriaid ac Ymneilltuwyr.
Dros flynyddoedd lawer dygodd i fyny rai a unasant â'r
Eglwys Sefydledig, fel o'r ysgolion offeiriadol yn bresennol,
hyd nes y darfu i Horsley, Esgob Tyddewi, o genfigen
(jealousy) atal hyn, rhag bod offeiriaid yn ddyledus i Ymneill-
tuwyr am addysgu eu gweinidogion, er ei fod yn hollol
adnabyddus mai y rhai a ddygwyd i fyny yn ei ysgol ef,
(sef Mr. D.) oedd y gorau a urddwyd ganddo ef; nid oedd
hyn, wedi'r cwbl, yn tycio fawr: yn ganlynol, sefydlodd reol,

na chelai un ei ordeinio i'r swydd offeiriadol o ysgol Ymneilltuwr; yr hyn a gadwyd gyda'r manyldra mwyaf hyd heddyw, yn enwedigol trwy sefydliad Coleg Dewi yn Llanbedr Pont Steffan. Yr oedd ei ddull o addysgu yn hynod dyciannol, fel na ddaeth un a roddwyd dan ei ofal, o'i ysgol yn ddi-fudd, er y cyfrifid ef gan lawer yn rhy greulon, pan yr oeddynt gydag ef, ac yn barod iawn i addo talu'r pwyth iddo pan y deuent mewn grym. Ymhlith y rhai hyn yr oedd Major Evans, o'r Dolau-bach, yr hwn sydd gyda'r dyn mwyaf awdurdodol yn ei sefyllfa, fel bonheddig ac fel ynad yr heddwch; yn lle talu'r pwyth i Mr. D. am y llawer ffonnod a gafodd (yn haeddiannol, y mae yn lled debyg) rhoddodd iddo lawer anrheg brisfawr, gan ddywedyd yn fynych wrth y gennad, 'Rhowch hwn i Mr. Dafis am y llawer *crasfa* a gefais i ganddo'.

Gwnelai i'w ysgolheigion oll, os byddent yn medru deall iaith y Brython, gyfieithu yr hyn a adroddent iddo yn yr iaith honno; ac os byddent yn methu â darllen wrth ei fodd, ni chawsent fyned yn rhydd o'i afael ef nes gwnaent hynny. Bu yn gynorthwywr i Dr. Jenkins yn yr Ysgol Ramadegol yng Nghaerfyrddin. Cafodd hefyd gynnig yn 1778 i fod yn athro i'r Athrofa, ond gwrthododd y swydd uchel honno; pe buasai yn ei derbyn, ni fuasai ei glod yn helaethach mewn un mesur nag y mae, ac a barha hefyd tra byddo cof am ei enw yn y byd, yr hyn ni dderfydd yn fuan.

Bu ei frawd, y Parch B. Davies, yn gyd-athro yn yr Athrofa uchod â Mr. Gentleman, lle bu mewn cymeradwyaeth neilltuol. Yr oedd yn cael ei gyfrif yn Hebrëwr da hynod. Bu y Bardd nodedig hwnnw, y Parch. E. Evans, neu Evan Brydydd Hir, gydag ef yn dysgu yr iaith honno, ac â'r hwn y bu yn gohebu yn garedig dros amser hir. Aeth oddi yno i Loegr at Mr. Yates, yn agos i Liverpool, yr hwn a'i parchai yn fawr. Bu farw yn Ionawr, 1811, yn Evesham, yn hollol hyderus yn y Duw a wasanaethasai, ac yn sicr yn y ffydd a bregethasai dros flynyddoedd. Mewn llythyr at gyfaill, wrth gyfeirio at ei glefyd, mae Mr. D. yn rhoddi y gymeradwyaeth ganlynol iddo, 'Pan yr êl, (pan y bydd farw) gellir dywedyd amdano, ei fod wedi byw yr un mwyaf diniwed, bodlongar, a dedwydd o bawb yn ei oes. Fel deiliaid rhyddion ac annibynnol (ar ddyn) yr awyr, heb achwyniad, a dderbyniodd roddion ei Dad, ac a ganodd ei glod mewn un anthem barhaus o gydnabyddiaeth a serch.' Ebe'r Parch. Tim. Davies mewn llythyr at ei dad amdano, 'Thus died a man who must be among the first order of glorified saints, if love and benevolence be the elements of heaven'.

Yn y flwyddyn 1809 derbyniodd Mr. D. lythyr oddi wrth Mr. Jones, rhaffwr a marsiandwr yn Aberystwyth, yn roddi hanes fod llong Roegaidd, ynghyd â'i gwŷr, 24 o rifedi, gwedi tirio o ddamwain o flaen y gwynt, neu ryw anffawd arall, yn Aberystwyth. Gan fod Mr. Dafis yn digwydd bod yn y Ciliau ar yr amser hwn yn pregethu, aeth ymlaen hyd Lanrhystyd y noswaith honno, ac i Aberystwyth y bore canlynol. Y dynion oeddynt o wynepryd teg, a'r barf ar y wefus uchaf wedi ei rannu; genedigion o Effesus yn Natolia oeddynt. Yr oedd y capten yn alluog i ymddiddan ychydig o Ffrangeg, gymaint ag oedd yn ddigonol iddo drafod ei fasnach â'r rhai a ddeallent yr iaith honno. Pan aeth Mr. D. i fwrdd y llong, yr oedd yn ddiwyd wrth ei waith, ac yn ymddangos fel pe buasai maes o'i hwyl, oblegid fod gormod yn dyfod i'w weled. Gwedi iddynt ill dau fyned dros y rhan fwyaf o'r rhannau corfforol yn yr iaith Roeg, yn yr hyn yr oeddynt yn deall ei gilydd yn weddol, dywedodd Mr. Dafis, *'Euchomai soi, kurie, panta agatha'*, h.y., yr wyf yn dymuno, syr, i chwi bob daioni; daeth y Groegwr i'w hwyl wrth y geiriau, a chan wenu, ailadroddodd eiriau diwethaf Mr. D. sef, *panta agatha*, fel pe buasai yn dweud, *pob daioni*! Nid oeddynt yn seinio y Roeg yr un fath ag y gwnawn ni; yr oeddynt yn ei seinio gyda mwy o arafwch, neu yn fwy fel meddalion, y llythrennau a seiniwn ni fel caledion, megis y gair *cheir*, llaw, a seinient hwy yn *tsheir*. Cyfarfu â brawd y capten ar lan yr afon, yn edrych ar y dŵr, gyda'i nai. Dywedodd wrtho, *'Hudor*, dŵr'. 'Ou, nage,' ebe'r Groegwr, *'uddôr'*, gyda sŵn yr *dd* Gymreig, a'r acen ar y sillaf ddiwethaf. Gofynnodd iddynt lawer o bethau, a deallent ei gilydd, sef, 'Beth yw dy enw?' &c. At. *Nicholas*. 'A wyt ti yn Gristion?' Adroddodd y Groegwr yr adnod gyntaf yn Mathew, er dangos ei fod yn hyddysg yn y Testament Newydd. Cyfeiriodd Mr. D. ei fys at ei nai, a gofynnodd iddo, pwy oedd hwnnw. Dywedodd y Groegwr, mai mab y capten ydoedd, a'i fod yntau yn frawd y capten; i hyn yr atebodd Mr. D. yn llonwedd, *'Kago eimi allôs adelphos humôn'*, h.y., 'A minnau ydwyf frawd arall i chwi'. Wrth hyn y Groegwr a chwarddodd yn llawen, ac a afaelodd yn llaw Mr. D. ac a'i siglodd yn anghyffredin. Gofynnodd Mr. D. iddo a ddeuai i yfed gydag ef; deallodd y Groegwr, ac i ddangos ei fod yn deall, dywedodd, 'Cwrw, cwrw', ond nacaodd ddyfod, gan fod amgylchiadau yn ei rwystro. Ymadawsant ar hyn. Pregethodd y noswaith honno i liaws mawr yn y capel Wesleyaidd. Dywedir i Mr. D. ar y cyntaf ddigwydd fyned i mewn i ystafell mewn tafarndy, lle yr oedd y Groegiaid yn cyd-yfed; pan ddaeth gyntaf i mewn, dychrynasant ychydig wrth weled dyn o gorffolaeth mor fawr yn dyfod i mewn atynt, nes y darfu i Mr. D. ddywedyd wrthynt, yn y Roeg, 'Ac efe a wnaeth o un gwaed bob cenedl o ddynion, i breswylio ar holl wyneb y ddaear'.

*Cafodd llawer o ddynion enwog ymhlith yr Ymneilltuwyr eu drwgdybio o fradwriaeth, yn amser Pitt, ond nid o'i herwydd ef yn gyfan gwbl. Iolo Morganwg a gymerwyd i fyny, a'i holl ysgrifeniadau gydag ef, a gorfu arno wneud ei ymddangosiad gerbron y frawdle, ond rhyddhawyd ef yn glodfawr, a dangosodd Mr. Pitt barch nid bychan iddo, ac a'i gwahoddodd ef i'w dŷ, lle y cafodd y driniaeth fwyaf foneddigaidd.

52. *Rhan o Ddyddiadur*

[William Davies, *Dyddiadur* . . . *pan ydoedd yn Genhadwr yn Sierra Leone* . . ., 1829]

Chwefror 5 [1815] *Saboth*. Wedi treulio'r wythnos yn dra difyr trwy fyned i Goree bob dydd. Ar ôl y gwasanaeth boreol, hwyliasom gydag awel wych tua Sierra Leone: mwynhasom yr awel hyd ddydd Iau, ac yna diflannodd. Yr oedd y môr fel llyn tawel, a'r pysg idd eu gweled yn nofio ynddo yn hyfryd, ond yr oedd pelydrau'r haul yn llosgi yn hynod, fel nas gallesid goddef llaw ar ganllawiau'r llong.

12. *Saboth*. Cynaliasom yr addoliad boreol ar fwrdd y llong; cawsom addoliad hefyd am 3 a 6, ac achos i foliannu Duw am ei diriondeb. Cadwodd ni hyd yma ar y cefnfor garw yn ddihangol. Dacw fynyddau Sierra Leone yn y golwg; hefyd

ochr gwlad Bwlam – wele ni bron ym mhen ein taith! Duw a'n gwnelo o ddefnydd i'r Negroes, a holl drigolion y lle.

13. Yn afon Sierra Leone, yr hon sydd lawn ddeg milltir o led, y mae'r Penrhyn ar y llaw ddehau, a lle Dala Mahomudd ar yr aswy. Lledred Penrhyn Sierra Leone yw 8.28 G. Y mae'r mynyddau yn ymgodi y naill oddi ar y llall yn hynod o uchel, gan gael eu gorchuddio â choed bytholwyrddion hyd y pen uchaf. Golwg go ryfedd i mi oedd gweled y *Kroomen*, (sef math ar genedl sydd yn dyfod i'r drefedigaeth i weithio) yn dyfod yn eu *canoes* tua'r llong yn noethion. Pan wrth ochr y llong y mae ganddynt gadach yn eu hetiau i guddio eu noethni, a dyna'r cwbl o wisg *Krooman* – amben dda a chadach. Gan fod y llanw yn ein herbyn, angorasom oddeutu tair milltir oddi wrth y dref. Euthum i'r lan i'r afon yn y cwch gyda'r capten; ac yr oedd yr olwg yn hardd yn wir; y *mangroves* ar lan yr afon a'u gwreiddiau yn y dwfr, yn llawn o wystrys, a'r coed aurafal yn frithion ar y lan yn llawn o ffrwythau, ynghyd â'r *gwavas*, &c. Tiriais yn iach ar dir Affrig, a chyfarfyddais â'r brodyr Healey a Hirst, y rhai oeddynt wedi bod ar y môr am fis yn hwylio tua Lloegr, ond trwy yr hin a chlefyd ag oedd yn y llong, gorfu iddynt ddyfod yn ôl. Pwy ŵyr nad yw llaw Duw yn hyn? Pan laniais, yr oedd y cyfeillion duon yn gorfoleddu fod Duw wedi gwrando eu gweddïau, ac anfon iddynt genhadwr. Euthum yn ôl i'r llong. Daeth y Parch. L. Butcher, Capten y lle, a'r Parch. F. Wenzel, un o genhadau y Gymdeithas Eglwysig, gyda mi i fwrdd y llong: y maent yn ymddangos yn hynod o dirion. Yna daeth y wraig gyda mi i'r lan, a derbyniwyd ni yn garedigol iawn gan Mr. (a Mrs.) Nichols, Maer y dref. Ar ôl cinio, marchogais ychydig i'r wlad, a gelwais ar ei Urddas, Dr. Purdie, y llywydd presennol, yr hwn oedd glaf iawn. Dywedais wrtho ddiben fy nyfodiad: dywedodd wrthyf am fyned ymlaen gyda'r gwaith.

14. Pregethais yn yr hwyr i gynulleidfa luosog iawn; golwg ryfedd, oll yn dduon! – oddieithr ychydig yn y côr wrth yr areithfa. Yr oedd y drych yn sicr yn dra newydd, y meibion a'r merched mewn dillad gwynion, dwylo ac wynebau duon. Ond diolch, medd fy enaid, y mae ganddynt eneidiau wedi'u prynu â gwerthfawr waed Crist; felly cymerais galon i'w hannog i droi at Dduw, oddi wrth Eseia 45. 22. Amser lled wych. Yn ôl yr oedfa, cyfarfyddais y blaenoriaid a'r aelodau;

a darllenwyd llythyr a rheolau y Dirprwywyr yn Llundain, yr hyn a'u bodlonodd yn fawr. Gobeithio y cawn weled miloedd o deulu Ham yn ymgyrchu at faner Silo, gan ei addef yn unig Feseia, a Gwaredwr eneidiau. Ar frys deued yr amser i ben.

17. Gwrandewais Mr. Healey, yr hwn a bregethodd bregeth lled dda oddi wrth 'Mawr yw dirgelwch duwioldeb'.

19. Euthum i'r tŷ cyfarfod am naw, a darllenais y gweddïau, a phregethais oddi wrth I Tim. 6. 6: amser gwlithog. Am 2 clywais Healey. Pregethais drachefn am 6, oddi wrth Salm 27. 4: lled sych yn fy enaid. Y mae'r amserau hyn yn dda i'm cadw yn isel.

20. Capten Gibson, yr hwn a ymddygodd yn hynod dirion wrthym yn ystod ein mordaith – yn wir, nid oedd fodd i neb fod yn fwy felly, a gymerwyd yn glaf o'r dwymyn dydd Llun; ni feddyliais erioed fod dim perygl. Dydd Mawrth, cerddodd yn fy mraich i a'r wraig i'r porthladd, ac euthum gydag ef at fwrdd y llong. Euthum i'w weled ef nos Iau gyda bwriad i aros gydag ef trwy'r nos: ond gan fawr ddiolch i mi am fy nghariad, nis goddefai hynny; dywedodd ei fod yn llawer gwell, ac ei fod yn myned i gysgu. Wedi ei orchymyn i Dduw, cenais yn iach iddo byth i'w weled mwy. Am wyth o'r gloch bore drannoedd, gwelwn y faner yn y gwrthwyneb wedi ei chodi i hanner yr hwylbren, yn arwydd fod yr olwynion wedi sefyll, a blodeuyn y glaswelltyn wedi diflannu. Gŵr bonheddig tyner iawn oedd yn wir. Dim ond saith ar hugain oed; ei wraig yn feichiog pan adawodd Lloegr, a dau o blant heblaw hynny i alaru ar ei ôl, a theimlo eu colled. O, fy enaid bydd beunydd yn barod! Am bedwar yn y prynawn, daeth y corff i'r lan, a dilynasom ef 'i'r tŷ rhagderfynedig i bob dyn byw'. Mor ddisymwth y daeth angau, ac mor ddisymwth yr ehedodd yntau ymaith, ac y'i cuddiwyd yn y llwch.

53. *Taith drwy Mexico ac Unol Daleithiau America*

[D. Williams, *Dychweliad D. Williams, y Cymro, o Mexico trwy Unol Daleithiau America, yn 1829*, Y 3edd ran o Lythyrau Cymro, Abertawe: Argraffwyd dros yr Awdur, 1830]

Y 18eg [Mawrth, 1829], tebyg i'r dyddiau a aethant heibio. Gwastadedd, a *haciendas* yma a thraw yn ymddangos; ambell un gerllaw i'r heol, pa rai oeddynt yn sicrhau eu drysau, ac yn rhedeg â'u holl arfau i ben y tŷ; ond ar ein dyfodiad ymlaen, eilwaith yn eu hagor, wrth weled mai Brytaniaid oeddem.

Pan ar ein taith y dydd hwn, daeth milwr a marchog atom, yn teithio (meddai ef) tua yr un lle. Cymerodd achlysur i areithio yn helaeth ar ein taith beryglus, a chrybwyll amryw o enghreifftiau o haerllugrwydd ac eondra y lladron. Meddyliais nad oedd ef ei hun ddim o'r olwg orau. Yr oedd hefyd yn ymhel â gyrrwr ein mulod, a dywedais nad oedd arnom ddim o'r braw lleiaf; am iddo fyned i'w ffordd, neu, y buasai y fflangell groen oedd yn fy llaw yn croesi yn drwm ar draws ei gefn melyn. Ar hyn, tynnodd ei het yn barchus, gan ddywedyd 'Dydd da', ac ymaith yr aeth ef a'i filwr.

Wedi teithio tua phedair milltir, dyma filwr yn dyfod allan, ac awdurdod ganddo i ddal gyrrwr ein mulod. Y creadur wedi tyngu o flaen *alcaldi*, neu ustus, mai ef oedd perchen y ceffyl ag oedd gan yrrwr ein mulod. Yn awr, yn Mexico, y mae gan bob perchen anifeiliaid iddo ei hun, argraff o haearn, gyda ei enw, neu ryw lun dewisol arall arno; felly, nid oes un amheuaeth yn nghylch anifail wedi ei ddwyn, dim ond dyfod â haearn-nod – hynny a brofa yr iawn berchennog. Methodd ddyfod â'i argraff, eithr yr oedd ganddo ddau ddyn i dyngu mai ei eiddo ef ydoedd, pa rai yn lle tyngu a addefasant eu bod wedi cael pob o ddeuddeg swllt am eu gwaith. Cafodd ef ei osod mewn carchar, a ninnau a aethom ymlaen ar ein taith.

Wedi teithio yn ddyfal trwy y dydd, daethom i *hacienda* fawr, o'r enw Saint Diego Chatla-pa-walca. Yr oedd yma ddigon o fara a wyau i'w cael, ond nid oedd lle idd eu trin, heb fyned allan gyda'r bara i'r bythod aflan. Taenais fy ngwely ar estyll ag oedd yn digwydd bod yn yr ystafell, gan feddwl gorffwys, a chefais, wrth droi y dillad fod ysgorpionen yno o fy mlaen. Y mae crybwylliad am y creadur hwn yn y Beibl, Dat. 9. 5, 10. 'Ac y byddai eu gofid hwy fel gofid oddi wrth ysgorpion, pan y darfyddai iddi frathu dyn. Ac yr oedd ganddynt gynffonnau tebyg i ysgorpionau, ac yr oedd colynnau yn eu cynffonnau hwy.' Creadur yw yr ysgorpionen o fodfedd i bedair modfedd o hyd. Yn y wlad hon y mae ganddynt amryw o draed bob ochr, ar ddull y creadur a elwir yn gyffredin chwilen-glust; dwy fraich bob ochr i'r pen, fel sydd gan granc y môr, a cholyn ym mlaen y gynffon. Nid yw eu pigiad yn farwol, eithr yn chwyddo yn ddolurus. Gwelais amryw wedi eu pigo, a'r peth gorau i esmwytháu y poen yw, rhyglu y man yn union â gwynliw *(whiting)* ac olew, neu briddgalch *(chalk)* os na fydd gwynliw ac olew i'w cael; y mae hyn yn dda at un math o bigiad gwenwynllyd.

Am hanner nos cawsom ein dihuno gan ergydion y gwyliedydd, yr hyn a achoswyd trwy fod torf o ladron yn ymdrechu torri i mewn. Gyrrodd yr Indiaid ag oedd yn byw o amgylch hwynt ymaith. Oer ac uchel fu eu bloeddiadau, *(war whoop).*

* * *

[New Orleans, ?Mai]

Nid oes un i fod allan o'i dŷ yn ôl naw o'r gloch o'r nos, pan y mae ergyd magnel yn arwyddo yr amser. Ar y planigfeydd, gwelais y rhyw fenywaidd yn gweithio ar y tir, fel y gwrywaidd; eu triniaeth sydd yn ôl tymer eu perchennog, rhai yn cael eu clymu a'u fflangellu yn ddidrugaredd; eraill a meistri mwynaidd, yn byw yn llawen a diofid; a llawer yn rhedeg ymaith. Peth eithaf gwrthun i natur i weled cyhoeddiad o gydgreaduriaid ar werth. HYSBYSIAD. 'Dydd Gwener y 15fed o fai, bydd ar werth yn y Cyfnewity *(Exchange)*, am 12 o'r gloch, y caethion canlynol; Harriet o gylch 28 oed, eithaf cogais, golchfenyw ragorol, a llyfnyddais o'r goreuon, ynghyd â'i dau blentyn, Salomon tua 5 mlwydd oed, a Sam un mis ar ddeg. Hefyd Lucinda, Melynferch olau *(Bright Mulattess)*, o gylch 22 oed, mamaeth ragorol, golchfenyw, a llyfnyddais dda.' Euthum i'r gwesty cyn yr amser gosodedig, i weled eu dull o werthu cyd-greadur. Yr oedd llawer o wŷr mawr ac eraill wedi dod ynghyd, yn chwarae cardiau, a chwaraeaethau eraill, mewn ystafell hardd a helaeth. Am 12eg dyma'r gwerthwr yn dod ymlaen, a'i orchwyl cyntaf oedd gwerthu ceffyl yn yr heol; gwedi hyn fe a gymerodd ei le mewn cadair ar ben bwrdd, a grisiau i fyned i lan iddi; fe ganlynodd y ferch Lucinda ef, ac a safodd o'i flaen ar y gris uchaf, yn amlwg i bawb o'r edrychwyr, gwedi ei gwisgo yn lân o'u dull hwy. Mi a sylwais yn fanwl ar ei gwedd, ni allaswn ddeall fod arni ddim teimlad o dristwch a gofid; yn fwy o'r tu arall, yn llawen a bywiog, nes i'r gwerthwr ddechrau cyhoeddi ei hoedran, hiechyd, medrusrwydd, a defnyddioldeb. Cynigiodd y cyntaf 60 punt amdani, y nesaf 65, ar arall 70: yr oedd ei llygad yn troi a chanlyn y cynigiwr, a'i gwedd yn anesmwyth a chyfnewidiol, o fod yn llon, teg a thawel, i fod yn drist a blinderog: yr oedd hyn yn codi yn debygol oddi ar yr olwg gyntaf ar y cynigwyr, fel yr ydym yn hoffi a chasáu wrth y wedd. 90 punt oedd yr uchaf ag a gynigiwyd amdani, am hynny fe osododd y gwerthwr ei law ar ei phen ac a orchmynnodd iddi fyned at ei phrynwr a'i pherchennog nesaf. Y nesaf oedd bachgen ugain oed: edrychodd y prynwyr arno yn fanwl, gan ei deimlo mewn amryw fannau, a gofyn llawer o ofyniadau; gwerthwyd ef am 110 punt, a bachgen 13 oed am 70 punt. Gallem farnu fod y cynllun cyntaf o'r gwaith melltigedig hyn gwedi cael ei dynnu gan Satan ei hun. Dechreuodd y fasnach ofnadwy hon yn y flwyddyn 1621, o brynu a gwerthu dynolryw er cyfoeth a golud.

Lladratodd llong o Holland ugain o frodorion duon Affrica, ac a ddaethant â hwy i America yn gaeth, ac fe brynodd y Saeson hwy yn awyddus: hyn fu y ddechreuad o'r fasnach greulon, sydd groes i natur, ffiaidd i bob moesgarwch, ac yn fythol waradwydd a chywilydd i'r oes a'r dynion a'i dechreuodd.

* * *

Y 27ain [?Mai], yr oeddem wrth dalaith Indiana ac Illinois, i'r rhai hyn y mae tynfa dieithriaid sydd am brynu tir yn bresennol. Yma y sefydlodd Mr. Birbeck a'i deulu yn y flwyddyn 1818; chwiliodd trwy amryw daleithiau, a sefydlodd ar yr afon Wabush. Dywedir fod ganddo bedwar deg mil punt pan ddaeth drosodd o Loegr. Prynodd fwy o dir, medd y brodorion, nag a allasai edrych ato. Treuliodd ei arian agos i gyd, ac a foddodd trwy ddamwain. Ar yr un afon, yr oedd Cymdeithas Owens, o Lanark, yn Sgotland. Prynodd lawer o dir, ac adeiladodd felin fâl a gweithfa wlân, a daeth llawer o bob crefftwyr ynghyd i gydweithio, a rhif mawr o ddynion yn ymofyn cynhaliaeth heb weithio. Dëistiaid oedd yr amlaf o'i ganlynwyr, a thramgwyddodd rhieni yn fuan. Yr oedd boneddiges o Ffrainc yn addysgu y plant, ac yn ei hareithiau yr oedd yn addysgu yr ieuenctid nad oedd un drwg na phechod i'r ddau ryw fyned gyda ei gilydd, os oeddent hwy yn hoffi. Llawer yn pallu gweithio, ac eraill ddim bodlon, eisiau na buasai pawb yn llafurio; parodd tua blwyddyn fel hyn. Sefyllfa ganolig am ddwfr glân ydyw hwn; dim i'w gael wrth dyllu. Llusgodd y felin wedi hyn, a rhannwyd hi yn ddosbarthiadau cyfleus, ac y mae yn bresennol fel hyn dan rent. Y mae Mr. Owens yn egnïol dros daenu egwyddorion a daliadau T. Pain, Carlile, &c. Rhoddodd her yn ddiweddar i holl America, am i rywun i ddyfod i ddadlu ag ef, y buasai yn profi i'r byd mai crefydd yw yr achos o ryfeloedd, terfysg, a phob anhrefn, ac mai twyll, gwendid, a ffolineb yw i gyd. Cymerodd pregethwr y ddadl i fyny, a chyfarfuasant yn nhref Cincinnati, yn nhalaith Ohio, i ddadlu ar gyhoedd. Yr oedd Owens yn sefyll yn gyfan gwbl ar resymau heb Feibl, a'r llall yn sylfaenu ei resymau trwy y Beibl, ac awduron hefyd. Parhaodd y ddadl dros wythnos – pob gŵr yn dywedyd dros ugain munud ar y tro. Yn y diwedd, yr oedd nwyddau dadl Owens wedi darfod, heb fyned dros yr un peth. Symiodd y llall y cwbl i fyny; atebodd ei holl ofyniadau; gwrthbrofodd ei resymau i fodlonrwydd ei wrandawyr, ac apeliodd (fel yr oedd y cytundeb) at y gynulleidfa, trwy godiad dwylo. Collodd y Dëist ei ddadl, a siglwyd amryw o ei ganlynwyr.

54. Rhan o *Y Bardd, neu Y Meudwy Cymreig*

[W.E. Jones (Cawrdaf), *Y Bardd, neu Y Meudwy Cymreig*, 1830, tt. 155 *et seq.*]

Wedi i ni oll huno yn lled drwm trwy effaith blinder taith hir y dydd o'r blaen, cyfodasom yn foreol a chychwynasom ein taith drachefn, a daethom cyn hir yn ddisymwth at ddibyn mawr o drigain i ddeg a thrigain llath o ddyfnder, wedi ei wisgo â choed a gwellt, dail a pherthi drosto oll; aethom tros hwn hyd lwybr bron yn unionsyth ar i lawr, a chawsom wastadedd hyfryd o gylch hanner milltir o led, wedi ei amgylchu, ond y tu yr oeddym ni yn wynebu tuag ato, a'r dibyn megys mur anferth. Daethom drachefn ar ddiweddiad y gwastadedd i ben dibyn mawr arall llawer dyfnach, yr hwn oedd, yn ôl mesuriad y capten, yn gant a deugain llath o ddyfnder, wedi ei wisgo hefyd â choed a pherthi gwyrdd-leision fel y llall. Wedi i ni ddisgyn hyd y dibyn hwn, daethom i wastadedd drachefn o gylch chwarter milltir o led, a'r dibyn yn cau o'i amgylch megys hanner lleuad, a dim ond un lle i ddyfod i fewn iddo, ar hyd yr hwn y daethom ni i lawr, a'r gwrthrych y daethom i'w weld o'n blaen yn chwydu allan o'i grombil y fath gymylau mawrion o darth a mwg dudew a thrymllyd, gan ymgynhyrfu a griddfan fel pe buasai yn y poenau mwyaf anhraethadwy, trwy gynddeiriogrwydd yr elfennau gwrthwynebol ac anghytunol oedd yn ei goluddion poenus a dyfnion. Ni arosasom ond ychydig iawn yn y lle hwn. Aethom i lawr drachefn, wedi cael cipolwg, nes oeddym ar fin y ceudwll llosgedig, yr hwn oedd o gylch pum cant a hanner o lathenni o ddyfynder o danom, a'i amgylchedd oddeutu naw milltir; a phe buasai un yn taflu carreg tros y dibyn, tybiwn y disgynnai yng nghanol y danllwyth, gan agosed yr oeddym wedi dyfod uwchben ei geufol du a dychrynllyd. Yr oedd yr olwg mor erchyll ac ofnadwy, fel yr oeddwn yn cau fy llygaid o'm hanfodd rhag edrych arno; ac mi a euthum yn ôl i'r gwastadedd, a dilynodd y capten a'r holl forwyr fy esiampl; ond rhag dangos ein hunain mor lwfr, aethom drachefn i fin y geulan, tra yr oedd y llanciau yn gosod i fyny y pabelli erbyn dyfodiad y nos; yr oedd y dyfnder anfesurol ei hunan a'r pethau dychrynllyd a welid ynddo, yn gwneud i'n holl gyfansoddiad grynu gan arswyd wrth edrych arno; a mwy ofnadwy fyth trwy yr amrywiol seiniau ofnus ac annaturiol, y cwynfannau a'r griddfan, yr ochain a'r gwaeo, ac ymdrechiadau poenus y gweithrediadau cedyrn a ymwthient ac a ymladdent o'i fewn, a'r cyfan oll yn rhy erchyll i'w hadrodd, a grymuster iaith a doniau dynol yn rhy fyrion a gweiniaid i ddarlunio ei filfed ran; ac yr wyf yn tybio iddo ddeffroi cydwybodau y rhan fwyaf o'r mintai, canys ni ddangosodd un ohonynt awyddfryd am gael golwg arno drachefn y prynhawn rhyfedd hwnnw.

Tua'r hwyr gostegodd gweithrediad y ceubwll llosg, a distawodd yn lled ddi-sŵn; ninnau a hunasom oll, gan ein bod yn dra lluddedig; a phan oedd oddeutu hanner nos, deffrowyd ni gan sain anferth gweithrediadau y ceubwll; a chan fod y nos yn un dywyll iawn, yr oedd yr effaith yn llawer amlycach a rhyfeddol i'n golwg ni; – fflam ar ôl fflam, yn melltenu trwy y cymylau o fwg oedd yn cuddio yr awyr, a'r rhai hynny yn dilyn y naill y llall mor fuan fel yr oeddynt braidd yn un llen gyfan o dân. Yr oedd tri neu bedwar o'r bryniau tanllyd agosaf atom yn chwydu allan y fath doreth o ludw, sylweddau toddedig, a thalpiau mawrion o glogwyni gwynias, gyda y fath sŵn taranllyd, nes yr oedd yr holl ddaear o'n hamgylch yn arswydo ac yn crynu trwyddi, a'r mellt fforchog a'r fflamau golau yn pelydru ar ymylon duon y ceubwll llosg a'r bryniau o'n hamgylch, fel ag i ddwyn y cwbl yn olau, a llwyr orthrechu tywyllwch dudew y nos a'n daliasai. Er fod cynnwrf dychrynllyd ac anhraethadwy yn y tyllau oedd ym mhennau y bryniau agosaf atom yn y ceubwll, eto yr oedd cynyrfiadau mwy ugain gwaith yn yr ochr bellaf oddi wrthym, ond ni allwn weled effeithiau y rhai hynny yn iawn gan y mwg dudew a gyfodai oddi wrthynt; ond saethid ambell glogwyn gwynias oddeutu ugain tunnell o faintioli yn uwch na'r cwbl oll, a chyda y fath rym anhraethadwy nes y chwyrnai trwy yr awyr gan ei gyflymder, megys ergyd magnel, a theflid tân hefyd i fyny yn y fath ddulliau rhyfedd ac ofnadwy, fel y buasai y tân-waith naturiol mwyaf cywrain a hardd yn yr holl fyd o'i gyffelybu â hwn yn debycach i chwarae plant nag i ddim arall. Gan na allai y capten a minnau huno mor agos i'r fath gynyrfiadau trwy geufol natur, cyfodasom ac aethom at fin y ceubwll drachefn; a phan oeddym yno, gwelem y fath olwg na allaf byth ddarlunio â geiriau, – afonydd o dân yn rhedeg i lawr y gelltydd serth ac unionsyth oedd ar ein cyfer yr ochr draw yn rheyeidr tanllyd, y rhai a deflid i fyny o'r llyn tân oedd yn y canol, yr hwn a dorrai ac a belydrai yn ddisglair iawn gan rym y ffrydiau gwrthwynebol a redent trwyddo.

Pan wawriodd y bore drannoeth, paratodd y capten a minnau, a phum morwr, ein hunain i fyned i lawr i'r ceubwll, canys nid oedd ond eithaf tawelwch yn teyrnasu yno y pryd hwn, a dim ond ôl y dymestl danllyd a welwyd yn rhuthro o ochr i ochr iddo y nos flaenorol. Cymerasom gyda ni ffyn a phrennau hirion i'r diben o atal ein hunain rhag llithro, ac i brofi y lleoedd yr oeddym i'w cerdded cyn rhoddi ein traed arnynt, ac adnabuom yn lled fuan wedi dechrau ein taith mai amhosibl fuasai myned heb y rhai hynny. Yr oedd yr unig le ag yr oedd yn alluadwy myned i lawr ar hyd-ddo bron yn union ar gyfer y fan y lletyasem y nos flaenorol: yr oedd can llath cyntaf o'n llwybr gan serthed, a'r cerrig a'r meini rhyddion ar bob ochr i ni, yn ei gwneud yn hollol angenrheidiol i ni fod yn wyliadwrus a gofalus iawn bob cam a roddem, rhag ein llithro a myned tros y dibyn dychrynllyd yn ddarnau i'r gwaelod, fel yr âi y cerrig ar y cyffyrddiad lleiaf â hwynt, gan dreiglo a malurio yn chwilfriw ar eu syrthiad tros ddibynnau o gannoedd o lathenni o ddyfnder. Cawsom lwybr lled dda am oddeutu cant a hanner o lathenni ar ôl troi hyd geulan o chwydion y geubwll a adawsid yno ar ryw gynhyrfiad ofnadwy a gymerasai le, ac àethom yn lled hawdd hyd hwn nes cyrhaeddyd oddeutu tri chwarter milltir oddi wrth y lle y cychwynasom allan ohono gyntaf. Yr oedd y fan hwn i gyd yn gynwysedig o'r sylwedd a daflesid o goluddion y ddaear gan chwydiad tanllyd y pyllau a'r simneiau llosg oedd ar hyd y gwaelodion, a'r cwbl wedi eu llosgi fel marwor ffwrn, a'u golwg yn lled debyg i'r sothach a dynnir allan o ffwrneisiau gwydr neu haearn, a'r fath agennau trwyddo ar draws ac ar hyd, a tharth a mwg yn chwythu allan ohonynt, gan sio fel pe buasai y ddaear yn llawn o seirff gwenwynllyd, yn chwythu allan eu gwenwyn o'n hamgylch; ac yn ambell fan ceid y tarth gan boethed ag anadl pair berwedig. Yr oedd holl wyneb y sylwedd hwn gan freued â rhew noswaith, ac yn torri yn ddarnau dan ein traed bob cam a roddem; ac wrth frathu ein polion i lawr iddo, agorai y fath holltau anferth a diwaelod i'n golwg ni, ag a ddangosent yn amlwg mai ar bentwr o farwor a lludw y ceubwll tanllyd yr oeddym yn cerdded, ond yr oedd y tyllau a'r holltau yn rhy fychain i fod yn dra pheryglus. Dywedodd y dyn oedd yn ein harwain fod ymylon y lle hwn yn syrthio i lawr yn barhaus, ac o fewn cof ganddo ef yr oedd oddeutu chwarter milltir yn lletach nag yn awr; a digon tebyg y bydd iddo mewn amser oll i lawr, ac ar ôl hynny, yn ôl pob tebygolrwydd, yn iach i droed y teithiwr byth mwy deithio tua gwaelod erchyll ac arswydus y lle tanllyd hwn.

Aethom ymlaen yn ofalus drachefn, a gadawsom y bryniau moelion a brwmstanaidd ar yr ochr ddwyreiniol o'n hôl, gan deithio llwybr a arweiniai tros ochrau gorllewinol y ceubwll llosg, yr hwn a âi fel yr oeddym yn myned ymlaen yn serthach serthach yn barhaus, fel nad oedd gennym o'r diwedd ond llwybr cul a bach hyd ochr mur unionsyth a gloywddu o dri chant ac ugain i dri chant a deg ar hugain o lathenni o uchter, a cherrig mawrion a chlogwyni megys yn ysgafn lynu hyd ei wyneb, a buasai braidd anadliad baban yn eu taflu o'u lle tros y dibyn, er dinystr hollol i bob peth a fyddai yn eu ffordd. Allan o amrywiol fannau o'r mur hwn y chwythai angerdd troellog o liw gwyn, yr hwn oedd fel yn rhagfynegi fod y lle hwnnw yn feichiog o ryw sylweddau toddedig i'w bwrw allan yn afonydd tanllyd ryw bryd.

Fel yr oeddym yn teithio ymlaen, tynnai rhywbeth newydd ein sylw bob cam a roddem, a mynych y dychrynid ni wrth edrych i fyny ar y mur du oedd yn tywyllu rhyngom a'r awyr uwch ein pennau, ond ni allem edrych i un man heb sefyll yn ein hunfan, oherwydd rhyfyg a fuasai rhoddi cam heb gael lle safadwy i roddi ein troed arno, rhag i ni syrthio i'r dyfnder-oedd oedd oddi tanom; a chan berycled y llwybr yn y lle hwn, nyni a fuom o gylch awr a hanner yn teithio cymaint â hynny o filltiroedd tua'r gwaelod.

Pan oeddym wedi dyfod gan belled â hyn oddi wrth y geulan, daethom i le agored ar yr ochr orllewinol yn lletach o lawer o lathenni, gan derfynu yn y cwr agosaf i'r ceubwll, nid fel yn y rhan fwyaf o'r lleoedd eraill yn unionsyth, ond mewn pentwr anferth o dalpiau toredig a losgasid ac a daflwyd allan i ben y creigiau, gan syrthio yn ôl drachefn ar ryw ymgynhyrfiad a gymerodd le yn y danllwyth eirias, yn swp o ddrylliau annelwig. Gan fod yn anhawdd iawn myned i lawr yn y lle hwn, gorfu i ni fod yn ofalus ac yn hir iawn cyn cyrhaeddyd dros yr anhawsdra. Ond o'r diwedd daethom i'r gwaelod, heb lawer o niwed mwy nag ambell glais yma ac acw, a rhai archollion ar ein dwylo, wrth ymaflyd yn y cerrig llymion rhag llithro a syrthio.

Wedi cyrhaeddyd i waelod y lle ofnadwy hwn, y mae yn rhy anhawdd i mi fynegi fy nheimladau ar yr amgylchiad; wrth edrych i fyny caeësid o'n hamgylch â muriau duon yn cyrraedd y cymylau, a ninnau wedi ein gosod megys ar waelod ffwrn na wyddem pa funud y tanid y gwaelod yn wynias nes y darfyddai amdanom; a gwres tanbaid yr haul yn tywynnu arnom mor unionsyth, heb un awel oeraidd o wynt i dymheru dim arno, nes oeddym bron yn foddfa a chwys, ac o'r braidd yn medru anadlu, a llawer gwaith y dymunais ynwyf fy hun fod yn ôl ar ben y geulan, gan ofn y talwn â'm heinioes am fy nghywreinrwydd diwala. Ond yn mhen ychydig darfu fy nghyffroad, ac aethom yn mlaen hyd waelod y ceubwll dychrynllyd hwn gydag egni adnewyddol, gan nad oedd mor anhawdd â'r llwybrau a deithiasom wrth ddyfod i lawr: ac ni allaf gydmaru y gwaelod i ddim sy debycach na hyn: — Tybiwch fod y môr mawr wedi rhewi yn rhew tew drosto, a thymestl erchyll yn ei dorri ar funudyn, ac yn ei luchio y naill ddarn dros y llall, a hwnnw yn rhewi drachefn yr ail funud yn dalpiau ac yn glogwyni pigog ar ei gilydd; cyffelyb ei olwg i hynny oedd y pentyrrau duon a geirwon y cerddwn ar hyd-ddynt, ond yn ganmil erchyllach, heblaw yr holltiadau, y ffosydd, a'r tyllau aneirif oedd ar bob tu, o'r rhai y chwythai tarth, ac angerdd, a mwg, gyda'r fath boethder annioddefol ag a roddai ar ddeall i ni fod y tân yn agos iawn atom, yr hyn a lwfrhaodd lawer ar ein hysbrydoedd; ond er hynny i gyd aethom yn mlaen nes i gagendor fawr oddeutu deg neu ddeuddeg llath o led groesi ein llwybr, yr hwn oedd mor ddwfn na allem weled ei gwaelod yn y lle agosaf y meiddiem nesáu ati, a'r fath fwg brwmstanaidd yn chwythu allan yn gymylau ohoni, ag a fuasai'n ddigon i'n mygu mewn hanner munud, a'r unig beth ydoedd gennym i'w wneud oedd, un ai troi yn ôl, ai dilyn y geulan nes y diweddai, os gwnâi hynny oll, gan fod y mwg brwmstanaidd yn cael ei chwythu at yr ochr arall; a pha fodd bynnag, penderfynasom chwilio am le i'w chroesi; ond wedi dilyn ein penderfyniad am ychydig bach, daeth rhwystr arall i'n cyfarfod llawer mwy ofnadwy, sef ffrwd o fwg a chymaint o frwmstan myglyd yn gymysg ag ef, fel na allem anadlu ynddo. Meddylied un dyn rhesymol am ein sefyllfa yn y lle hwn, yn hollol anwybodus am faint ein perygl, y cerrig llosg, ar y rhai yr oeddym yn sefyll, mor boethion a llosgawl fel na allem eu dal yn ein dwylo heb losgi; ar un llaw yr oedd dibyn diwaelod, ar y llaw arall, mur annisgynadwy, ac yn union o'n blaen, anadl farwol ac annioddefol y pwll yn cael ei chwythu allan gyda chynddeiriogrwydd; a thra yr oeddym yn myfyrio pa beth a wnaem, gwelem yr awel yn troi y mwg o'r neilltu ychydig bach weithiau, a ninnau a gawsom gyfleusdra, ac a redasom heibio gan atal ein hanadl ar un o'r troadau hynny o'r mwg. Pan aethom heibio i'r mwg marwol hwn yn annisgwyliadwy, cawsom droad ar yr agen ddiwaelod arall oedd yn ein blino, canys troai mewn ffordd wahanol i'r hon yr oeddym ni am fyned. Euthum ychydig yn mlaen, a gwelwn yn lled agos atom un o'r bryniau llosgedig a aflonyddodd arnom fwyaf y nos flaenorol, a brysiasom ato i'w chwilio yn fanylach, ac ni welais erioed y fath beiriant tanllyd ac ofnadwy, ac nid wyf yn meddwl gweled ei gyffelyb byth ychwaith. Mesurodd y capten ei uchder yn ddeg llath a phedwar ugain, y cwbl wedi cael ei wneud a'i daflu at ei gilydd o gerrig llosg a chwydid trwy y ceudwll oedd yn ei ganol, ac mor arw ei ddull, ac angerdd fel anadl pair berwedig yn chwythu o dyllau oedd yn ei ochrau, gyda y fath sŵn dychrynllyd, a fflamau gwelwlas, nes oeddwn wedi llwyr ryfeddu wrth yr olwg ryfedd a mawreddog; cerrig llosg gwynias a thân fflamllyd yn cael eu hergydio i eithafoedd awyr allan o'i ben, y rhai a ddisgynnent drachefn yn ôl i'w enau; a phan gychwynnodd dau neu dri o'r morwyr i esgyn i'w ben, cawsant ef mor boeth nes oedd eu hesgidiau yn llosgi am eu traed; a daethant yn ôl â darnau gwynias o'i ochr atom ni fel esiamplau i'w cadw yn goffadwriaeth am yr amgylchiad. Trwy fod y lle mor ryfedd, arosasom yn lled hir yno, heb feddwl am berygl ein sefyllfa ar aelwyd boeth y fath geubwll llosg ac ofnadwy; a phan feddyliasom am ein cyflwr, cychwynasom yn ôl gyda phob brys, canys pe troasai y gwynt a chwythu y mwg marwol atom, darfuasai amdanom ar funudyn.

Yr oedd ein hesgyniad i fyny y geulan mor unionsyth ac anhawdd, fel y buom yn hir cyn myned i ben honno; ond daethom oll wedi hir ymdrech a chynorthwyo ein gilydd drosti hi, yn agos i'r lle dechreuasom ddisgyn i lawr hyd-ddo yn y bore; a chyraeddasom y babell oddeutu tri o'r gloch yn y prydnawn, gan flined â chŵn hela, ac mor sychedig â hydd wedi rhedeg trwy gydol dydd poeth haf. Gan i ni gael ein gwaredu yn ddihangol allan o berygl ac angau, aethom oll ar ein gliniau i gydnabod ac i dalu diolch i'r Hwn a'n cadwodd ac a ofalodd amdanom.

55. *Traethawd ar Brydyddiaeth Gymreig*

[D. Silvan Evans (gol.), *Gwaith y Parch. Walter Davies* (Gwallter Mechain), Cyf. 2, tt. 173-4]

Gellir gofyn, paham y mae y Gymraeg yn gofyn cynghanedd i wneud ei phrydiaeth yn dlysog mwy nag un iaith arall? Y mae yr ateb yn barod: nis gellir cynganeddu yn gywir gyfrodedd mewn un iaith adnabyddus ond y Gymraeg, yn enwedig yn yr ieithoedd hynny nad yw pob cytsain mewn gair yn llafar; megis y Saesneg, y Wyddeleg, y Gaeleg, &c. Yr ieithoedd hyn ydynt â lluosogrwydd o gytseiniaid mudion, meirwon, yn dryfrithedig drwyddynt, tra mae cytseiniaid y Gymraeg *i gyd* yn fyw ac yn iach, ac yn llafar. Eto y mae rhai ieithoedd, megys y Saesneg, y Wyddeleg, &c, a'u geiriau yn fwy llwythog o gytseiniaid na llafariaid *(vowels)*; eraill, megys yr Italeg, ieithoedd ynysoedd Môr mawr y Dehau *(Polynesia),* &c, yn lluosocach eu llafariaid na'u cytseiniaid; tra mae y Gymraeg a'i deuryw nodau sain yn gytbwys; a hyn a achosa y fath bereidd-dra yn ei chynghanedd. Gwaith ofer yw sôn am felyster cynghanedd wrth undyn, os na bydd o berchen *clust* Gymreig; a chwith feddwl bod aml Gymro o enedigaeth a pharabl a chlust Sais neu Wyddel ynglŷn wrth ei benglog! Haws dysgu ar dafodleferydd gerdd gynganeddol na chân benrydd, a hwy hefyd y pery yn y cof; a pho gywiraf y gynghanedd, hawsaf byth ei chofio. Darllened yr amheus ar y pwnc hwn rai pigion o felys bynciau D. ap Gwilym, a bydded i rigymwyr y gân benrydd ysgrifio yn eu dull eu hunain ar yr un destunau ag ef; – cymharer hwynt, ac nid ofnwn y ddedfryd a roddid ond i gyfiawnder diduedd gael meddiant ar orsedd barn.

56. *Iawn ac Aberth Crist*

[John Phillip Davies, Tredegar, *Traethodau ar Amrywiol o Bynciau Athrawiaethol y Grefydd Gristnogol* . . ., 1834, tt. 61-5]

Mae yn amlwg fod dynolryw yn gyffredin, paganiaid a Christnogion, yn canfod yr angenrheidrwydd o Iawn ac Aberth mewn trefn i ymheddychu â Duw. 'Â pha beth y deuaf gerbron yr Arglwydd, ac yr ymgrymaf gerbron yr uchel Dduw? A ddeuaf i ger ei fron ef â phoethoffrymau, ac â dyniewaid? (blwyddiaid, eidion blwydd). A fodlonir yr Arglwydd â miloedd o feheryn, neu â myrddion o ffrydiau olew? A roddaf i fy nghyntafanedig dros fy anwiredd, ffrwyth fy nghroth dros bechod fy enaid?' Mica 6, 6, 7. Hyn, mewn ystyr, yw ymofyniad un, pan y mae yn ymdrechu gweithio allan ei iechydwriaeth ei hunan; ac arall, pan y mae mewn dirwest, pererindod, ac ymboeniadau arteithiol eraill, gan grugio ei allorau ag ebyrth anifeilaidd a dynol, a halogi ei ddwylo mewn gwaed! Hyn, a llawer mwy, at heddychu Duw. Eithr gan nad pwy sydd yn ymbalfalu mewn tywyllwch paganaidd, y mae yr Arglwydd yn Ei ras wedi 'anfon atom ni air yr iechydwriaeth hon'. Cyfeiriwyd at Fab Duw fel unig Aberth, – 'Wele Oen Duw, yr hwn sydd yn tynnu ymaith bechodau'r byd. O phecha neb, y mae i ni Eiriolwr gyda'r Tad, Iesu Grist y Cyfiawn. Ac Efe yw'r Iawn dros ein pechodau ni', &c. Ioan 1, 29; 1 Ioan 2, 1, 2. Yr hyn a fu guddiedig ers oesoedd, ac er cenhedlaeth, yn ysgolion pundidiaid a ffilosoffyddion, a eglurwyd i ni trwy yr Efengyl.

Gosodaf amryw o nodiadau yma o flaen y darllenydd,

ffrwyth myfyrdodau, a llafur blynyddoedd mewn ymofyniad mewn perthynas:

1. Natur; – I Angenrheidrwydd; – I Wirionedd a Sylweddoldeb Aberth Crist; – y Pwys, ac y Berthynas *sydd rhyngom ag Athrawiaeth, Ymarferiad a Phrofiad Crefyddol*; – Atebion *i'r* Gwrthddadleuon Mwyaf sydd y rhai a wrthwynebant yr Athrawiaeth Ddwyfol hon; – a Diweddnodau *oddi wrth y cwbl*.

1. Ymdrechaf osod allan Natur *Iawn*, yn fyr, ac eto gyda rhyw gymaint o fanyldra.

Mae *Iawn* yn arwyddo unioni, gwneud iawn, neu fodlonrwydd, am ddiffyg dyletswydd, neu wneuthuriad camwedd. Dichon i fodlondeb o'r fath hyn gael ei wneud gan y person ei hun, drosto ei hun. Pan y mae gwas yn nyled ei feistr o gymaint a chymaint o wasanaeth, byddai taliad o gymaint yn iawn, neu yn achos iddo gael gollyngdod gan ei ofynnwr. Weithiau, nis dichon y person ei hun wneud iawn dros ei gamwedd; eithr rhaid i *drydydd person gyfryngu* rhwng y pleidiau. Felly y mae amgylchiad pob un sydd a'i holl amser, ac oll ag ydyw, yn ddyledus arno i arall, am hynny nis dichon drwy bob ymdrech, ufudd-dod, a dioddefaint dyfodol, wneud un bodloniad am wall neu fai a aeth heibio. Pan y mae un yn nyled y gofynnydd ei hun, nis gall ateb dros arall iddo; oblegid amlwg yw nas gall yr hyn sydd yn ddyledus ar ddyn *drosto ei hun*, fod hefyd yn fodloniad i'r un gofynnwr dros arall. 'Gan waredu ni wared neb ei frawd, ac ni all efe roddi iawn drosto i Dduw.' – Salm. 49, 7, 8, 9. Am hynny rhaid fod y sawl a atebo dros arall, ddim dan rwymau i roddi y cyfryw wasanaeth drosto ei hun.

Iawn dros drosedd yn erbyn llywodraeth a brenhiniaeth, a olyga y troseddwr, os yw efe i dderbyn llesâd drwyddo, i gael ei bardynu. Rhaid fod yr Iawn, yn yr ystyr hyn, yn gosod y llywodraeth mewn cystal cyflwr, mor gadarn, mor anrhydeddus, ac mor effeithiol yn ei gweithrediadau canlyniadol, wedi *maddau* i'r troseddwr, a phe bai efe wedi ei gosbi yn bersonol yn ôl cyfiawnder dosbarthiadol. Nis gallasai yn un modd arall fod yn iawn dros y camwedd.

Camwedd yw *pechod* yn erbyn llywodraeth y nefoedd. Y mae holl wasanaeth pechadur yn ddyledus i Dduw dros yr amser presennol o hyd; am hynny nis dichon un peth a wnelont mewn amser dyfodol, fod yn fodloniad dros bechodau a wnaed o'r blaen. Rhaid, os gwneir iawn yn yr amgylchiad hyn, iddo gael ei wneud gan arall drosom, a hwnnw yn ddigonol alluog i wneud a dioddef yr hyn oedd ddigonol i edfryd y cam a wnaed gan y troseddwr, a gosod y llywodraeth Ddwyfol mor gadarn, ac effeithiol yn ôl llaw, wedi i'r iawn gael ei wneud, ag ydoedd cyn troseddu yn ei herbyn. Dichon i rywrai wrthddadlau na ddichon y llywodraeth fod yn llai cadarn, am fod Hollalluogrwydd yn ei chynnal. I hyn gellir ateb, mai *llywodraeth foesol* yw honno, o eiddo Duw dros ei greaduriaid rhesymol; hynny yw, llywodraeth o reolau, o foddion, sef gofynion, gwobrwyon, a bygythion. Llywodraeth o'r fath hon a ddichon fod yn wan yng ngolwg y deiliaid, – ie, yn llaw Hollalluogrwydd ei hun. Deddf wedi ei throseddu, a heb ei hamddiffyn drwy gosbi y troseddwr, a gyll ran o'i hawdurdod. *Llywodraeth o allu yn unig*, a gynhelir drwy *allu yn unig*. Ond llywodraeth foesol nis gellir ei chynnal felly, heb i gymhellion ufudd-dod gael eu cadw yn eu llawn rym yn llygaid y deiliaid. Iawn dros bechod, ynteu, raid fod y fath, fel na byddo cymhellion at ufudd-dod, mewn un gradd o amhariad; rhaid fod y fath, fel na byddo llywodraeth Duw yn llai effeithiol, nac yn llai tebygol i gael ufudd-dod manwl, wedi i'r troseddwyr gael pardwn, na chyn i'r camwedd gael ei wneud. 'Yr oedd yn berffaith union yn Nuw i ofyn yr hyn a atebai yn llawn y pethau uchod, fel amod neu delerau maddeuant, yr hyn nid oedd yn y troseddwr; ond yr oedd hyn yn ddwyfol lawn ym mywyd a marwolaeth y prynwr bendigedig. Dyna pryd yr agorwyd ffordd trwy gyfryngod Crist i drugaredd rad gael ei dangos, yn gyson ymhob trefn a welodd doethineb anfeidrol fod yn dda ac addas i ddewis.' Fel y mae bendithion o bob natur yn cael eu rhoddi i bechaduriaid ar gyfrif Iawn Ei annwyl Fab. Efengyl, yn ei chyhoeddiad drwy weinidogion, yn cael ei rhoddi i *bechaduriaid yn ddiwahaniaeth*. Ioan 6, 32, 36; Math. 22, 4, 5. Rhoddi Ei Ysbryd Glân i adnewyddu a santeiddio *pechaduriaid etholedig*. – Act. 5, 31; Phil. 1, 29; Act. 13, 48; Rhuf. 8, 28, 30; 2 Pedr 1, 1. Rhoddi maddeuant rhad; cymeradwyaeth gan Dduw; gallu i fod yn feibion iddo; ac addewid bywyd tragwyddol. Oblegid maddau i chwi eich pechodau, *er mwyn Ei Enw Ef*. 1 Ioan 2, 12. 'Megis y maddeuodd Duw *er mwyn Crist i chwithau*.' 'Trwy yr hwn y gwnaeth *ni yn gymeradwy yn yr*

Anwylyd.' 'Megis trwy fod marwolaeth yn ymwared oddi wrth y troseddau, – y câi y rhai a alwyd dderbyn addewid yr etifeddiaeth dragwyddol.' – Eff. 1, 6; a'r 4, 32; Heb. 9, 15.

57. *Hanes sefydlu Cymdeithas Cymreigyddion y Fenni*

[Anadnabyddus, *Gweithrediadau Cymdeithas Cymreigyddion y Fenni, Swydd Fynwy* . . ., 1834, tt. 3-6]

Rhai o bleidwyr yr Hen Iaith Gymraeg a breswyliant yn y Fenni a'r gymdogaeth a feddyliasant y buasai Cymdeithas Gymreigyddawl o fuddioldeb nid yn unig i drigolion y dref, ond hefyd i breswylwyr ymylon mynyddau Mynwy. Felly wedi i rai o foneddigion y dref a'r gymdogaeth ymddiddan ychydig ar yr achos, cytunwyd i gynnal cyfarfod paratoawl idd y perwyl o ymholi yn ei chylch, a sefydlu Cymdeithas o'r cyfryw natur. Ac ar brynhawn dydd Gwener y 22ain o Dachwedd, 1833, sefydlwyd y Gymdeithas yn nhŷ Mr. John Michael, a adnabyddir wrth yr enw 'Yr Haul', yn y Fenni, pryd yr ymgynullodd tua 25ain o foneddigion.

Cododd Mr. Thomas Bevan o blwyf Llanwenarth, Mynwy, ar ei bedion, a chynigiodd fod i'r Parch. John Evans, Periglor Llanofer, Mynwy, i gymryd y swydd o Lywydd; ac eiliwyd y cynnig gan Mr. Thomas Evan Watkins o Flaenafon, yn Llanofer, rhagddywededig: wedi hyn rhoddwyd y cynnig yn gyffredinawl pryd y cafwyd fod pawb yn unfrydawl, yr hyn a ymddangoswyd trwy godiad dwylo. Yna y cododd y Parch. bonheddig, ac ar gymeriad y gadair, areithiodd yn huodl a rhagorawl ar yr achlysur o gael ei ddewis idd y swydd ardderchawg o Lywydd.

Yna cododd Mr. Watkins ac adroddodd yr englyn a ganlyn:

> Hir oes heb na chroes na chri – i'n Llywydd
>   Yn llawen a difri,
> Doed o'i ben, ŵr llen, yn lli,
> Fwyniant i dret y Fenni.

Yn ganlynawl cododd Mr. Bevan yr ail waith, a chynigiodd fod William Price, Ysw., cyfreithiwr, yn y Fenni, i fod yn Rhaglywydd; ac eiliwyd y cynnig gan Mr. Watkins, a chefnogwyd y cynnig yn unfrydawl, yr hyn a ddangoswyd trwy godiad dwylo.

Yna cododd Mr. Watkins drachefn, ac adroddodd yr englyn canlynawl:

> Rhaglywydd beunydd y bo, – ar gynnydd
>   Yn geiniol heb flino,
> Da addien, rad Duw iddo,
> Hedd a bri a nawdd ein bro.

Ar ôl hyn gwnaeth Mr. Bevan gynnig fod i Mr. Watkins gael ei ddewis yn Fardd y Gymdeithas; ac eiliwyd y cynnig gan y Parch. David B. Jones o Flaenafon, ac etholwyd yn unfrydawl a dangoswyd hynny trwy godiad dwylo.

Eilwaith, cododd Mr. Bevan a chynigiodd Mr. John Michael, Fenni, i fod yn Drysorydd y Gymdeithas; ac eiliwyd y cynnig gan y Bardd, a chytunwyd ar hyn yn unfrydawl, a dangoswyd bodlondeb trwy godiad dwylo.

Yn nesaf cododd y Bardd, a chynigiodd fod i Mr. Bevan gael ei ddewis yn ysgrifennydd y Gymdeithas, ac eiliwyd y cynnig gan Mr. Thomas Williams, un o'r myfyrwyr yn Athrofa y Bedyddwyr yn y Fenni; a chefnogwyd y cynnig gan bawb, a dangoswyd bodlonrwydd trwy godiad dwylo.

Yna cododd yr Ysgrifennydd, a chynigiodd i'r Parch. Thomas Price, Periglor, Cwm-du a Llangatwg, Brycheiniog, i fod yn Ohebydd y Gymdeithas, ac eiliwyd y cynnig gan Mr. Williams; ac a dderbyniwyd gyda banllefau o gymeradwyaeth.

Wedi sefydliad y Gymdeithas a dewis swyddogion, darllenodd yr Ysgrifennydd lythyr oddi wrth y Parch. T. Price, rhagddywededig; cynhwysiad pa un a roddodd fawr fodlonrwydd i bawb yn wyddfodawl. Y llythyr oedd fel y canlyn:

'*Crughywel, Tach.* 21ain, 1833

GYMREIGYDDION Y FENNI,

Deisyfaf ganiatâd i fynegi fy niolchgarwch am yr anrhydedd a dderbyniais trwy y gwahoddiad i'ch cyfarfod ar ddydd sefydliad eich hyglod Gymdeithas; a hefyd i ddywedyd mai blin iawn gennyf nad ydynt fy amgylchiadau yn caniatáu i mi fod yn gyfrannog o'r dywenydd hwnnw. Ond pe buasai i mi fwynhau y dedwyddwch o'ch cyfarch yn bersonol ar yr achlysur teilyngaf hwn, cymeraswn y cyfleustra i osod o'ch blaen un neu ddau o bethau, y sawl y meddyliaf ydynt yn dwyn agos berthynas i gynhaliad gwladgarwch a llwyddiant ein Hen Iaith glodwiw. Yn y man 1af, ER COLEDDIAD Y IAITH: ceisiaswn gynnig i'ch sylw yr angenrheidrwydd o drefnu moddion i blant Cymru gael eu haddysgu yn yr iaith Gymraeg, yn yr ysgolion beunyddiol yn gystal â'r rhai sabothol; ac i holl Aelodau Cymdeithasau Cymroaidd ymrwymo i gynnal y fath drefn. Heb y fath reol, nid ydym yn ymafaelyd yn ein breintiau fel ag y dylem, ac yr ydym yn colli ein diben.

Yn y man nesaf, ER CYNHALIAD GWLADGARWCH: ceisiaswn gennych i bawb o waedoliaeth Cymreig ymrwymo i roddi enwau Cymraeg idd eu plant, yn lle cadw i fyny y rhai estronaidd a arferir mor gyffredin y dydd heddiw. Ac os dewisir enwau Ysgrythurol, eu rhoddi yn ôl y dull Cymraeg o'u seinio yn hytrach na'r Saesneg, sef Iago, Ioan, Dewi, &c., yn lle James, John, a David, &c. Ac yn lle yr enwau Saesneg, William, Henry, Richard, Robert &c, chwilio allan rai Cymraeg dilwgr, megis Llewelyn, Madawc, Caradawc, Cadifor, &c.

Y pethau hyn ymhlith eraill a geisiaswn y cyfleustra idd eu cynnig i'ch ystyriaeth, ac er nas gallaf fwynhau y dywenydd o fod yn gydrychiol fy hun; gobeithiaf na ddirmygwch y cynnig hwn o'u gosod dan eich sylw. Ac ydwyf gyda'r dymuniadau gwresocaf o lwyddiant i'ch Cymdeithas.

Eich Cyfaill,
T. PRICE.'

At Gymreigyddion y Fenni.

Yn nesaf darllenwyd llythyr cyfrinachol oddi wrth un o Aelodau Cymdeithas Cymroaidd Caerdydd at Mr. Bevan, ym mha un yr oedd Rheolau Cymdeithas Caerdydd wedi eu danfon at wasanaeth Cymdeithas y Fenni. Pigion o'r llythyr sydd fel hyn:

'*Caerdydd*, 14 *Tach*., 1833
Y mae Cymdeithas Caerdydd yn dymuno pob llwydd i'r planhigyn* yn y Fenni, ac yn gobeithio y bydd iddo

dyfu yn bren mawr, nes y byddo lle i holl adar gwylltion Cymru gael lle i wyrfau dan ei ganghennau, hyd oni bydd iddynt ddyfod yn nes i'w synhwyrau; ac yn awr terfynaf trwy ddweud,

> Mawr lwyddiant fyth i'r Cymru
> Trwy fawrdref wych y Fenni;
> Boed bendith ar eu llafur waith
> I godi eu hiaith i fyny.
>
> Ac hefyd mewn modd addas,
> Mewn bri boed eu Cymdeithas,
> Brawdgarwch llon boed iddi'n llyw;
> Ffyddlondeb gwiw yn urddas.'

Wedi darllen y llythyrau uchod ynghyd ag ystyried y Rheolau, cytunwyd ar amryw; ond gan eu bod wedi cael eu cyfnewid cymaint trwy ysgrifio arnynt idd eu gwella, penderfynwyd ohirio y cyfarfod hyd y Mercher canlynawl, i gael amser i ysgrifennu copi arall mwy darllenadwy.

Yna hysbysodd yr Ysgrifennydd ei fod yn bwriadu rhoddi blwch yn anrheg i'r Gymdeithas, (ynghyd â Geiriadur mawr Gwilym Owen Pughe, D.C.L. F.A.S.), ynghyd ag englyn wedi ei gerfio ar bres yw osod ar glawr y blwch. Yr englyn sydd fel y canlyn:

> Rhodd Befan fwynlan wyf i, – er dangos
>   I'r dengar sy'n hoffi
> Iaith Gomer frinber o fri,
> Barch addien burwych iddi.

EIDDIL IFOR a'i cant.

*Sef Mr. Thomas Bevan, Llanwenarth.

58. Hysbyseb ynglŷn â chyhoeddi Yr Haul

[William Rees, Llanymddyfri, 1838]

CYHOEDDIR
AR Y DYDD CYNTAF O ORFFENNAF, 1835,
(PRIS CHWE CHEINIOG,)
GAN WILLIAM REES, ARGRAFFYDD, LLANYMDDYFRI,
Y RHIFYN CYNTAF O GYHOEDDIAD MISOL NEWYDD,
DAN YR ENW
YR HAUL,
I DDYFOD ALLAN YN FISOL,
AR Y DYDD CYNTAF O BOB MIS.

Arwyddion yr amseroedd presennol a ddarogant bod drygau mawrion yn agos, oblegid y mae y gelyn yn ddiwyd iawn wrth ei orchwyl yn hau hadau terfysg ymhlith pob dosbarth o ddeiliaid y goron, ac o ddydd i ddydd yr ydym yn gweled egnïadau newyddion yn cael eu gwneuthur er suro meddyliau dynion, yn gystal â dieithrio eu serchiadau oddi wrth eu llywodraethwyr ysbrydol a thymhorol. Ymdrechir gosod y deiliad yn erbyn urddas y goron; darbwyllir y gweithiwr i ystyried ei gymwynaswr gorau fel ei ormeswr gwaethaf; meithrinir teimlad ym mynwes y gwas i wrthsefyll ei feistr; ac arfogir y praidd yn erbyn eu bugeiliaid, fel y mae rhwymyn mawr y gymdeithas gyffredinol yn debyg o gael ei dorri, a phawb fel ei gilydd yn debyg o fod yn ysglyfaeth i'r rhai a gasha eu llwyddiant. I egwyddorion gwenwynig a wasgarwyd ym meysydd meddyliau y werin y gellir priodoli pob terfysgoedd a gymerasant le yn y blynyddau diweddaf, a phob difrodiadau ysgeler a wnaed yng ngwahanol barthau y deyrnas hon. Wrth wrando ar swynion y gelyn, collodd miloedd fywoliaethau cysurus; gwelwyd cannoedd yn grwydriaid ar hyd y wlad; a bu ugeiniau farw yn gywilyddus dan law y dienyddiwr, gan briodoli eu trancedigaethau annedwydd i hudoliaethau areithiau gwenwynig, ynghyd â chyhoeddiadau a fwriadwyd i osod yr holl wlad yn oddaith.

Ni ellir llai na'i ystyried yn achos o ofid dwys bod yr argraffwasg yn cael ei halogi mor ysgeler, a'i defnyddio fel y cyfrwng mwyaf llwyddiannus i ateb dibenion y gelyn er dwyn gorchwylion dinistr oddi amgylch. Trwy gyfrwng hon ymosodir yn ddiymarbed ar grefydd yn gyffredinol, ac ar yr Eglwys Brotestannaidd yn neilltuol. Defnyddir hi yn y dyddiau presennol er cablu urddas, er iselhau yr awdurdodau goruchel, ac er myned dan seiliau pob sefydliadau mewn gwlad ac eglwys; a lluosog yw y nifer a ddaliwyd yn ei magl dwyllodrus hi, ac a swynwyd drwy ei chyfareddion melys. Gwir anwadadwy ydyw mai y peiriant grymusaf drwy yr holl fyd ydyw yr argraffwasg, ac y mae o bryd i bryd wedi ateb dibenion mawreddog; ond yn y dyddiau presennol defnyddir hi er siglo gorseddau, er dymchwelyd ffurflywodraethau, er meithrin gwrthryfel, er clwyfo crefydd, ac er lledaenu anffyddiaeth ymhell ac yn agos. A heblaw yr argraffwasg, y mae rhyw sêr gwibiog, rhyw ddynion hunanwybodus, a rhyw ffaglwyr dinistriol, mewn ymdrechiadau didor dan gochl crefydd, yn twyllo y werin i'r camgymeriadau mwyaf brawychus gyda golwg ar faterion gwladwriaethol, ac ar ddyledswyddau dynion fel deiliaid llywodraeth, ac fel aelodau yng nghymdeithas fawr teulu dyn. Cynigir diffeithwch dan yr enw paradwys; estynnir caethiwed dan yr enw rhyddid; rhoddir llyffetheiriau dan yr enw iawnderau; cymhellir aflywodraeth dan yr enw crefydd; a dangosir uffern dan yr enw nefoedd.

Er atal y niweidiau a fygythir yn bresennol y penderfynwyd sefydlu y Cyhoeddiad dan sylw, yr hwn yn awr a gynigir i'r wlad mewn llawn hyder y rhoddir pob cymeradwyaeth i'w egwyddorion. Y mae y cyhoeddwr wedi sylwi, er nifer y cyhoeddiadau a gylchredant yn fisol drwy y dywysogaeth, bod y darllenwyr yn cael eu camarwain, ac yn cael eu gadael yn y tywyllwch gyda golwg ar yr hyn a berthyna i'w gwir lesâd a'u gwir ddedwyddwch fel crefyddwyr ac fel gwladwyr. Mewn ffordd o gredu, rhoir digon; ond mewn ffordd o ymarferu, rhoir ychydig; ac mewn perthynas i sefydliadau gwladol ac eglwysig, beiir hwynt yn lle dangos eu gwir natur a'u diben. Yn y dosbarth crefyddol o'r cyhoeddiad presennol, ymdrechir dangos crefydd yn ei heffeithiau hardd lle y mae ei llywodraeth ar y galon, a dinoethir pob ffug ym mha ddosbarth bynnag o enwadau y ceir ef. Ni waradwyddir unrhyw enwad o grefyddolion oblegid eu tybiadau crefyddol; ond pan na weithreda cymdeithasau yn gyson â'r egwyddorion a broffesant deuant dan y fflangell; ac ni bydd unrhyw gysegr yn rhy santaidd i'r *Haul* fyned i mewn iddo er gweled natur ei gyfansoddiad. Sefir ar dir Protestaniaeth, ac amddiffynnir yr Eglwys Brotestannaidd yn ei holl freiniau, ac yn ei holl ddosbarthiadau yn erbyn Pab Rhufain, ac yn erbyn pwy bynnag a pha blaid bynnag a gyfodo yn ei herbyn. Yn y dosbarth politicaidd a hanesiol, bydd y cyhoeddiad a gynigir yn awr i'r wlad yn helaethach, yn fanylach ac yn gyflawnach na'r un a gylchreda yn bresennol drwy y dywysogaeth. Dilynir gorchwylion y seneddau gyda manyldra; rhoddir y gwahanol actau ger gŵydd y darllenyddion; a gwneir sylwadau beunyddiol ar bob materion o bwys. At fesurau y cedwir, ac nid at bersonau; a'r unig fesurau a gymeradwyir fydd y rhai hynny a wnânt lesâd cyffredinol; nid mesurau a olygant lesâd un dosbarth, ac yn faich i ddosbarth arall. Ymddiffynnir gwir iawnderau pawb, a dadleuir achos y gorthrymedig; ond dyrchefir llais uchel yn erbyn i'r deiliad ymruthro yn rhyfygus ar hawliau y goron; i'r gwas feddiannu tiriogaethau ei arglwydd drwy orfodaeth; yn gystal ag yn erbyn pob aflywodraeth, terfysg a gorthrymder. Bwriedir ef i ateb holl ddibenion newyddiadur misol; ac ni ddihanga unrhyw hanes neilltuol nac amgylchaid mwy hynod na chyffredin a ddichon ddigwyddo yn unrhyw gyfran o'r byd, a grybwyllir yn y papurau, heb ei drosglwyddo i dderbynwyr yr *Haul*. Hanesion ffeiriau a phrif farchnadoedd y deyrnas, ynghyd â phrisiau nwyfau o bob natur a rhywogaethau, a roddir gyda ffyddlondeb di-dor o fis i fis; ac ymhob ystyr ymdrechir sicrhau groesawiad serchog iddo gan bawb a'i derbynio.

Penderfyna y cyhoeddwr i roddi pob gewyn mewn gweithrediad er gwneuthur y cyhoeddiad dan sylw yn wir ragorol. Cyfansoddir yr *Haul* o'r defnyddiau gorau, gan hyderu y bydd i'w belydron gyrhaeddyd y cromgellau tywyllaf, ac y prysura pob caddug ymaith gyda brys o flaen ei oleuni tanbeidiol. Ymdrechir drwy ei gyfrwng i ddangos tuedd a chanlyniadau trychinebus Radicaliaeth a Republicaniaeth, ynghyd â'r holl ddychmygion gorwyllt hynny a lyncir yn y dyddiau presennol mor awyddus gan rai o'n cydwladwyr. Gobeithir na bydd y cynigiad hwn yn ddi-sylw gan y cyffredin, ond y rhoddir iddo y cefnogiad hwnnw a sicha ei lwyddiant, ac a'i galluoga i fod o wir lesâd yn y dyddiau terfysglyd presennol. Bwrir y bara ar wyneb y dyfroedd, – eir ymlaen yn hy yn llwybr cyfiawnder, yn ddiwyrni, – dangosir yn garedig i ddynion y perygl o rodio trawslwybrau, – gelwir yn uchel ar y rhai a aethant ar ddisberod i ddychwelyd yn ôl, – rhoddir pob cyfarwyddyd i'r anghyfarwydd gadw ei ffordd yn gywir, – gwneir pob egnïadau i gael gan ddynion ofni Duw a pharchu y brenin, – ac yn yr ymgais clodwiw a chyfreithlon hwn yr ydym yn galw arnoch, 'O! frodyr, deuwch, a chynorthwywch ni.' Yr ydym mewn ofn oblegid ein gwlad, ac yn clywed gweryriad y meirch yn nesáu at byrth ein Caersalem; ac os nad ydym yn camsynied, yr ydym yn clywed bloeddiadau y gelynion yn cydgymell eu gilydd i gyfodi eu bwyyll i gymynu trawstiau ein temlau glân, ac i ddefnyddio eu peiriannau i dorri adwyau yng nghaerau ein Seion annwyl. A edrychir ar seiliau caerau Prydain yn cael eu tynnu i lawr, heb wneuthur un egnïad er eu hymddiffyn? A edrychir ar y llannerch ddymunol yn myned yn sathrfa i fwystfilod yr anialwch heb wneuthur un ymdrech i'w diogelu? Ac a edrychir ar arch ein Duw yn myned i gaethiwed, heb wneuthur un ymroad i'w chadw yn ddihalog o fewn gororau ein gwlad? Na wneir, medd pob Brython: 'Yr ydym yn arfog, ac yn gallu saethu â bwâu, ac ni thrown yn ôl yn nydd y frwydr; ond ni a amgylchynwn arch ein cyfamod, ni a ymddiffynnwn ein breiniau hoffusaf hyd y lloches ddiwethaf, ac a ddeuwn ymlaen er eich cynorthwyo chwithau yn yr un amcan.'

Derbynnir enwau at y Cyhoeddiad hwn gan gludydd y papur hwn, a chan Argraffwyr, Gwerthwyr Llyfrau, neu ryw ŵr parchus ymhob cymdogaeth.

59. Yr Araith Satanaidd

[Dewi Wyn o Eifion, David Owen, *Yr Araith Satanaidd* . . ., 1835, tt. 8-9]

Yna, tywysogion teyrnas y tywyllwch a wnaethant anghrist yn bennaeth gwladol hefyd, gan gyhoeddi y Pab yn fwyaf ei allu rhwysgol o neb ar wyneb daear, a'i gynysgaeddu â dau gleddyf, un i arwyddo ei lywodraeth ysbrydol, a'r llall ei awdurdod wladol; a'r holl fyd a ryfeddodd ar ôl y bwystfil. Yna ymherodr uffern, a thywysog y byd hwn, mewn ymffrost a balchder a gableiriodd, gan ddywedyd mewn gwaeth ac uwch ystyr na Nebuchodonosor, ac mewn iaith ac ystyr uffernol:

'Hon yw Babilon fawr ysbrydol a adeiledais i yng nghryfder fy nerth; ac nid wyf mwyach yn cofio fy ngholledion am ddychweliad yr Iddewon a chwymp Babilon y Caldeaid, nac addoliad delw fawr Nebuchodonosor, na holl gysegrwaith teml Belus; canys nid oedd hynny ond tywyllu'r oruchwyliaeth batriarchaidd, drwy ddelwau a seremonïau; ond weithion mynnaf dywyllu goruchwyliaeth yr Efengyl dragwyddol, a dirmygu a difuddio sylwedd holl bethau gogoneddus hen deml Ierwsalem, ac ar fyrder dinistrio y Jerwsalem newydd a nefol, a difodi teyrnas gras oddi ar y ddaear. Ni phryderaf mwyach am y siom yn Effesus, a'r trwstaneiddiwch gyda meibion Scefa, nac am losgi llyfrau y dewiniaid, y swynyddion a'r consurwyr, er eu bod yn werth deng mil a deugain o ddarnau arian; na hyd yn oed am i'm teyrnas fy hun ymddrysu ac ymrannu yn nyddiau yr ymherodr Cystennin, canys dialaf yn driphlyg, nid trwy ddifa tanwydd i dwymo ffyrnau, ond trwy gymryd yr Hereticiaid yn danwydd i losgi'r Beiblau, a pha bethau bynnag oedd deilwng a gwerthfawr o dan yr hen oruchwyliaeth, mi a'u hadferaf i'm goruchwyliaeth newydd; ac wedi'r colledion a dybiwn mor fawrion, yr wyf wedi adsefydlu fy ngorsedd gyda dirfawr ennill a manteision newyddion. Ni allaswn gynt ond cydblethu Iddewiaeth a Phaganiaeth, ond bellach mi a gordeddaf Iddewiaeth, Paganiaeth, a Christnogaeth yn rhaff deircainc, i rwymo'r byd Cristnogol i addoli o'm blaen i a'm delwau; ac na addolo, na phregetho, ac na weddïo neb, heb gennad ac awdurdod, ac wrth reolau a ffurfiau ystyfnig, wedi eu santeiddio drwy anffaeledigrwydd fy mherwylyn anghrist; ac na chaffo neb na phrynu na gwerthu heb dderbyn nod y bwystfil fel trwydded, dan boen dirwy, marwolaeth a melltith. Oddi wrth Gristnogaeth, mi a ddygaf faddeuant pechodau a bywyd tragwyddol, i roi cymeradwyaeth, lliw da, ac enw mawr i'm crefydd. Oddi wrth Baganiaeth, mi a'i cyflenwaf â delwau, athroniaeth, dewiniaeth, a chythreuliaeth, a phob ffieidd-dra a digrifwch cnawdol, i'w gwneud yn foddhaol. Ac oddi wrth Iddewiaeth, mi a ddygaf wisgoedd ac urddau, yr offrymau a'r degymau, i wobrwyo swyddogion fy nheyrnas, a chynnal fy myddinoedd: megys y trefnodd doethineb i arian ateb i bob peth tymhorol, gwladol a dinasol, fel na ellid rhoi cerdded ar orchwylion y byd, na throi olwynion teyrnasoedd heb arian, ac na chynhelir teyrnas nefoedd ar y ddaear heb ychydig ohonynt: felly ein cyfrin-gyngor ufferngall a gynhaliodd deyrnas tywyllwch a gorthrymder yn y byd, drwy wneud a marchnata yn gall ag arian. Ys rhaid addef fod holl weithredoedd natur a rhagluniaeth yn ddrych o ddwyfol ddaioni; nid oes daioni fel daioni arian: am hynny gwnawn y defnydd mawr a gorau o arian. Er fod Iesu o Nasareth wedi bod yn rhodio oddi amgylch gan deithio'n flinedig, neu farchogaeth asynnod, i wneuthur daioni heb nemor o arian; er fod y Galilead hwnnw wedi anfon Ei ddisgyblion heb na ffon na chleddyf, nac ysgrepan, nac arian i'r daith, a gwahardd defnyddio'r cleddyf, er tybied amddiffyn yn rheidiol mewn eithaf cyfyngder (eto mewn mater o bwys, ac yn yr eithaf, mae'n cynghori i brynu aur wedi ei buro drwy dân). Ond myfi a anfonaf fy nghenadon mawrddysg mewn cerbydau, ac a'u cynysgaeddaf â thalentau o arian, a byddant yn ymdreiglo ynddynt wrth y miloedd, a chymeraf gleddyfau teyrnasoedd Ewrob a'r byd os gallaf, i amddiffyn fy ngorsedd a'm crefydd sefydledig, gan uno'r galluoedd dan un pen eglwysig, fel mai'r anrhydedd pennaf a all brenin Cristnogol gyrraedd fydd y cablenw o amddiffynnwr y ffydd; ac er i mi newid fy ngoruchwyliaeth, ni newidiais ddim sylweddol yn egwyddorion fy nghrefydd, yr hon sydd mor anghyfnewidiol â natur pechod; ac os newidiais rai o'm defodau er cynnydd a diwygiad, ni newidiais ac ni newidir, ond ychwanegir defnyddio arian fwyfwy. A chan fod ariangarwch yn wreiddyn pob drwg, ac yn erthygl gwir fydol, mi a ddirmygwn fy synnwyr, ac a gollwn fy nghymeriad sarffaidd, ac a allwn golli fy nheyrnas pe'i hesgeuluswn; a chan mai am arian, ac mai ag arian y cynhelir drygau rhwng daearolion a'i gilydd, cenedl yn erbyn cenedl, a theyrnas yn erbyn teyrnas, a brenhinoedd a thywysogion mewn rhyfeloedd trychinebus o achos arian, byddai yn annheilwng o ymherodr uffern fel duw a thywysog y byd hwn eu dibrisio. Canys arian oedd y gwobrwy anghyfiawnder a garodd Balaam, ac a'i denodd i geisio rhegi Israel; ac arian oedd y prif wrthrych hudoliaethau, swynyddiaeth, dewiniaeth a chythreuliaeth, a holl eilunaddoliaeth paganfyd, fel yr oedd un llances yn peri cymaint elw i'w meistriaid wrth ddywedyd dewiniaeth, fel y cafodd Paul a Silas eu fflangellu a'u carcharu am fwrw'r ysbryd drwg allan ohoni. Pan welodd eu [sic] meistriaid fyned gobaith eu helw hwynt ymaith, hwy a'u llusgasant hwy i'r gynghorfa at y llywodraethwyr a'r swyddogion, am lwyr gythryblu'r ddinas, a dysgu defodau nad oedd rydd i Rufeinwyr eu derbyn na'u gwneuthur; a'r dyrfa a safodd ynghyd yn eu herbyn, a'r swyddogion gan rwygo eu dillad, a orchmynasant eu curo â gwiail, a chafodd Silas ac Apostol Mawr y Cenhedloedd eu taflu i'r carchar nesaf i mewn, a sicrhau eu traed yn y cyffion, oherwydd peri colled am elw dewinyddiaeth dim ond un llances fechan.

60. Rhan o Llwyr-ddymchweliad Titotaliedyddiaeth

[Ben Jones P.A. Mon., *Llwyr-ddymchweliad Titotaliedyddiaeth*, 1838, tt. 27-30]

10. Nid yw bod Al Col yn *greadur anweledig* hyd oni weithir ef allan o'r grawnswp, neu'r afal, neu'r ŷd, drwy ymweithiad, yn *sail* i ditotaliedyddiaeth. Nid yw ei anweledigrwydd yn profi ei anfodoldeb, fel yr haera brenin Titotaliedyddion Cymberland a'r Werddon. Gan ei fod yn y trugareddau hyn, ac yn rhan ohonynt, yn y ffrwythau a'r llysiau, Al Col sydd i'w dderbyn

gan y ffyddloniaid, i'w fwyta a'i yfed, trwy dalu diolch. Yr holl Ditotaliedyddion ydynt euog o fwyta Al Col fel eraill – dywedyd yr wyf eu bod *yn euog*, nid am fwyta ohonynt Al Col, ond am dyngu yn erbyn a rhegi yr hyn yr ymborthant arno.

Rhai dadleuon pwlpudaidd a draddodir gan genhadon titotaliedyddol ger gŵydd y gynulleidfa. Yr wyf yn ystyried bod gennyf hawl ynddynt fel rhai y talwyd yn ddrud amdanynt allan o'r drysorfa gyffredin, yr un modd ag y mae gan y darllenydd hawl i ddadleuon y llyfryn hwn wedi ei dynnu drwy'r wasg. Os barna y *committee* titotaliedyddol iddynt dalu yn ormodol amdanynt, cofied fod pob dyfais newydd yn uchel bris ar y rhediad cyntaf. Yr wyf yn disgwyl y bydd Titotaliedyddiaeth yn rhatach y flwyddyn nesaf nag yleni; fel y mae *Lusiffer matches* yn llai o bris yleni na'r llynedd. Oblegid bod y dadleuon hyn mor galedion, fel mynyddoedd cedyrn, y gorfu i mi ddefnyddio cymaint o bowdr i'w chwythu hwynt i fyny. Gan eu bod yn rhwystr ar ffordd fawr y brenin, rhaid oedd myned i'r draul hon i'w symud oddi yno; a hyn yw fy ymddiheurawd i'r darllenydd, am yr hyn heb y rheswm hwn a ystyriesid yn wastraff.

1. Dadl *gras diod*; oblegid na ddywedir gras diod wrth yfed, fel gras bwyd wrth fwyta, penderfyna y Titotaliedyddion y dylid llwyr-ymwrthod ag yfed. Mi glywais lawer math o ras bwyd gan wahanol bleidiau, ond ni welais i neb yn neilltuo y ddiod oddi wrth y rhan arall o'r bwydydd i'w ymddifadu o'r gras hwn. Yr wyf yn cofio W. Goodman yn diolch am y *cawl* fel am y *cig*; a Maurice Jones, Merthyr, am y Tabl Oer fel am y bara a'r caws. Os oes rhai wedi dirywio mewn gras bwyd, nid oes i ni ond galaru oblegid anystyriaeth dynion, a rhyfeddu at haelioni Duw at rai mor anniolchgar a drwg. Ond, rhaid i mi ddywedyd mai siampl lesg a roddir gan y Titotaliedyddion i ddywedyd gras diod, tra y melltithiant hwy y ddiod honno. A pha fodd y disgwyliant hwy i neb ddiolch am yr hyn ni ellir cyfranogi ohono yn ddigerydd? Ac i bwy y diolchir heblaw i'r Doctor titotaliedyddol am y *Certificate* yfed? Gallesid gofyn hefyd, a ddyweda y Titotaliedyddion ras diod wrth yfed dŵr, neu sinsir a dŵr, neu bop? Ond gobeithiaf na ddisgwylir bod yn ddichonadwy dyfod i ben â'r holl ofyniadau a gyfodant mor naturiol oddi wrth lymder eu rhesymeg hwynt mewn un rhifyn, yn enwedig y rhifyn cyntaf, ag sy'n anffafriol i ddwyn

y defnyddiau i gysondeb trefn at ymosod ar gyfundraeth mor nerthol ag yw Titotaliedyddiaeth.

2. Dadl *annefnyddolaeth* nad oes dim ond y melysder yn unig o ddefnydd y grawn yn y ddiod; hynny yw, nad oes dim defnydd magwriaethol neu gynhaliol ynddi; a hyn a haerant hwy drwy herio y posibilrwydd o wneuthur bara o'r cibau gweddill, gan i gorff ac enaid yr haidd fyned na wyddant hwy i ba le, heb ystyried unwaith bod sylwedd yr heidden o natur sugraidd. – Yr wyf finnau mor bengaled â sefyll yn gryf dros fod ffrwyth pa ddefnydd bynnag a ferwer mewn dwfr yn gymysgedig â'r elfen honno: a hyn wyf yn brofi, nid yn unig oddi wrth gyfnewidiad lliw a blas, ond hefyd drwy weithrediad y *Saccharumeter*, y siwgr-fesurydd, yn difynnu elfennau hanfodol yr haidd allan o'r drwyth, tua 30 pwys o bob baril. Mi a wn y caf bob darllawyddes *tea* o'r un golygiadau â mi, oni fydd hi yn ditotaliedyddes. Bod y defnydd hwn o natur sugraidd, yn felys; pa fodd, na phaham y meiddiwyd iddo fod felly, nid wyf yn cynnig dadlau â'r Titotaliedyddion. Rhyngddynt hwy a'u Creawdwr y bo hynny.

3. Dadl *swyn*; bod swyn, *charm*, mewn diod: a bod popeth a swyn ynddo yn bechadurus; mae hyn yn bur amheus gennyf. Mae swyn mewn cariad, yn dwyn y rhywiau ynghyd i gyflawni ordinhad Duw. Mae swyn mewn telyn yn bwrw allan ysbrydion aflan. Mae swyn mewn miwsig i lonyddu seirff, a'u dwyn allan o'u tyllau i'w dal. Yr oedd swyn mewn cerddoriaeth yn cynhyrfu ysbryd proffwydoliaeth. 2 Bren. 3. Mae swyn meddyginiaethol; ac mae swyn mewn gwin yn peri i'r chwerw ei enaid anghofio ei dlodi. Yr hyn a feddylia y Titotaliedydd, ond ei fod yn llefaru mewn iaith arall, er mwyn dangos ei ddysgeidiaeth, yw bod *pechod* mewn *meddwdod*. Yr unig anhawster a welaf i eto yw bod yn gyfarwydd yn yr iaith a ddefnyddir ganddynt. Yn hyn y mae llafur yr ymgiprys â'r Titotaliedyddion yn gynwysedig. Yr wyf yn cael fy hun yn fwy anwybodus nag y meddyliais fy mod cyn hyn, a bod wmbredd o bethau i'w dysgu eto, na ddychmygais amdanynt.

4. Dadl *ympryd a gweddi*. Dywedant y gweddïai y cymedrolwyr, ond yr oedd hynny yn ddiffygiol i fwrw yr ysbryd aflan allan; am hynny yr *ymprydiant* hwy ynghyd â gweddïo. Dyma, meddant, yw dirwestaeth. Pa fodd y cawsant allan bod bwyta hyd ddigon yn ympryd, nis gwn. Ymprydio yw ymataliad

amserol oddi wrth gyfranogi o ddefnyddiau ymborth cyfreithlon. O'r un elfennau yr ymataliasant oddi wrthynt y pwysai Paul fwyta ohonynt wedi bod *hir ddirwest* arnynt. Act. 27. Nid yw Ditotaliedyddiaeth na dirwestaeth na chymedroldeb. Nid oes ganddynt unrhyw hawl i'r cyfenwad. Cyfnewid ymarfer ymborth yn unig a wnânt. Lle yr yfent hwy o'r blaen ddau chwart o gwrw, ynghyd â bwyta dau chwart o flawd, hwy a lyncant yn awr bedwar chwart o flawd yn rhwydd, nes yr achwyna y gwragedd eu bod yn methu pobi digon iddynt; canys y mae gwanc Titotaliedyddion yn fwy na newyn pobl gyffredin. Er hynny, dywedant yn hyf ddigon yn eu darlithiau, mai dyma efengyl y Testament Newydd. Os felly, hir iawn y bu hi dan gudd; ac yr ydym eto yn y tywyllwch mewn perthynas iddi. Mae'r digywilydd-dra hwn mor fawr â dywedyd na wnaed dim oll yn effeithiol drwyddi hyd oni roed help llaw swyddgarwch Titotaliedyddiaeth iddi. Oni swniai yn chwithig iawn ddarlleniad fel hyn: 'Yr wyf yn mynegi i chwi newyddion da o lawenydd mawr, ni bydd yfed gwin mwyach'? Oni ofynnid gan y gwrandawyr, pa fodd y gall hyn fod yn llawenydd? Dinistrio defnydd llawenydd, yn llawenydd!

61. *At y Darllenydd*

[Griffith Solomon, *Eglurhad ar Lyfr y Pregethwr*, 1839]

Darllenydd Hawddgar,

Y modd y daeth i fy meddwl gyntaf ysgrifennu ychydig o Eglurhad ar ran o *Lyfr y Pregethwr* oedd, ddarfod i frawd crefyddol, parchus a gofalus am eneidiau plant a phobl eraill, fy annog i ymdrechu i roddi ychydig eglurhad ar y ddeuddegfed bennod o'r Llyfr hwnnw; 'oblegid', medd ef, 'y mae llawer o blant, a phobl ieuainc, yn ei dysgu ar eu cof, heb ddeall agos ddim ohoni'. Yna mi a ymdrechais i fyfyrio ar y bennod, i'r diben o'i hegluro; a defnyddiais bob mantais a ellais gyrraedd tuag at gael fy amcan i ben. Gwneuthum hynny yn y modd

AT Y DARLLENYDD

gorau ag allwn: argreffais lyfryn bychan mewn ffordd o eglurhad arni, a gwerthais fil o'r unrhyw yn fuan iawn.

Gwedi hynny anogwyd fi gan amryw frodyr, hen ac ieuanc, i wneud sylwadau eglurhaol ar y Llyfr i gyd. Ac felly, wedi dwys ystyried hyn, anturiais ar y gorchwyl. Pwy a ŵyr na bydd yn fendith i eneidiau amryw?

Nid yw y Sylwadau ond byrion; er hynny gallant fod, dan fendith Duw, fel agoriadau i agoryd y drysau i'r darllenydd fynd ymhellach ymlaen i'r celloedd santaidd. Nid yw y garreg farch yn myned ymaith gyda'r marchogwr; eto, y mae hi yn gynorthwyol iddo fyned ar ei farch i gychwyn i'w daith: felly, nid yw y golygiadau a'r sylwadau hyn yn ddigonol i arwain y darllenydd i gyflawn ddeall popeth sydd yn y Llyfr, eto gallant fod yn gynhorthwy i'w gychwyn at hynny. Os bydd i'r darllenydd fod mor ffyddlon a diwyd ag edrych yr holl Ysgrythurau cyfeiriol sydd ynddo, fe allai y byddant fel gradd o oleufynag iddo ganfod ychydig o'r pethau tra mawr eu pwys ag sydd yn gynwysedig yn y Llyfr hwn.

Mae rhai dynion da wedi dal sylw nad oes ond ychydig yn darllen *Llyfr y Pregethwr* yn yr addoliadau cyhoeddus, nac yn eu haddoliad teuluaidd ychwaith. Yr achos o hyn yw, y mae yn debyg, nad ydynt yn ei ddeall. Nid ydwyf yn cyfrif fy mod innau yn ei ddeall ond i raddau bychain iawn. Ond, er byrred yw fy ngolygiadau, yr wyf yn hyderu eu bod yn gywir. Ymdrechais gryn lawer i'w gael fel y mae. Teithiais lawer i'r Dehau a'r Gogledd ar ôl dechrau ysgrifennu arno: a bu y teithio hynny yn rhwystr i mi orffen y gwaith mor gyflym ag y dymunaswn.

Bûm yn meddwl, ac yr wyf yn meddwl eto, fod llawer o ddynion yn nacáu coelio y gŵr doeth pan y mae yn dywedyd, mai 'Gwagedd o wagedd, gwagedd yw y cwbl'. Nage, medd llawer, nyni a fynnwn ddedwyddwch yn y pethau a welir, er fod Solomon wedi methu. Byddaf yn meddwl, meddaf, fod eu hanghrediniaeth, a'u hanystyriaeth yn rhwystro llawer i ddarllen *Llyfr y Pregethwr.* Os bydd hyn o Eglurhad a wneuthum arno yn foddion i beri i ddynion ei ddarllen a'i ystyried, a thrwy hynny gael bendith i'w heneidiau, byddaf wedi cael fy amcan i ben.

Ni ddilynais un awdur yn y gwaith hwn, ac nis gwelais un awdur ar *Lyfr y Pregethwr* yn unig ond un, a'r un hwnnw yn rhy faith o lawer gennyf ei ddilyn. Ymdrechais mewn darllen a myfyrio a gweddïo, i'w gael fel hyn. Ond wedi y cwbl, gwn nad ydyw berffaith. Ond fy nghyd-genedl, y Cymry, wele ef at eich gwasanaeth, fel y mae.

> Ydwyf, eich annheilwng,
> Eto eich ufudd wasanaethwr,
>
> GRIFFITH SOLOMON.

Llanbedrog, Rhag. 1 1838

62. *Y Ffordd Dda*

[John Davies, *Y Ffordd Dda: neu Bregeth, a Draddodwyd ar Gais, ac yng Nghlyw, y Breinlenwyr (Chartists)*, 1839, tt. 30-2]

Onid peth gwael a gresyn iawn ydyw i ddynion fod yn anwybodus o egwyddorion natur, a iawn reol ymddygiadau da tuag at Dduw yn neilltuol, eu hunain yn bersonol, a thuag at ei gilydd yn gyffredinol? Onid ydyw yn iselhad ac yn nod o waeledd, ar urddasrwydd dynoliaeth i ddynion beidio meddwl nes deall, a deall nes teimlo, a theimlo nes dadlau yn wrol dros ac am eu hiawnderau priodol? Onid yw yn iselhad o'r mwyaf ar ddynoliaeth i un rhan neu ddosbarth o ddynion drais-awdurdodi ar gydwybodau y rhan, neu y dosbarth arall o ddynion ein gwlad? Dylem annog pob dyn i feddwl a deall ei iawnderau ei hun, fel y byddo yn alluog a chymwys i weithredu yn deilwng ohono ei hun, fel bod meddylgar a rhesymol. Bu amser pan oedd y bobl mewn tywyllwch ac anwybodaeth am eu hiawnderau; ond bellach, y mae poblogaeth y wlad yn lluosogi, a'r bobl yn dechrau cyniwair, a gwybodaeth yn amlhau, fel y gŵyr blaenoriaid crefydd sefydledig ein gwlad, a Thorïaid gormesol ein tir, ei bod weithian yn rhy hwyr i geisio atal a rhwystro y bobl gyffredin rhag chwilio am wybodaeth o'r egwyddorion a berthyna iddynt, ac i ddadlau dros eu rhyddid, ac am eu hiawnderau priodol fel gwladyddion a Christnogion. Y mae a wnelo bywyd defnyddiol a dyngarol â dysgu y bobl gyffredin i ddeall eu hiawnderau priodol. Iawnderau dyn ydynt. Y peth, neu yr hyn bethau ag y mae gan ddyn hawl i'w mwynhau yn ôl cyfiawnder gwladwr, ac fel crefyddwr. Nis gellir dywedyd fod iawnderau dynion wedi eu caniatáu iddynt hyd oni chaffont fwynhau yn gyflawn yr hyn bethau sydd yn eiddo cyfiawn iddynt, fel gwladwyr ac fel crefyddwyr. Y mae gan ddyn, fel gwladwr da a deiliad rhinweddol o lywodraeth ddynol, hawl gyfiawn i'r pethau canlynol:

1. Diogelwch bywyd. Lef. 25, 35. 'A phan dlodo dy frawd gyda thi, a llesgáu o'i law, cynorthwya, neu cryfha ef, fel y byddo byw gyda thi, er ei fod yn ddieithr-ddyn neu yn alltud.'

2. Y mae gan ddyn, fel gwladwr da a rhinweddol, hawl gyfiawn i ddiogelwch o'i feddiannu cyfiawn ei hun, ac i'w gyflog briodol. Lef. 17, 13. 'Na chamatal oddi wrth dy gymydog, ac nac ysbeilia ef; na thriged cyflog y gweithiwr gyda thi hyd y bore.'

3. Diogelwch mwynhad o lafur ei ddwylo ei hun. Preg. 5, 18. 'Wele'r peth a welais i: da yw a theg i ddyn fwyta ac yfed, a chymryd byd da o'i holl lafur a lafuria (efe) dan yr haul, holl ddyddiau ei fywyd, y rhai a roddes Duw iddo; canys hynny yw ei ran ef.' Diar. 22. 22, 23. 'Nac ysbeilia mo'r tlawd, oherwydd ei fod yn dlawd; ac na orthryma'r cystuddiol yn y porth, canys yr Arglwydd a ddadlau eu dadl hwynt, ac a orthryma enaid y neb a'u gorthrymo hwynt.'

4. Y mae gan bob gwladwr da a rhinweddol gyfiawn hawl, 'i ddiogelwch ei gymeriad a'i enw da', Preg. 7. 1. 'Gwell yw enw da nag ennaint gwerthfawr. Nid oes yr hawl leiaf gan un dyn i ysbeilio ei gyd-ddyn o'i enw da, gosod yn ei erbyn anair, na rhoddi allan enw drwg iddo ef. Y mae cyfraith Duw yn gwahardd hynny, ac yn cyhoeddi cosb uwchben y neb a geir yn euog o'r fath ymddygiad diddynoliaeth ac annuwiol', Deut. 22. 13-18. 'Nid oes yr hawl leiaf gan y cyfoethogion, a rhai sydd yn arglwyddi yn ôl y cnawd, i osod anair yn erbyn y tlodion, nac i'w hysbeilio o'u henwau da; ac nid oes yr hawl leiaf gan y tlodion a'r cyffredin, i osod anair yn erbyn eu harglwyddi, nac i ddirmygu eu tywysogion, na melltithio eu penaethiaid', Ex. 22, 28. 'Na chabla'r swyddogion, ac na felltithia bennaeth dy bobl', Diar. 8. 15, 16. 'Perchwch bawb', 1 Pedr, 2. 13-19. Mae talu parch dyledus yn anrhydedd

i ddynoliaeth.

5. Mae gan ddyn, fel gwladwr da, hawl i ddiogelwch perthnasol a chymdeithasol. Y mae ysgar, neu wasgar, y gwŷr a'u gwragedd, y rhieni a'u plant, oddi wrth ei gilydd yn greulonder annarlunadwy, yn warth anhraethadwy ar ddynoliaeth, yn ddirmyg ar reswm, ac yn drosedd rhyfygus ar ddeddfau y Duw tragwyddol!!! O barth i'r berthynas briodasol y dywedodd Crist, 'Oblegid hynny y gad dyn dad a mam, ac y glŷn wrth ei wraig; a'r ddau fyddant yn un cnawd. Oherwydd paham, nid ydynt mwy yn ddau, ond yn un cnawd; y peth gan hynny a gysylltodd Duw, na ysgared dyn', Mat. 19. 5, 6. Nid oes un hawl gan lywodraethwyr gwladol i ysgaru rhwng rhieni tlodion a'u plant. Y mae tlodi yn darostwng rhai i wasanaethu eraill, ond nid yw tlodi neb yn darostwng neb i gaethiwed caled. Os bydd dyn tlawd o benteulu, yn rhwym o wasanaethu eraill er ennill ei fara, dylai ei lafur fod yn gynhaliaeth iddo ef a'i deulu, a hynny yn gymedrol a chysurus; os bydd y dyn tlawd, ynghyd â'i deulu (y neb allo o'i eiddo) i wasanaethu eraill er eu cynhaliaeth, a'r wasanaeth yn amodol, yna pan ddelo dyddiau yr amod i fyny, y mae'n gyfiawn (nid eu hysgaru) i'w gollwng yn rhydd fel teulu, a'u gadael i fwynhau cymdeithas ei gilydd fel y cyfryw. Lef. 25. 39-43. 'Yna aed oddi wrthyt ti, efe a'i blant gydag ef, a dychweled at ei dylwyth. Na feistrola arno ef yn galed, ond ofna dy Dduw. Y neb a heua rinwedd, a feda enwogrwydd.'

63. Testunau i Farddoni Arnynt a Pa Beth yw Awen?

[William Williams (Caledfryn), *Drych Barddonol*, 1839, tt. 132-5]

Testunau i Farddoni Arnynt

Y mae yn amlwg i bob un fod gwahaniaeth dirfawr rhwng testun a thestun. Y mae ambell destun, gyda yr enwir ef, yn llenwi y meddwl â meddylddrychau; megys, pe sonnid am y fellten a'r daran, y storm, llongddrylliad, rhyfel, dinasoedd ar dân, &c., a gwaith mawr yw cadw yn lled gyfartal â gorucheledd y rhai hyn; ond rhodder yr anfedrus a'r diawen i gyfansoddi arnynt, diflanna eu mawredd o dan ei ddwylo; ni fydd ei daran ef, ond fel ergyd o lawddryll; na'i storm prin yn ysgwyd y dail, ei longddrylliad heb ddychrynu neb o'r edrychwyr; ei ryfel, fel ymgiprys Porth Beli; a'i ddinas ar dân, fel ffagl wellt yn cynnau. Wrth ystyried fod gan Goronwy Owain y fath ddefnyddiau wrth ei law, pan yn cyfansoddi Cywydd y Farn, nid ymddengys y rhagoroldeb yn gymaint; y mae dyfod i fyny, yn lled agos ar destun felly yn gymaint ag a ellir ei ddisgwyl gan farwol ddyn. Yr oedd hanes y Farn a'i hamgylchiadau gennym eisoes, wedi eu darlunio gan bin ysbrydoliaeth ei hun; ac ni buasai raid i Goronwy ond peidio llygru a lleihau y darluniadau hyny, na chawsai efe ei ystyried yn rhagorol. Y mae mwy gorchest mewn amryw o'i gyfansoddiadau nag sydd yn hwn, megys, yr awdl ar farwolaeth L. Morris, &c. Prinnaf fo'r defnyddiau, a mwyaf o waith dychmygu fo gan y bardd, mwyaf rhagorol ydyw. Pa orchestgamp fyddai mewn troi hanes ar gân, wrth a fyddai mewn cyfansoddi cerdd newydd o ran ei meddylddrychau? Y mae rhagor rhwng myned i goedwig eich cymydog i dorri pren, a chymryd pren fyddo wedi tyfu ar eich tir eich hun. Tlws ddigon yw penodau o'r Beibl wedi eu troi ar fesur cerdd, ond pwy biau y meddylddrychau? Nid ydyw dawn fel hyn i'w dirmygu, sef dawn i aralleirio; ond ni ddichon hon, a hi yn unig, wneud dyn yn ddyn mawr. Dylai y dyn a ddisgwylia gael ei alw yn fardd, fod yn lluniedydd ei hun, ac yn meddu 'llygad yn gweled anian, calon yn teimlo anian, a glewder a faidd gydfyned ag anian,' ac nid bodloni ar ddarluniadau pobl eraill.

Y mae ein beirdd wedi cael cam dirfawr, lawer gwaith, drwy eu cyfyngu yn ormodol at fesur, neu hyd; megys, rhoddi Pont Menai yn destun chwe englyn; ni fuasai waeth ceisio crynhoi afon Menai i blisgyn ŵy; deuddeg englyn ar arch Noah, amgylchiad a ofynasai gân hwy nag Iliad Homer; pan, efallai, y rhoddid *Nimrod*, neu *Pharaoh*, mewn cymdogaeth, yn destun awdl, a gwobr helaeth am *wneud* mawl iddo.

Pa Beth yw Awen?

Pe gofynnid, Pa beth yw iaith? ceid atebiad, Iaith yw casgliad o seiniau, neu nodau, a arferir gan unrhyw genedl neu bobl i ddangos eu meddyliau i'w gilydd: pe gofynnid, Pa beth yw gramadeg? atebid, Mai y gelfyddyd o amlygu ein meddyliau, mewn geiriau, yn drefnus, ydyw.

Pa beth yw Awen? Rhoddwn ger bron y darllenydd farnau y beirdd amdani, ac wedi hynny dyfaled yntau; fe'i gelwir yn y 'Powysion', yn 'Wên Rhagluniaeth'; yn 'Ddylif o ysbrydoliaeth'; yn 'Aw'; yn 'Ysbryd Glân'; yn 'Dân ysbrydol'; yn 'Ddirgel lef'; yn 'Anian o Nef'; yn 'Em'; yn 'Feddwl a Thuedd'; yn 'Rhodd o Nef'; yn 'Drigiannydd y fynwes a'r ymennydd'; yn 'Nwyf'; yn 'Gannwyll'; yn 'Wreichionen'; yn 'Nerth anian'; yn 'Synnwyr'; yn 'Adenydd enaid'; yn 'Ddawn cân'; yn 'Bêr ffrwyd o win Duw'; yn 'Brif addurn gwybodaeth'; yn 'Gannwyll o Nef'; yn 'Ferch hynaf y Nef'; a'i theithi yn 'Ddysg'; yn 'Gof'; yn 'Grebwyll'; yn 'Iaith'; yn 'Bwyll pen'; yn 'Duedd ddoeth'; yn 'Elfen'; yn 'Seren'; yn 'Llais Rhên'; yn 'Ysbryd'; yn 'Gynneddf'; yn 'Wy o Nef'; yn 'Wawl enaid'; yn 'Serch'; yn 'Fyfyr'; yn 'Ddigwyddiad oes'; yn 'Ymgais'; yn 'Gallineb'; yn 'Ddeall'; yn 'Forwyn'; yn 'Ddawn natur'; yn 'Reddf anian'; yn 'Fanon nefol'; yn 'Dafod tân'; yn 'Ddawn cerddawl'; yn 'Rhannau ymadrodd'; yn 'Ddoniau Eden'; yn 'Fagwres pob dychmygion'; yn 'Synnwyr'; yn 'Fri synnwyr'; yn 'Nwyd'; yn 'Greawdyddes anian'; yn 'Elw'; yn 'Syniad'; yn 'Dri bywyd'; yn 'Bum heol'; yn 'Ffrwyth pren yn Eden'; yn 'Ffraeth ymadrodd'; yn *'Gamrig'*; yn 'Uchel ehediadau'; yn 'Haul ofydd'; yn 'Wibseren'; yn 'Flodau crebwyllion'; yn 'Broffwydawl seren'; yn 'Delyn aur'; yn 'Anadliad Duw'; yn 'Dân ysawl'.

Ni wyddir yn iawn pa un a yw yn haws dweud yn bresennol, Pa beth yw Awen, wedi clywed cynifer yn dweud eu barnau, nag oedd cyn gofyn i un ohonynt. Gellid tybio, a hynny nid ar gam, fod llawer wedi ceisio dweud pa beth yw, heb erioed wybod hynny drwy brofiad. Y mae llawer o'r darluniadau hyn yn arswydus; ac eraill yn ffôl dros ben, a gellid tybied fod amryw eraill yn dyfod yn lled agos i'r nod. Gan fod cynifer o farnau gwahanol ynghylch pa beth yw Awen, a ydyw yn rhyfedd clywed cynifer o farnau gwahanol, ar ôl pob Eisteddfod, ynghylch pwy fydd y cyfansoddwr gorau ar y testunau? Gellid meddwl mai mewn anwybodaeth dynion ynghylch pa beth yw Awen, y mae camdybiau llawer am eu cyfansoddiadau yn ffynhonni. Hyderir y daw y Cymry i fyfyrio mwy ar y mater hwn, ac yna cawn gyfansoddiadau teilyngach yn ein

Heisteddfodau, a llai o rwgnach wedi yr elont heibio. Gan fod barddoniaeth wedi cael ei thrin yn lled helaeth yn y tudalennau blaenorol, a barnau enwogion wedi cael eu gosod ger bron y darllenydd, ystyrir y sylwadau hynny yn atebiad gwir i'r gofyniad, Pa beth yw Awen?

64. *Ansawdd Grefyddol a Gwladol y Cymry*

[Henry Rees a Moses Parry, *Y Genhadaeth i'r America*, 1841, tt. 43-7]

Ni ddywed rhai ddim ond da, na'r lleill ddim ond drwg am America; ond ein barn ni yw bod Duw wedi gosod y naill ar gyfer y llall yno hefyd, fel ymhob man arall. Mae'n wir fod y tir i'w gael am ychydig, ond fe ddylid cofio, er hynny, mai ychydig a ellir wneud ohono o leiaf am lawer o flynyddoedd. Os nad yw dan lwyth o rent a threthi, mae dan lwythi anferth o goed, ac fe fydd wedi costio llawer, a heb roi mewn cymhariaeth ond ychydig erbyn y byddo yn glir a chynhyrchiol. Nid yw *Freeholder* yn America ddim i'w farnu wrth *Freeholder* yn y wlad hon.

Mae'r ffermwr mawr yma er pob gofyn sydd arno, yn byw yn uwch nag y gall y ffermwr yno yn gyffredin, er bod ar ei dir ei hun. Er hynny mae'n debyg nad oes un wlad yn Ewrob yn rhoi'r fath ddrysau agored gerbron y tlawd, diwyd, cynnil, i wneud bywoliaeth ag America.

Mae'r cyflog yn uchel, dynion yn brinion, yr alwad am bob math o waith yn fawr. Y fath gyflawnder o dir, y pris mor isel, a'r gofynion cyffredin mor ysgafn, fel y bernir y gall dyn o unrhyw alwad ennill cynhaliaeth iddo ei hun a'i deulu, hwyrach, gyda llai o ofal a mwy o gysur nag mewn gwledydd eraill. Ond nid myned yn gyfoethog ar unwaith, cofiwch. Na, na, ond yn lle bod yn segur fe gaiff waith, ac yn lle llewygu fe gaiff fwyd, a chyfleustra i wella ei amgylchiadau trwy lafur ei ddwylo, a chwys ei wyneb.

Y dyn i fyned i'r America yw dyn iach, gweithgar, a chynnil, wedi byw yn galed yma, ac yn fodlon i weithio ei ffordd trwy galedfyd a rhwystrau wedi myned yno. Canys pa obaith sydd i'r llwfr a'r afiach mewn gwlad ag y mae ei holl lwyddiant yn ymddibynnu ar ei ymdrechiadau personol ei hun? A pha gydymdeimlad a all y dyn diog ddisgwyl mewn gwlad o weithwyr? Ofer i neb fyned yno i ddisgwyl cael eraill i wasanaethu arno; mae pob dyn yn America yn was iddo ei hun. Gobaith am waith, a gobaith trwy weithio dod i dipyn o fywoliaeth, ydyw yr holl obaith sydd o flaen yr ymfudwr i'r America.

Buom lawer gwaith yn profi difyrrwch a syndod wrth wrando'r hen sefydlwyr yn adrodd eu hanes ar eu mynediad yno. Y modd y byddent yn codi'r cyffdy bach ym mherfedd yr anialwch, ac yn methu dod o hyd iddo weithiau ar ôl ei wneud. Ac yn teithio i'r felin, ddeg neu bymtheg o filltiroedd drwy'r fforest wyllt, a'u cwd ar eu hysgwydd gan farcio'r coed wrth fyned, rhag colli'r ffordd wrth ddychwelyd yn ôl.

Byddai ambell un hefyd yn ei golli ei hunan yn y goedwig: a'r prydiau hynny fe fyddai'r cymdogion, neu'r teulu, yn chwythu mewn math o utgyrn ar ei chyffiniau, fel y gallai y colledig gyfeirio at y sŵn. Ond wrth geisio cyrchu ato, âi weithiau yn hollol o chwith, y cyfryw ydoedd ei hurtwch wedi dechrau drysu yn y coed.

Mae llawer wedi cael ei ddweud am fanteision yr America, heb ddangos yr anfanteision sydd ynglŷn â hwy; ac felly mae rhai o'r ymfudwyr wedi cael eu siomi yn ddirfawr, yn enwedig, ar y cyntaf, ac yn barod i regi y rhai a'u hudodd yno. Yr oeddynt hwy yn disgwyl paradwys, ond yn cael anialwch. Ond er hynny pan ddechreuo rhagluniaeth fawr roddi iddynt eu gwinllannoedd o'r fan honno maent yn cymodi, ac yn cynefino yn raddol â'r wlad, ac yn y diwedd yn dod i'w hoffi yn fawr.

Gofynnem ambell waith i rai o'n cyfeillion, 'Wel, bryd y dowch chwi adref?' A chaem bob math o atebiad i'r cwestiwn. Atebai ambell un yn ddigon torcalonnus, 'Sut y dof i adref?' a'r llall, 'Ni 'rhosaf i ddim yma ond cyn lleied fyth ag a allaf.' Ond yn aml rhai heb fod yn gwneud cystal, neu rai wedi dyfod yno yn ddiweddar a fyddai y rhain. Am y lleill, eu hatebiad yn gyffredin fyddai, 'Beth a wnawn i gartref? Mae'n haws byw yn y wlad hon.' Maent yn gwneud eu sebon a'u siwgr eu hunain o'r coed. Cig moch yw eu hunig gigfwyd;

mae hwn, ac afalau wedi eu berwi, a the, ar y bwrdd bob pryd.

Fe ellid barnu, wrth edrych ar lawer o'r ymfudwyr, eu bod yn llawn mor druenus a chaled eu byd, ag y buont erioed yng Nghymru. Ond erbyn canfod, ac ystyried popeth, odid na cheir fod y diwyd yn gallu cyrhaeddyd gwir angenrheidiau natur gyda llai o ofalon trafferthus nag yn yr hen wlad.

Mae'n gofus gennym droi i mewn gyda chyfaill i dŷ hen Gymro, am lymaid o ddwfr; a hytyn gwaelach erioed ni welsem: crochan bychan, a dwy neu dair o hen odardau bylchog, oedd holl lestri gwasanaeth ei gegin, a'r rheini ar led o gwmpas y walan sâl oedd yn y naill gornel iddi; ac mor futred fel yr oedd yn edifar gennym ofyn am ddiferyn o ddwfr. Wedi dyfod allan cwynem wrth ein cyfaill i'r truan oedd mor dlawd a gresynol, ar ôl dyfod yr holl ffordd i'r fan honno. 'Hwnna', ebe yntau, 'mae hwnna yn werth cannoedd o *ddollars.*'

Mae'r ymfudwyr hefyd, nid yn unig yn byw, ond yn byw mewn *gobaith*; ac y mae hynny ar unwaith yn gynhyrfiad i lafur, ac yn peri dioddefgarwch a bodlonrwydd yn yr amgylchiadau presennol. Mae'n gallu hepgor ychydig o'i gyflog, ac yn talu yn raddol am ei dir; ac yna yn dechrau arloesi hwnnw, a phlannu ychydig o *Indian Corn* rhwng yr hen fonion. Fel hyn â rhagddo i glirio ychwaneg o'r anialwch, a chodi mwy o ŷd o flwyddyn i flwyddyn; ac y mae yn edrych at yr amser pan y bydd yn byw mewn tŷ da, yn meddu tyddyn cynhyrchiol, ac yn ŵr ar ei dir ei hun.

Ond y pwnc mawr wedi'r cwbl ydyw hyn: gobaith y Cymry yn yr America gyda golwg ar fyd arall – eu manteision a'u hanfanteision i fyw yn dduwiol, ac i faethu eu rhai bychain yn addysg ac athrawiaeth yr Arglwydd. Beth a all fod effaith eu hamgylchiadau bydol ar eu meddyliau gyda golwg ar grefydd? Ac a ellir gobeithio, oddi wrth fanteision ac ansawdd grefyddol y genedl yn yr oes bresennol, fod gwybodaeth o Dduw a gwir grefydd yn debyg o barhau yn eu mysg mewn oesoedd i ddyfod? Yn wir yr ydym ni yn barod i feddwl nad yw eu coelbren wedi disgyn iddynt mewn lleoedd mor hyfryd yn yr ystyr hon. Ac er bod llawer o'r diffyg yn cael ei wneud i fyny drwy gyd-lafur yr amrywiol enwadau crefyddol, eto nis gallwn lai na barnu fod *eisiau*, a *mawr eisiau*, sefydlu moddion gwybodaeth yn eu mysg (o leiaf mewn llawer o fannau), mewn modd mwy cyflawn, cyson, ac effeithiol, nag o'r blaen, i'r diben o'u cadw rhag colli hen iaith eu gwlad, a gwybodaeth o Dduw eu tadau.

Mae cryn nifer o'r ymfudwyr i'r America yn dlodion; ac yn myned drosodd i wlad ag sydd yn agoryd llawer o ddrysau gerbron y diwyd i ennill y byd. Ac mae perygl mawr rhag i'r manteision i'w geisio, a'r gobaith o'i gael, godi'r fath awyddfryd yn y meddwl amdano, a pheri'r fath ymroddiad i'w negeseuau, nes llwyr anghofio pethau byd a ddaw.

Mae prynu ac arloesi'r tyddyn, codi adeiladau arno, a'u tynnu i lawr drachefn i adeiladu rhai mwy, a lliaws o amcanion cyffelyb yn gweithio bellach yn y galon. Ac yn gweithio hefyd yn fwy nerthol, oblegid eu bod wedi cael eu cynhyrchu ynddi mor ddisymwth, a'u bod yn cael eu cryfhau gan y gobaith o'u cyrhaeddyd a'u mwynhau. Meddyliwch hefyd fod dynion yn y sefyllfa hon, mewn lle ag y mae gweinidogaeth nerthol yr Efengyl yn brin, a moddion gras yn anghyson, lle na chânt gyfleustra hwyrach (heb gerdded llawer) i wrando pregeth unwaith mewn mis; ie, fe ddichon unwaith yn y chwarter blwyddyn! Onid yw yn dra pheryglus yn y fath amgylchiadau i'r gydwybod fyned i gysgu, a'r meddwl anghofio Duw; ac naill ai ymroddi i drythyllwch a gormodedd, neu ynteu ymgynefino â chybydd-dod a daearoldeb. Os eiff ceisio'r byd yn amcan, mae'r ymfudwr yn bur dueddol o fyned i grwydro i chwilio am y lleoedd mwyaf manteisiol i'w gael, a'r rhai hynny yn aml yw y lleoedd mwyaf anfanteisiol o ran moddion crefyddol.

Adroddai un hen ŵr ei brofiad wrthym ar y pen hwn. Dywedai ei fod yn meddwl fod yr Arglwydd yn fodlon iddo fyned i'r America, ac am hynny iddo gael mordaith fer a chysurus; a tharo wrth fferm yn union ar ei ddyfodiad i *Utica*, gallasai gael *lease* arni hefyd, a byw yn gysurus, yn ymyl moddion gras. Ond yr oedd y fath ysfa ar ei feddwl am gael tir iddo ei hun, fel y ciliodd i berfedd yr anialwch. 'Ac mi ces hi yn chwerw', (meddai). 'Mae'r Arglwydd yn fflangellu byth, trwy Ei ragluniaeth, fy nghydwybod, a'r wraig. Ac er fod gennyf achos i ddiolch am fod pethau cystal ag y maent, eto mae lle i ofni nad ymedy'r cleddyf ddim â'r tŷ, am i mi ddiystyru moddion gras.' Dealled y darllenydd ein bod yn ysgrifennu llawer o'r sylwadau uchod, nid yn gymaint fel darluniad o'r peth ydyw ein hannwyl gyfeillion yn America, ond fel darluniad o demtasiynau'r genedl yn y wlad.

Ac O! y mae miloedd o'r Cymry yno yn bresennol, yn agored i'r temtasiynau hyn a'u cyffelyb, a channoedd yn myned yno yn barhaus. Ac y mae'r moddion i'w hachub rhag syrthio yn ysglyfaeth iddynt, a chael eu boddi i ddinistr a cholledigaeth trwyddynt, yn brinion, yn ddinerth, ac annigonol iawn.

Mae'r defaid, liaws ohonynt, yn America, ond y mae'r bugeiliaid yng Nghymru. Mae'r plant yn America, ond y mae'r tadau yng Nghymru. Mae'r disgyblion amddifaid draw, ond y mae'r athrawon yma. Mae nifer fawr o'r babanod gwirion wedi myned yno, ond y mae'r hen fam a'i bronnau llaethog, gartref, Ie, mae lliaws o aelodau bychain ein cynulleidfaoedd yn awr yn ceisio ymgorffori yn eglwysi yn y Gorllewin pell. Ond maent yn profi eu bod wedi gadael eu barn, eu doethineb, a'u doniau gweinidogaethol, ar ôl yn eu hen wlad. Ac yn yr amddifadrwydd hwn, y maent hwy yn bresennol yn gorfod cynnal eu cyfarfodydd eglwysig, a'u moddion cyhoeddus, a myned trwy bethau dyrys mewn disgyblaeth, a neilltuo eu gweinidogion i'r gwaith mawr.

Mor hawdd yn y fath amgylchiadau yw i'r athro cyfeiliornus eu hudo, a'u llygru; neu i'r terfysgwr cynhennus eu rhwygo, a'u gosod i gnoi a thraflyncu ei gilydd! Ac os digwydd i'r balch, uchelgais, ddod i'w cymundeb, mae'n barod i gymryd y fantais ar eu gwendid i chwennych y blaen yn eu plith, a phrysuro i fod yn fugail iddynt. Fel mae yn y wlad gyfleusterau i geisio'r byd, felly mae yn ystad blentynnaidd yr eglwysi bychain hyn, gyfleustra i'r balch i'w geisio ei hunan. Nid am nad oes yma wylwyr ffyddlon, ond y maent yn ychydig iawn o nifer, ac ymhell oddi wrth ei gilydd ar y muriau. Mae galwad mawr yn bresennol o amryw o'r sefydliadau am rywrai i lafurio yn eu mysg. Ac os bydd y Methodistiaid Calfinaidd yn ffurfio Cymdeithas Genhadol, mae ei chwaer fechan sydd heb fronnau iddi yn nhir y Gorllewin, yn disgwyl yn awyddus y gwnânt y Sefydliadau Cymreig sydd yn y wlad honno, yn rhan o faes eu llafur.

65. Gwneuthur Ymenyn o'r Post

[Rigdum Funnidos (Brutus), *Drych y Frad*, 1843, tt. 12-18]

Clywsom lawer gwaith y dywediad, am wraig gynnil, dda, weithgar, ofalus, a llafurus, 'Y mae yn abl gwneuthur ymenyn o'r post'. Wedi dywedyd hyn am y wraig fyddo dan sylw, gadewir y dywediad yn y man, heb ymchwilio dim i'w ystyr, nes byddo angen amdano drachefn i'r un perwyl. Nid gorchwyl annichonadwy ydyw i wraig dda wneuthur ymenyn o'r post, oblegid unwaith wedi trefnu y post yn geiniog, ceir ymenyn am y geiniog honno; ac felly nid oes rhwng i'r post droi yn ymenyn, ond y geiniog, ac y mae gwraig dda yn gwneuthur y goreu o bob peth, er mwyn eu troi yn wasanaethgar i'r teulu, yn ôl y byddo ei anghenion yn gofyn. Y mae yr amaethwr yn gwneuthur yn iawn, ac ar lwybr ei ddyledswydd, pan yn ymdrechu ar dir cyfiawnder i wneuthur y goreu o bob peth. Os bydd arian i'w cael am yr hyn sydd ym mherchenogaeth dyn, mewn ffordd o ryw nwyfau, y mae yn gwneuthur yn iawn i'w gwerthu, er mwyn lleshau ei hun a'i deulu. Y mae hyn yn iawn mewn dyn yn ei holl drafodaethau, ac y mae peidio gwneuthur fel hyn wedi dinistrio llawer yn eu hamgylchiadau am eu hoes. Pan fyddo dyn yn rhoddi gwybodaeth i'w gyd-greaduriaid, y mae yn iawn iddo gael ei dalu am y wybodaeth honno, oni fydd efe yn ewyllysio ei rhoddi am ddim. Tuag at ddyfod at y pwynt sydd gennyf mewn golwg, galwaf fy narllenwyr yn flaenaf at y sylw hwn: nid oes angen am ddyn ag sydd wedi byw o ddechreuad y byd hyd yr awr hon, er mwyn i ni gael hanes y byd. Ond mor wir â hyn, na chawsem ni hanes y byd, oni buasai bod dynion y naill oes ar ôl y llall wedi croniclo pethau, a'r croniclau hynny wedi cyrhaeddyd ein hoes ni. Ysgrifennodd Rollin Hanes yr Ymerodraethau Boreoi ar sail croniclau y cynoesolion; felly y gwnaeth Edward Gibbon am Gwymp yr Ymerodraeth Rufeinig; felly y gwnaeth David Hume am Hanes Lloegr; felly y gwnaeth Dafydd Peters am Hanes Crefydd yng Nghymru; ac felly y gwnaeth Titus Lewis am Hanes Prydain Fawr. Cafodd y dynion mawr a enwyd eu hanesion mewn croniclau;

llafuriasant lawer amdanynt; trosglwyddasant hwynt i ninnau mewn llyfrau, ac yr oeddynt yn deilwng ar dir cyfiawnder i gael eu talu am eu llafur. Ynfyd fyddai y dyn a wrthodai Hanes Rollin ar y sail nad ydoedd yr awdur yn llygad-dyst o'r pethau a ysgrifennodd, oblegid yr oedd llygaid-dystion o'r hanes wedi cylchynu ei gilydd drwy yr oesau. Ynfyd fyddai y dyn a wrthodai Hanes Prydain oblegid ei fod yn adnabod Titus Lewis, ac yn gwybod na welodd efe erioed Hengist na Horsa, na Chanute, nac Edward Gyffeswr, na William Goncwerwr, nac Oliver Cromwell, oblegid yr oedd eraill wedi gweled ac wedi croniclo, a thrwy ei lafur ef ni a'u cawsom i'n hiaith ein hunain. Ni all un dyn ysgrifennu hanes yr oesau heb fod yn hanesydd; ni all neb ysgrifennu ar seryddiaeth ond seryddwr; ac ni all neb ysgrifennu ar bwnc o gyfraith ond cyfreithiwr. Gellir, y mae yn wir, gyfieithu hanes heb fod yn hanesydd; cyfieithu traethawd ar seryddiaeth heb fod yn seryddwr, ynghyd â phethau cyffelyb; ac os gall rhyw un wneuthur hyn, a chael ei dalu am ei waith, da y mae yn ei wneud: y mae yn rhoddi gwybodaeth i'r bobl, yn cael arian i'w logell ei hun, ac felly yn gwneuthur ymenyn o'r post.

Gyda golwg ar yr ieithoedd dysgedig ac annysgedig, neu ieithoedd heb fod yn ddysgedig nac annysgedig, os ydynt i'w cael, y mae yn ddichonadwy dysgu adnabod llythrennau iaith, i sillebu iaith, ac i wneuthur rhyw fath o ddarlleniad ar iaith, heb wybod mwy am y gyfryw iaith nag a ŵyr parchell pêr am conic sections! Y mae y werin wledig Gymreig, ac ysywaeth, nifer luosog o'r werin drefig Gymreig, yn meddwl mai gorchwyl hawdd anghyffredin – mai gorchwyl caban unnos ydyw dysgu iaith, a hynny oblegid bod dynion hunanol ffrostgar yn brolio wrth ffyliaid eu bod yn gwybod tair, neu bedair, neu bump, neu saith, neu bymtheg o ieithoedd. Y mae llyfrau i'w cael mewn lluosogrwydd mawr: ceir geiriaduron Saesneg a Lladineg, Lladineg a Saesneg; Groeg a Lladineg, Lladineg a Groeg, Hebraeg, Arabeg, &c., a gall dyn heb fod yn ysgolhaig yn yr ystyr o ddeall yr ieithoedd trwy lafur a diwydrwydd, ddyfod i allu troi geiriau yn y geiriaduron hyn, er difyrrwch ac adeiladaeth iddo ei hun, ac er difyrrwch ac adeiladaeth i eraill, dwlach nag ef ei hun, ac eto heb fod yn ieithydd yn yr ieithoedd hynny, na gwybod mwy am eu helfennau nag a ŵyr am ieithoedd y blaned Sadwrn! Ac os ca efe gan ddynion brynu llyfr neu llyfrau wedi eu hysgrifennu a'u hargraffu ganddo, ac ynddynt resau o eiriau o'r geiriaduron, gwir ei fod yn gwneuthur ymenyn o'r post, ond y mae yn ei wneuthur yn hocedus. Ond pan byddo dyn yn cymryd rhesau o eiriau o'r geiriaduron, ac yn tynnu yn helaeth o ffynonellau gwŷr dysgedig, ac yn rhoddi ar ddeall i'r werin ei fod ef yn feistr ar y cyfryw ieithoedd, yn ddyn dysgedig yn yr ieithoedd, ac yn ysgolhaig, am wneuthur ymenyn o'r post hwn, dylai y swindler a'r pickpocket gael ei chwipio wrth ben ôl cart. Y mae gennym ni yng Nghymru lawer iawn o offeiriaid; rhai wedi bod flynyddau lawer yn yr hen ysgolion gramadegol, a dim ond hynny; eraill wedi tendio eu termau yn Rhydychen; eraill wedi eu dwyn i fyny yng Ngholeg Dewi Sant: ac y mae gennym amryw o weinidogion ymhlith yr Ymneilltuwyr wedi treulio eu hamser yn eu gwahanol golegau, rhai yn Lloegr, a rhai yng Nghymru: y mae y rhai hyn, yn offeiriaid ac yn weinidogion ymneilltuedig, wedi treulio blynyddoedd yn eu hysgolion, ac wedi bod yn ddiwyd iawn gyda'u llyfrau; gofynner i'r rhai hyn am eu pump, chwech, saith, naw, a phymtheg o ieithoedd, hwy edrychant ar y gofynnwr yn y golau o ideot gorffwyllog, yn hytrach nag mewn un goleuni arall. Y mae Cymru yn awr yn ddysgedig: y mae niferi lluosog o weinidogion yr Ymneilltuwyr yn ddysgedig, *and no joke*; ond mushrooms ac upstarts Cwicaidd yn ein plith ni sydd yn neidio i fyny, yn gwybod yr holl ieithoedd, ac ar yr un pryd heb allu declino un *noun* o bob deg drwy y *cases*, na rhedeg un ferf o bob deg drwy y *conjugations*, yn holl llechres y ieithoedd y proffesant eu bod yn eu gwybod! Gallant y crachach ysgolheigion hyn roddi colofn ar ôl colofn o eiriau dieithrol ar lawr; gallant ysgrifennu llythrennau baglog yr Hebreaid a'r Groegiaid – ac y mae digon o'u cyffelyb gan yr argraffwyr i fritho eu llyfrau, ond gall crytiaid wyth oed wneuthur hyn hefyd, ac yn llawer onestach eu hegwyddorion, yn gymaint ag na fyddant yn gùlo y werin, ac yn gwneuthur masnach ar gefn anwybodaeth anwybodusion!

Y mae rhai wedi dyfod yn ysgolheigion drwy hunan-ddysg: daeth Doctor William Carey felly, a chydnabyddwyd ei fod yn ysgolhaig gan y byd dysgedig! Daeth y Proffeswr Lee felly, a chydnabyddir ei fod yn ysgolhaig gan y byd dysgedig! Daeth Dic Aberdaron felly, a chydnabyddir gan y byd dysgedig ei fod felly! Y mae Cwic yn proffesu, ac wedi advertiso, y gwna ddysgu Lladin, Groeg a Hebraeg i'r plant a roddir dan ei ofal; ac mi ddysgaf finnau y Chinaeg, y Berseg, yr Otaheiteg, a phob iaith arall ag y mae yr Ysgrythurau wedi eu cyfieithu iddynt, i bob plant a roddir dan fy ngofal, ond i'r plant gymryd y drafferth o'u dysgu eu hunain, a pheidio rhoddi dim trwblaeth i mi, ymhellach nag adrodd yn fy nghlyw eiriau na fyddwyf yn deall dim yn eu herwydd. Pa brofion y mae y Cwic wedi eu rhoddi ei fod yn ysgolhaig? Ai y colofnau o eiriau Hebreaidd yn ei lyfrau? Mi allwn ysgrifennu yr holl Eiriadur Hebraeg allan, a rhoddi gair Cymraeg ar gyfer pob un ohonynt: mi allwn gyfieithu Parkhurst, a rhoddi fy enw fy hun wrtho, er nad wn y funud hon ystyr deg ar hugain o eiriau Hebraeg, na mwy am eu helfennau na llo! Os ydyw y Cwic wedi dyfod yn ysgolhaig, yn ieithwr, yn Roegwr, yn Hebrëwr, yn Arabwr, yn Syriwr, ac yn – ni wn pa iaith i'w henwi – trwy hunan-ddysg y daeth yn wybodus a deallgar yn yr ieithoedd hyn, a byddai yn gredit iddo fynnu cael ei holi ynddynt, neu rai ohonynt, gan wŷr addas i'r gorchwyl, a chael certificate o'i gompetency; byddai raid i'w dynion pennaf ei gyfaddef yn un o addurnion y genedl, ac efe a fyddai mewn gorsaf uchel, yn lle cael ei ddrelio fel ag y mae am ei bretensions ffuantus. Ysgolhaig yn wir ydyw hwnnw a recommendia dranslation i student er mwyn dysgu iaith, yn lle y Dictionary! Ond bid sicr, y mae translations yn arbed trafferth i'r athro, ac yn glogyn yn cuddio ei anwybodaeth rhag ffyliaid! Y mae yr hen Gordere yn taro y Cwic yn annwyl, – *Quid agis?* – *What are you doing? Repeto* – *I am repeating* – *mecum* – *by myself*. Y mae cigyddion yn gyffredin pan wrth ei masnach yn defnyddio y llyfrau a elwir 'Ready Reckoners', neu fel y gelwir hwynt gan rai 'Blockhead-Books', yn rhai a arbedant drafferthion mawrion iddynt gyda golwg ar gowntio; ac y mae ysgol-feistri yn lled gyffredinol yn cadw 'Keys' yn eu pocedi, er arbed iddynt eu hunain drafferthion pan fyddo y crytiaid yn methu gwneud eu syms. Ond os ar y 'Key' y bydd holl ymddiried yr ysgol-feistr, ac nid ar ei wybodaeth brofiadol o reolau arithmetic, y *roots, duodecimals, algebra, logarithms,* &c., ni fydd uwch bys na bawd y crwt mewn gwir *improvement* dan y cyfryw ddysg. Ond os rhoddir y 'Key' i'r crwt ei hun i weithio ei sums wrtho, gall gyrhaeddyd y *rule of three* a'r *rule of five*, a myned drwy yr holl *rules*, ond ni fydd fawr o olion ei draed ar y tir a gerddodd; ac os bydd am ddeall yr hyn yr aeth drosto, rhaid iddo ailfesur ei gamrau, ac ymddibynnu ar ei draed ei hun, ac nid ar ffyn baglau. Y mae rhoddi 'Key' i grwt i ddysgu *arithmetic* yn brawf bod yr ysgol-feistr naill ai yn ddiog, neu yn ddifater am *improvement* y crwt, neu na ŵyr *arithmetic* ei hun i'w ddysgu i eraill. Pa angen sydd am yrru crwt i'r ysgol i ddysgu *arithmetic*, os gall ei ddysgu drwy y 'Key'? Byddai yn well ei gadw gartref ar ben y bwrdd gyda y 'Key'. Arbedai hyn lawer o draul esgidiau a dillad, a gwastraff ar fwyd, heblaw y gwaredigaethau rhag y profedigaethau o drwynau cochion, llygaid duon, a nodau ar y crymogau; ac arbedai draul hefyd, oblegid pa eisiau talu ysgol-feistr am ddysgu crwt i wneuthur sums mewn llyfr ag y mae y sums yn barod wedi eu gwneuthur ynddo? Yr un peth yn union ydyw 'translations' i'r classics, ag ydyw 'Keys' i *arithmetic*. A oddefir 'translations' yn nwylo myfyrwyr Coleg Dewi Sant? A oddefir 'translations' yn nwylo myfyrwyr Coleg Caerfyrddin? A oddefir 'translations' yn nwylo myfyrwyr Coleg Pont-y-pŵl? Ond a gadael y colegau heibio, a oddefir 'translations' yn nwylo ysgolheigion ysgolion gramadegol respectable yr Eglwys Sefydledig a'r Ymneilltuwyr? Dim yn Ystrad Meurig; dim yng Nghaerfyrddin, dim yn Ffrwd-fâl, nac un lle arall lle mae yr ysgol-feistri yn deall yr hyn y maent yn ei gylch; dim o'r fath yn yr ysgolion lle mae yr ysgol-feistri *de facto*, ac nid de haerllugrwyddio. Y mae gormod o *imposition* braidd gyda golwg ar bob peth yng Nghymru, ond y mae *impositions* rhyw fath o ysgol-feistri yng Nghymru wedi cyrhaeddyd y fath glimax ag y mae yn llawn bryd i ddyrchu llais yn uchel er ymdrechu darostwng y cyfryw humbugiaeth. Dyn fel y Cwic wedi neidio o'r plisg yn ŵydd bluog dew addas i alderman giniawa arni megis ar ddydd Nadolig! Ni fu *impudence* fwy noethlymun erioed; ac ni ellir cael o ddechrau hyd ddiwedd yr holl impudents fu, sy ac a ddaw, byth mo'i gyffelyb! Y mae y dyn Cwic yn berchen ar dalentau; yn wybodus; wedi darllen llawer; o synhwyrau cyflym; yn gallu ysgrifennu ei feddyliau gyda chryn alluogrwydd; gall ddysgu *arithmetic*, *English grammar*, tipyn o *geography*, &c; ond am y *classics*, gwybodaethau ydynt na fedr oddi wrthynt; ac y mae ei honiadau iddynt yn drewi yn waeth na'r gingron! Pan ddywedir wrtho bod ysgolheigion o fri yn llefaru yn lled groyw nad ydyw ef ddim ysgolhaig, hynny ydyw, yn yr ystyr o ddeall y *classics*, ei ateb ydyw, 'Deuent hwy i gyfarfod â mi ar y stage!' Mowntebancio y mae yn debygol ydyw prif gamp y dyn; yn hyn y mae ei ymffrost; yn hyn yr ymorfoledda; dyma ei goron, ac y mae iddo roeso o'i wrhydri! Er cymaint y dichyn doniau stageyddol y Cwic fod, y mae amryw o aelodau y frawdoliaeth stageyddol yn meddu y fath gleverness yn eu galwedigaeth, fel y gwnaent ffŵl hyd yn oed o'r Cwic yn ei *element* ei hun! Gwir nad ydyw y mowntebancs, na'r merry Andrews, neu harlequins, neu fel y mae y diweddar Dr. Richards o Lynn wedi cyfieithu y gair, 'Ffwlcyn y ffair', yn ymdrafod â'r Beibl Cysegr-lan, na bedydd, ar y *stages*, a hynny oblegid eu bod yn ei hystyried yn rhy annuwiol, ac yn ormod o halogedigaeth, er mor annuwiol, ac er mor halogedig ydynt hwy; eto y fath ydynt ddoniau stageyddol yr hen ychen profiadol hyn, fel, ar unrhyw bwnc, lloriai y gwannaf ohonynt y Cwic, ac a'i dysgent yn y gelfyddyd anrhydeddus o daflu summersets yn y fan. Yn lle advertiso ei hun fel dysgawdwr yr ieithoedd dysgedig buasai yn fwy priodol i'r Cwic, a buasai yn fwy cydweddol â'i broffession ef fel *stage-bully-argumentator*, i agor academy gecryddol, yn y *capacity* o broffessor *of cecrism of the first rate*, yn Nhwll-y-bwci!

66. *Y Weinidogaeth*

[Evan Davies, *Y Weinidogaeth, neu Draethawd ... am Addysg Athrofaol i Weinidogion yr Efengyl*, 1844, tt. 31 *et seq.*]

Mae ysbryd yr oes, cynnydd dysgeidiaeth, a'r syched am wybodaeth gyffredinol, yn profi y mater sydd gennym dan sylw.

Mae dysgeidiaeth megis dwy ran: sef dysgu trwy lyfrau, a dysgu trwy areithiau; neu lythyrol a geneuol; neu lyfrol a geiriol.

Cyn cael y gelfyddyd o argraffu, nid oedd fawr o lyfrau yn y byd; yna yr oedd angen neilltuol am addysg geneuol, gan areithwyr a phregethwyr nerthol.

Cyn tua 40 o flynyddoedd yn ôl, nid oedd ond ychydig iawn o lyfrau yng Nghymru: felly yr oedd dysgu y bobl gyffredin yn ymddibynnu bron yn hollol am gael pregethwyr grymus.

Ond yn awr, wedi cael cymaint o fanteision trwy lyfrau – cyhoeddiadau misol – ac esboniadau da yn ein hiaith – ein cenedl yn darllen – yn chwilio – yn myfyrio – ac yn barnu drostynt eu hunain – a ellir ddim bod *heb* bregethwyr? A oes eu heisiau yn nheyrnas Crist? Ac os dywedir fod angen am bregethwyr hyd y diwedd, a ddywedir hefyd y gwna *rhyw* fath y tro – *rhyw* rai lled ddidalent, wedi cael ond ychydig, neu ddim manteision athrofaol? Anghysondeb arswydus!

Ni fu erioed gymaint o lyfrau, a dyfal ddarllen, yn ein gwlad annwyl; ond *rhaid* addef nad yw cynnydd addysg geneuol yn gyfatebol, – nad yw dysgeidiaeth pregethwyr, ac areithyddiaeth y pulpud yn ddigon ar gynnydd. Gan fod y werin yn fwy sychedig am gyrraedd gwybodaeth trwy ddarllen, a manteision llyfrol yn chwanegu gyda y fath gyflymdra – y fath olwg am ysgolion dyddiol, a dynion dysgedig yn ysgolfeistriaid, – ai cyson gosod allan y dyb, a cheisio darbwyllo y wlad, nad yw addysg athrofaol mor angenrheidiol i weinidogion yn awr? Gorwarthus! Ymddengys y bydd pregethwyr, neu ddysgawdwyr annysgedig, yn dra amharchus yn fuan.

Yr oedd yr hen bregethwyr duwiol *gynt* yn gallu pregethu yn nerthol, a dylanwadu yn effeithiol ar y cynulleidfaoedd, gyda iaith wael gymysg, a drychfeddyliau a chymariaethau isel iawn, oblegid nid oedd y bobl gyffredin yn darllen bron ddim ar eu Beiblau na llyfrau eraill. Ond O, y fath gyfnewidiad sydd yn awr! Ymhob cynulleidfa fach, odid nad oes rhai deallus – gwrandawyr craffus – os nad yn farnwyr cecrus, yn awr!

Braidd na fyddai dychryn yn meddiannu pob pregethwr gostyngedig, adnabyddus ohono ei hun, pan yn esgyn yr areithfa y dyddiau hyn!

Yn yr adraniad blaenorol, awgrymwyd fod galwad am ddyn o ddylanwad mawr i lywodraethu Eglwys Dduw – ond yma hawdd fyddai llanw cyfrol er dangos yr angen cael *pob* cymorth moddion: – profiad ac addysg athrofaol, er cymhwyso dyn i *ddysgu* ac *adeiladu* Eglwys Dduw, – ac yn *neilltuol* er cymhwyso dyn i *ddysgu* ac *argyhoeddi* y byd. 'Nid galwad sydd yn awr i bregethu ddarfod, na bod yn fwy anfynych nag ydoedd gynt, ond bod galwad am bregethu uwch, o ran trefn a rheol; gan gofio fod y gwrandawyr yn fwy galluog i ddarllen, yn feddiannol ar lyfrau, a bod achos eu cyfarch fel cynulleidfaoedd, yn gyffredinol, wedi cael addysg helaethach na phobl yr oesau blaenorol.'

'Gan hynny, nid yw y gweinidog Cristionogol i roddi i fyny ei swydd i'r argraffwasg: eithr dichon y bydd weithiau alwad am iddo ei gwrthwynebu fel gelyn, – ond ei waith priodol ydyw cydweithredu â hi, fel cyfeillion.'*

Bu y Wesleyaid yn Lloegr, a'r Calviniaid yng Nghymru, yn dra dilafur am addysg i eu gweinidogion, os nad yn hollol ddiystyr o'r fath beth – *'Gweithdy i weithio Pregethwyr!' 'Pregethwyr o wneuthuriad dynion!'* Yn fyr, pa un orau pregethwyr o *wneuthuriad* athrawon yr athrofâu (pe felly), ai rhai o'u *gwneuthuriad eu hunain*?

Yn awr, pan y mae y ddau fathau o Fethodistiaid, ac megis yr holl fyd, yn deffro ac yn gweithio dros addysg, a ydyw yn amser i'r hen gynulleidfawyr dysgedig ddifateru a chysgu!

Mai Athrofa ydyw yr unig Ysgol gyfaddas [i] ddwyn i fyny rai i'r Weinidogaeth.

Yr ydym yn canfod yn fynych yn awr, 'Na waeth ymha le y caffo dyn ddysgeidiaeth, os yw yn ei meddu, &c'.† Gellid casglu wrth hyn mai peth hawdd iawn, a chyffredin yn ein gwlad, ydyw ysgolion cymwys i addysgu gwŷr ieuainc at waith y Weinidogaeth!

Nid dysgeidiaeth trwy *lyfrau* yn unig sydd angenrheidiol, eithr hefyd trwy *gyfundrefn*, a *siampl*.

A ydyw yn hawdd cael ysgol-feistr cyffelyb i Eliseus, gyda pha un, debygid, yr oedd *cant* o fyfyrwyr? (2 Bren. 4. 43). Ai cymwys i feibion gweinidogion a myfyrwyr, alw *pob* ysgol-feistr, 'Fy nhad!' 'Fy Meistr!' 'O, ŵr Duw!' Ynfydrwydd!

Peth amhrisiadwy werthfawr i wŷr ieuainc, ydyw cael *cwmnïaeth* athrawon teilwng; mae y fath effeithioldeb ac eneiniad santaidd gyda eu geiriau a'u hagweddau, fel y cyfrifwn hi yn fraint, a byddwn yn ddedwydd megis ym mhorth y Nef, gael bod am ychydig funudau gyda hwy: pa faint mwy o fraint cael bod am flynyddoedd? Heb enwi ond un o bob parth; Dr. Pye Smith, Dr. Wardlaw, Dr. Urwick, a'r diweddar

Dr. E. Williams; – *mae*, a *bydd* effeithiau da eu esiamplau yn perarogli yn y byd am oesau, os nad hyd y Farn ddiwethaf!

Mor nodedig adeiladol a difyrrol ydyw cwmni *rhai* sydd yng Nghymru, wedi bod mewn Athrofa!

*Dr. Vaughan's Modern Pulpit
†*Dysgedydd*, Mawrth, Ebrill, 1843, a Ionawr 1844

67. Drych yr Enllibiwr

[Samuel Edwards, *Drych yr Enllibiwr*, 1844, tt. 6-8]

Tybia yr enllibiwr y gall amddiffyn ei hun, gan nad yw yn dywedyd ond a glywodd, er nad yw yn dywedyd yr oll a glywodd; gan nad yw yn dangos ond a welodd, er nad yw yn dangos yr oll a welodd. Ond pa mor wir bynnag y gall ei dystiolaethau fod yng ngwyneb rhesymeg iaith, maent yn gelwyddau noethion yng ngwyneb rhesymeg cyfiawnder; a pha mor union bynnag yw ei ddangosiadau yng ngwyneb ffeithiau, maent yn gam yng ngwyneb egwyddorion uniondeb. Mae yr enllibiwr yn defnyddio gwirionedd fel twyll i'w wasanaeth; a pha mwyaf o wirionedd a ddefnyddia, mwyaf o enllib a hanfoda; ie, mae gwirionedd yn dwyll o'r fath waethaf, pan y defnyddir ef o'i le gyda bwriad i dwyllo. Enllib a wna y gwirionedd pwysicaf yn dwyll; yr uniondeb cywiraf yn gam; a'r da gorau yn ddrwg.

Mae yr enllibiwr yn nodi personau heb eu henwi, ac yn enwi troseddau heb eu nodi, i warthruddo eraill, ac amddiffyn ei hun. Efe a amneidia â'i lygaid, a lefara â'i draed, ac a ddysg â'i fysedd. Mae y rhywogaeth yma o enllibwyr fel math o *ventriloquists*, a lefarant mewn un man, ac a barant eu clywed mewn man arall. Y rhywogaeth yma sydd o'r fath waethaf. Nis gellir, er ceisio, eu taflu allan trwy yr un gyfraith wladol, na thrwy yr un awdurdod daearol; oblegid nis gellir cymryd gafael yn nhystiolaethau y llygaid, na phwyso ar eiriau y traed, na gwneuthur defnydd o ddysgeidiaethau y bysedd. Pan â yr enllibiedig i amddiffyn ei hun, bydd yr enllibiwr yma yn ei gastell, wedi sychu ei enau, yn llefaru gyda moesgarwch gwirionedd, gan ofyn gyda hyfdra cyfiawnder, a ydoedd rhyw achos i mi feddwl amdanoch chwi? Os oedd yr *het* yn *ffitio*, beth a allaswn i wrth hynny? Onid ffoi heb neb yn eich erlid yr ydych? Eich cydwybod eich hun, ac nid myfi, sydd yn eich condemnio. Mae enllib o'r natur yma fel math o hunllef, yn gorwedd ar ddynion fel nas gallant symud; ac ni wyddant o ba le y mae yn dyfod, nac i ba le y mae yn myned; ond eto teimlir oddi wrth y canlyniadau truenusaf. Yr enllibiwr yma a ddwg brydferthwch y sarff i ddenu, gwenwyn y sarff i ladd, a chyfrwystra y sarff i ddiogelu ei hun. Had y seirff a chenhedlaeth gwiberod yw yr enllibwyr ymhob dull a modd; o'u tad diafol y maent, a gweithredoedd eu tad a wnânt.

Enllib a fywha golliadau, ac a chwydda ffaeleddau, gan wneud y colliad lleiaf yn drosedd mwyaf, a'r ffaeledd mwyaf maddeuol yn bechod anfaddeuol. Enllib a wna y brycheuyn yn drawst, y gwybedyn yn gamel, yr afon yn fôr, y wreichionen yn fflam, yr awel yn gorwynt, a'r ddadl yn rhyfel. Mae llygaid yr enllibiwr yn gweled mwy nag a ddangosir, a'i glustiau yn clywed mwy nag a draethir; ond ni welodd ei lygaid, ac ni chlywodd ei glustiau, yr hyn a draetha ei dafod; ac nid wyf yn meddwl y digiaf Dduw, y troseddaf egwyddorion cyfiawnder, nac yr af i dir enllibiaeth, wrth ddywedyd fod yr enllibiwr bob amser a'i ysbïenddrych drwgdybiaeth ar ei lygaid, yr hwn sydd yn dangos pob drwg bychan yn fawr, pob drwg pell yn agos, a phob drwg tebyg yn sicr.

Nid ydyw yn mwyhau yr hyn sydd, yn llai trosedd, na chyfrif yr hyn nid yw; oblegid y mae y naill a'r llall yn anghyfiawnder yng ngwyneb deddf uniondeb, yr hon a ddywed, 'Na ddwg gam dystiolaeth yn erbyn dy gymydog.' Pe byddai dyn yn fy nyled o gan ceiniog, ac i mi ddywedyd ei fod yn fy nyled o ddau gant, ni byddwn wrth hynny yn llai troseddwr, na phe dywedwn fod yr hwn nid yw yn fy nyled o ddim, yn fy nyled o gan ceiniog; oblegid cyfrif yr anghyfiawn gant yn ddyledus fyddai y naill fel y llall. Mae helaethu yr archoll a dorrwyd yn gymaint drwg, os nid mwy, â'i dorri ar y cyntaf. Mae yr hwn a gytuna â lleidr yn gymaint troseddwr â'r lleidr; ie, mewn gwirionedd, lleidr ydyw. Mae deddf cyfiawnder yn rhwymo peidio mwyhau un pechod; ond y mae deddf cariad yn rhwymo cuddio lliaws o bechodau. Fel y mae y saint gorau a'u colliadau – y perffeithiaf yn llithro ar air, a rhai rhagorol y ddaear yn dwyn eu brychau; mae enllib yn gwneud y perlau disgleiriaf yn frychau, y gwisgoedd harddaf yn fratiau budron, ac aur coethedig y nef yn sorod y ddaear.

Enllib a osoda groes ragluniaethau i esbonio egwyddorion drwg, ac amgylchiadau gofidus i sicrhau dibenion gau, a nodweddau pechadurus. Nid yw rhagluniaeth, medd yr enllibwr, yn glawio ar y cyfiawn a'r anghyfiawn, na Duw yn peri i'w haul godi ar y drwg a'r da, na'r un digwyddiad i'r doeth ag i'r annoeth; ond, medd ef, mai golau yr haul yn dangos, lleferydd y glaw yn esbonio, a thystiolaethau damwain yn sicrhau dirgelion dynion. Yr enllibiwr a ddarogan y drwg cyn y daw, gan ddywedyd mae rhagluniaeth yn sicr o ddangos egwyddorion y dyn yna, a nodwedd y ddynes acw. A phan ddaw unrhyw groes ragluniaeth, neu ddamwain flin, efe a lefa dros y wlad, 'Wele, rhagddywedais i chwi yr hyn yn awr a ddaeth i ben'. Fel y mae y rhai a roddant goel ar eu breuddwydion yn gallu eu dehongli wrth ba amgylchiadau bynnag a ddaw, felly y mae enllibwyr: troant bob peth i warthruddo a drwgliwio eu cymdogion. Pan ddaw y cystudd sydd yn gweithredu tragwyddol bwys gogoniant, enllib a'i dynoda fel arwydd o anfodlonrwydd Duw, a nod o galon ddrwg. Y cloffni a rydd Duw ar Jacob, yn arwydd cyfamod ag Israel, a esyd enllib yn ymweliad am anwiredd. Yr hyn a osododd Duw ar Paul fel nas tra-dyrchefid, a osodai enllib yn arwydd o dwyll ei apostolaeth. Ond pan wena rhagluniaeth, newid yr enllibiwr ei lais, a dywed, 'Mawr yw llwyddiant yr annuwiol'. Pan wêl Abraham yn ei olud, dywed, 'Nid llawer o gyfoethogion a alwyd, ond Duw a ddewisodd ffôl bethau y byd'. Ond pan wêl Lazarus yn ei dlodi, dywed, 'Nid yw y cyfiawn wedi ei adu, na'i had yn cardota bara'. Mae gan yr enllibiwr lawer llwybr i'w rodio a llawer ffordd i'w theithio. Nid un ystum a wna, ac nid un dull a ddefnyddia; ond enllibio y mae ar bob llwybr, ymhob ffordd, ac o dan bob ystum a dull. Mae ganddo lawer gwisg i ddieithrio ei hun, a llawer cochl i guddio ei enllib, oblegid ni fyn i neb ei adnabod, na deall ei enllibiaeth, rhag iddo wrth hynny godi ei nerth, a *misio* yn ei amcan. Ymrithia gydymdeimlad â'r gwan, fel y gallo ddangos gwendid y rhai gweiniaid; ffugia wylo gyda'r rhai a wylant, fel y gallo ddangos testunau galar y rhai galarus; ie, newidia ei wisg gyda phob croes, a'i deimlad gyda phob amgylchiad, ac a wna ei hun yn bopeth i bawb, fel y gallo enllibio rhai. Enllibia trwy bob peth, ymhob modd, ac ymhob man. Mae enllib yn ei wg, ac enllib yn ei wên; enllib yn ei glod, ac enllib yn ei anghlod; enllibia wrth lefaru, enllibia wrth dewi; a gellir dywedyd am yr enllibiwr ymarferol, mai o braidd y bydd farw heb enllibio. Mae nwydau gwreiddiol enllib mor angerddol, fel y dymunai yr enllibiwr fod ei dafod yn fil o dafodau, a gallu llefaru ohono ymhob iaith, i ollwng allan o'i fynwes wenwynig, yr hon sydd ar ymhollti o bob drwg anwydau, yn ddylif dros y byd, nes boddi pob rhinwedd, a lladd pob daioni. Gan na chafodd yr enllibiwr ond un tafod gan natur, myn, os gall, fil o dafodau gan gelfyddyd; ac wedi llefaru hyd flinder â'r un a gafodd, mi a'i gwelaf yn eistedd i lawr, ac yn galw ei holl alluoedd ynghyd i gyfansoddi enllibiaeth drefnus, o wir ac anwir, a'r gwir yn fwy celwydd na'r anwir; – yn ei hanfon i'r wasg, a'i gyrru i'r byd yn enw gwirionedd, fel y gallai wenwyno cenedl ar unwaith; a rhag ofn i'w chylchrediad fod yn rhy gyfyng trwy bryniad, rhoddir yn rhad; a chan boethder y sêl enllibaidd, nis gall arafu i ddisgwyl *orders*, rhag iddynt fod yn rhy hir cyn dyfod, a rhy brin pan y deuant; ond gyrrir ymhell ac yn agos, a disgynna yn ddisymwth fel cawod o locustiaid dros y wlad, fel y bydd pob dyngarwr yn barod a diolch am gymysgiad Babel.

68. *Traethawd ar Ddechreuad a Dibenion Barddoniaeth*

[Griffith Edwards, Curad Llangollen, *Gwaith Prydyddawl*, 1846, tt. 111-8]

Mae barddoniaeth yn fath o gelfyddyd ag sydd yn perthyn i ddyn yn naturiol, ac, oherwydd hynny, mae i'w chanfod ymysg pob cenedl, ac i'w gweled ymhob oes o'r byd. Ond yr un modd â phob celfyddyd arall o'r natur yma, canfyddir ei bod wedi cyrraedd i radd mwy o berffeithrwydd ac enwogrwydd mewn rhai gwledydd na'i gilydd, ac wedi bod yn cael ei meithrin a'i choledd yn fwy gan rai cenhedloedd nag eraill. Os awn i chwilio am ddechreuad barddoniaeth, rhaid i ni fyned i ymofyn amdani i fysg dynion yn eu cyflwr anwaraidd, pan oeddynt yn preswylio'r coedwigoedd, ac yn cyfanheddu yr anialwch. I'r diben hwn rhaid i ni fyned at yr helwyr a'r bugeiliaid, pan ydoedd dynoliaeth yn ei chyflwr cyntefig, ac heb ddechrau cael ei gwisgo ag addurniadau allanol celfyddyd. Canys pan ddechreuodd dynion gymdeithasu gyntaf â'i gilydd, gan gynnal gwleddoedd, cadw gwyliau a chymanfaoedd, rhaid eu bod yn ymddifyrru ar y cyfryw achlysuron gyda chaniadau, gyda pheroriaeth, ynghyd â dawns yn gyffredin. Yn y caniadau a arferid ganddynt ar yr achlysuron hyn, yr oeddynt yn arfer clodfori a mawrhau eu gwroniaid a'u henwogion, ac yn gosod allan eu teimladau wylofus oherwydd aflwyddiant a thrychineb, yn arfer wylo ar ôl perthnasau, a galaru ar ôl cyfeillion, ac yn moli Creawdwr, neu ynteu yn talu y deyrnged ddyledus iddo Ef, i'w gau dduwiau o'u dychymyg eu hunain.

Mae dau o bethau, megis o anghenraid, yn gwahaniaethu barddoniaeth oddi wrth iaith rydd, sef y dull y gosodir y geiriau a'r ymadroddion ynghyd, a'r ffigurau ymadrodd sydd yn cael eu defnyddio. Dyma, yn ddiamau, oedd y gwahaniaeth rhwng y dull yr oedd dynion yn arfer amlygu eu meddyliau mewn barddoniaeth, a'r modd y byddent yn ymddiddan ar faterion cyffredin. Wrth i'r meddwl gael ei gynhyrfu i ddarlunio rhyw wrthrych neilltuol, a phan y byddom yn ymdrechu gwneud hynny gyda rhyw rym a theimlad mwy nag arferol, yr ydym yn gyffredin yn ymdrechu mawrhau yr hyn sydd yn fychan ynddo ei hunan, ac yn ceisio gwneud i bawb eraill deimlo yr hyn a deimlir gennym ni. Yr ydym yn cymharu y gwrthrychau lleiaf gyda y rhai mwyaf, ac yn galw ar y pethau fyddont o'r golwg megis pe byddent yn bresennol, a hyd yn oed yn cyfarch pethau difywyd yn y greadigaeth fel pe byddent yn meddu ar synnwyr a deall. Felly nid ydyw y gwahanol ddulliau ymadrodd sydd yn cael eu defnyddio ddim yn amgen nag iaith farddonol yn y dechreuad.

Mae yn hawdd i ni ganfod hefyd bod gwahanol hinsoddau, ynghyd ag amrywiaeth yn y dull o fyw, yn meddu dylanwad nid bychan ar deithi barddoniaeth ymysg gwahanol genhedloedd. Megis prawf o hyn gallwn grybwyll am farddoniaeth y Gothiaid, ynghyd â chenhedloedd anwar y gogledd, canys mae eu caniadau hwynt yn archwaethu o anwareidd-dra, digofaint a thywallt gwaed. Tra i'r gwrthwyneb, y mae barddoniaeth y Peruviaid, a'r Chineaid, yn gyffredin yn ymwneud gyda thestunau addysgiadol a difyrrus. Caniadau cyntefig yr hen Frytaniaid, a'r holl lwythau Celtaidd, ydynt yn fynych yn dwyn perthynas â rhyfeloedd, ynghyd â gweithredoedd o ddewrder ac arwriaeth, tra ar yr un pryd y canfyddir llawer o deimlad a phurdeb gwreiddiol yn eu dull hwynt o gyfansoddi. A'r achos pennaf o hyn, yn ddiddadl, ydoedd y sylw manwl a dalai y cenhedloedd yma i farddoniaeth, a bod y beirdd yn eu mysg hwynt yn fath o sefydliad ar ei ben ei hun, y rhai yn y modd yma a gaent gyfle o oes i oes i ddilyn eu hoff gelfyddyd.

Ymysg y Groegiaid, canfyddir cyfran helaeth o ffilosoffyddiaeth yn gymysgedig â'u barddoniaeth foreol, canys yng ngwaith eu beirdd mwyaf oedrannus, megis Orffeus, Musaeus, Linus, a Hesiod gwelir hanes am ddechreuad y greadigaeth, dyfodiad y byd i'r drefn y gwelir ef yn awr, ynghyd â dechreuad popeth byw. A'r holl bethau yma ydynt yn unol â'r dull y maent yn cael eu gosod allan gan yr hen ffilosoffyddion paganaidd. Yr Arabiaid a'r Persiaid hefyd ydynt wedi bod yn nodedig bob amser megis beirdd enwog, ym mharthau dwyreiniol y byd.

Yn y dechrau yr oedd pob math o farddoniaeth yn gymysgedig, heb ddim gwahaniaeth yn cael ei ddangos rhwng y naill gangen a'r llall. Ond fel y dechreuodd celfyddyd a gwybodaeth ennill tir, gosodwyd y gwahanol fath o gyfansoddiadau barddonol ar eu pennau eu hunain, ac enwyd pob cangen gyda'r enwau sydd arnynt yn bresennol.

Mae yn debygol bod awdlau ac emynau ymysg y cyfansoddiadau barddonol blaenaf. Marwnadau hefyd, fel y gellid yn naturiol ddisgwyl, oeddynt yn ddi-ddadl ymysg yr anturiaethau cyntaf mewn barddoniaeth. Gwaith dynion yn adrodd hanes gweithredoedd grymus a nerthol ymysg gwroniaid eu cenedl, a roddes ddechreuad i farddoniaeth arwraidd. Oddi yma hefyd y daeth yr arferiad o osod gwahanol bersonau i gynrychioli arwyr ac enwogion, wrth ddarlunio eu gwroldeb a'u gweithredoedd grymus hwynt; a hyn ydoedd dechreuad y gangen honno o farddoniaeth a elwir y ddynwaredol *(dramatic)*.

Ar y cyntaf, nid oedd iaith rydd a barddoniaeth ddim yn cael eu gwahaniaethu; ond yr oedd pob math o gyfansoddiadau yn cael eu cymysgu yn ddiwahaniaeth. Canys ymysg rhai o'r cyfansoddiadau cyntaf mae yn ddiamau bod hanesiaeth, areithyddiaeth, a barddoniaeth, yn cael eu cymysgu gyda'i gilydd. Ond yn gyffredin, y sawl a ddymunent gynhyrfu teimladau eu cyfeillion a'u cyd-wladwyr, neu a ewyllysient roddi addysg fuddiol a hyfforddiadau iddynt, a ymdrechent wneud hynny trwy gyfrwng barddoniaeth. Yn y modd yma yr ydym yn canfod croniclau a hanesion y rhan fwyaf o genhedloedd y byd wedi cael eu hysgrifennu ar ddull barddonol yn y dechrau; a'u cyfreithiau hefyd yr un modd, ynghyd â'r deddfau â'r rhai y llywodraethid hwynt. Ond cofiwn mai yn nechreuad a mabandod gwybodaeth a dysg yr oedd y pethau uchod yn y cyflwr a nodwyd. Yr amser yr oedd yr un dyn yn adeiladu y tŷ y preswyliai ynddo, yn trin ei dir ei hunan, ac yn troi allan, pan y byddai galw am hynny, i faes y gwaed yn erbyn ei elynion.

Ond mewn amser, fel y cynhyddodd gwybodaeth yn y byd, daeth barddoniaeth yn gelfyddyd ar ei phen ei hun, a'i diben yn bennaf ydyw rhoddi addysg a hyfrydwch, ac effeithio ar y nwydau a'r dychymyg. Mae yn hawdd i ni ddychmygu bod barddoniaeth yn ei dull cyntefig yn fwy grymus a theimladwy, ac er nad oedd yn meddu ar gymaint o addurniadau, yr oedd yn fwy naturiol ac yn effeithio yn fwy ar y nwydau. Canys y pryd hwnnw yr oedd y bardd yn adrodd ei deimladau mewn dull naturiol a diaddurn; ac nid rhyfedd bod y cyfryw farddoniaeth yn canfod ei ffordd yn haws i'r galon, ac yn effeithio yn ddwysach ar y teimladau, na'r un ag y byddo mwy o gelfyddyd a llai o natur ynddi. Ymddengys bod barddoniaeth a pheroriaeth yn cydfyned â'i gilydd ar y cyntaf, a hyn oedd y diben o lunio y gwahanol fesurau a ganfyddir mewn barddoniaeth. Y bardd a fyddai yn arfer addasu ei eiriau at y gwahanol donau mewn arferiad, a'i ganiadau yn fynych a genid ganddo ef ei hun, tra y byddai yn dilyn ei lais gyda rhyw fath o offeryn cerdd. Yr arferiad o ganu gyda'r delyn ymysg rhai o drigolion y Dywysogaeth sydd yn dwyn perthynas agos gyda'r hen ddull cyntefig uchod, pan y byddai y bardd yn canu ei waith ei hunan, ac yn dilyn ei lais gyda'r delyn neu grwth.

Nid aml y canfyddir pobl yn gyffredinol yn medru iawn brisio barddoniaeth, yn enwedig y radd uchaf a mwyaf ardderchog o'r gelfyddyd. Y mae'r dalent hon yn perthyn i alluoedd uwchlaw y cyffredin, ac o ganlyniad rhaid bod dynion yn meddu ar amgyffredion uwch na chyffredin cyn y medront ei hiawn brisio a chanfod ei godidowgrwydd. Yr oedd Alecsander Fawr, Iwl Cesar, Scipio, Awgustus Cesar, a Napoleon Bonaparte, i gyd yn ddynion o amgyffredion uwchlaw'r cyffredin; ac er nad oeddynt yn meddu ar dalentau i farddoni, eto dywedir eu bod yn hoffi prydyddiaeth yn fawr, a bod gwaith y beirdd yn cael effaith a dylanwad nid bychan arnynt. Pan y meddyliom am y galluoedd ag y mae yn rhaid i ddyn fod yn feddiannol arnynt, cyn y gall honni iddo ei hun yr enw o fod yn fardd o enwogrwydd, bydd yn hawdd i ni allu canfod rhagoriaethau y gelfyddyd. Rhaid ei fod yn meddu ar alluoedd cryfion, a thalentau naturiol, synnwyr didwyll, a deall clir; gallu i ddychymygu pethau yn drefnus, a'u gosod allan gyda chwaeth; ac ehediadau meddyliol heb fod yn ymddibynnu ar gelfyddyd na dysgeidiaeth, ond yn tarddu yn hollol oddi uchod. Nid ydyw'r bobl hynny ag sydd yn gwneud rhyw ystŵr mawr trwy gyfansoddi caniadau, yn y rhai y gellir canfod rhyw ychydig o athrylith awenyddol yma ac acw, yn teilyngu yr enw o feirdd mewn gwirionedd. Nid oes ynddynt ddim o'r tân nefolaidd hwnnw ag sydd yn gosod y gwir fardd mewn sefyllfa o enwogrwydd ymhell uwchlaw y crachfeirdd. 'Dylid bod yn ofalus', meddai Horas, 'rhag halogi yr enw godidog hwn, trwy ei briodoli i bawb a gymerant arnynt ysgrifennu barddoniaeth. Canys', meddai, 'i wneud un yn fardd, rhaid bod rhywbeth dwyfol yn yr enaid; syniadau goruchel, a meddyliau grymus, ynghyd â rhyw fawrhydi uwchlaw'r cyffredin.' Nid ydyw bod yn rhyfelwr enwog, neu bod yn fedrus yn y celfyddydau, ddim i'w cymharu â bod yn fardd enwog. Er mwyn i ni allu profi hyn trwy enghraifft, bydded i ni gymryd Homer dan sylw. Mae yn ddi-ddadl bod athrylith y dyn nodedig hwn yn rhagori ar bawb a fu yn y byd erioed, oddi gerth yr ysgrifenwyr ysbrydoledig. Yn ei waith ef y canfyddir yr athrylith fwyaf cyraeddadwy a dyfnaf, o neb o'r holl ysgrifenwyr cenhedlig. O'i waith ef y tynnodd deddfroddwyr enwog Sparta ac Athen gynlluniau cyntefig eu cyfreithiau, ac yma y cafodd sylfaenwyr boreol ymerodraethau a theyrnasoedd y portreadau cyntaf pa fodd i reoli eu deiliaid. Y ffilosoffyddion a dynasant oddi yma rai o elfennau cyntaf eu celfyddyd; a'r seryddion a ddysgwyd ganddo i ddarllen wyneb y ffurfafen. Wrth ddarllen caniadau Homer y dysgodd brenhinoedd a thywysogion yn aml arwain eu byddinoedd i faes y rhyfel, i gymryd dinasoedd, ac i ennill buddugoliaethau. Dyma lle y cafodd Socrates, Plato, ac Aristotlys, lawer o egwyddorion athroniaeth, ac y tynnodd Soffocles ac Euripides gynlluniau eu prudd-deithiau *(tragedies)* digyffelyb. Wrth ddarllen gwaith y bardd enwog hwn y tueddwyd meddyliau Apelles i dynnu darluniadau, ac y dysgwyd bysedd Alecsander Fawr i ryfela.

69. Gŵyl Mabsant

[Edward Matthews, 'Siencyn Penhydd', 1850, *Morgannwg Matthews Ewenni*, (gol.) Henry Lewis, tt. 15-18]

Byddai Siencyn a satan yn cwympo allan yn bur aml: weithiau yn yr ysgubor, y caeau, wrth gerdded yr heol, ac yn fynych ar gefn y ceffyl. Clywyd ef o getyn o ffordd mewn ffrae ddychrynllyd â rhywun, ac â'r tafod casaf, mwyaf bawlyd a brwnt ag oedd bosibl ddychmygu. Galwai rywun yn *rascal, scoundrel*, y bredych, y twyllwr, y lleidr, ac felly yn y blaen. Byddai pobl ddieithr, a ddigwyddai ei glywed, mewn syndod, ond y lleill oeddynt yn bur gyfarwydd â'i arferion. Yr oedd yr hen frawd yn bwrw pob bai ar gefn y diafol, pa un a oedd yn ei haeddu ai peidio. Pan y byddai rhyw demtasiwn yn dyfod i'w feddwl o rywle, byddai y ffon i fyny yn erbyn satan yn y funud, ac yntau yn ceisio cynllunio rhyw lwybrau i ymddial arno am ei boeni.

Yr oedd yn myned unwaith at gyhoeddiad, ac yr oedd y ceffyl oedd ganddo y pryd hynny yn digwydd bod yn go denau, fel y bydd ceffylau pregethwyr yn gyffredin. Yr oedd yn myned heibio i hen chwarel, ac yno saethodd profedigaeth oddi wrth ddiafol, medd ef, yn ei gymell i daflu'r hen geffyl i mewn i'r chwarel, i dorri ei wddf, a dweud mai slipo a wnaeth wrth fyned heibio. 'Cei geffyl newydd gan dy frodyr pan glywant am yr anap; maent yn ddigon abl.' Bu meddwl y patriarch mewn dirfawr boenau yn y brofedigaeth ddieithr hon; ond trwy ras ataliol gorchfygodd y brofedigaeth, a dihangodd yr anifail â'i einioes yn ysglyfaeth heibio i'r pyllau a'r chwarelau. Wedi i'r ystorm fyned heibio, yr oedd yn methu deall beth i wneud mewn ffordd o ymddial ar ddiafol. Safodd gryn dipyn, ac ystyriodd. Daeth yn sydyn idd ei gof fod gŵyl-mabsant yn y gymdogaeth, lle yr ymgynullai yr holl wlad i yfed a dawnsio am nosweithiau cyfain. Yr oedd yn tynnu yn hwyr y pryd hyn, ond tuag yno yr aeth.

Wedi nesu at y tŷ, clywai yr holl le yn gynghanedd a dawnsio. Galwodd wrth y tŷ, a daeth yr hen dafarnwr allan. Gofynnodd iddo am le i ddodi ei geffyl yn yr ystabl, ond nid oedd lle iddo gan geffylau y mabsantwyr. Edrychodd Siencyn ar y tafarnwr yn ofnadwy o lewaidd, a gofynnodd: 'A oes *license* gennyt ar dy dŷ?' 'Oes,' oedd yr ateb. 'Dod fy ngheffyl i mewn yn y funud, onid e mi dy dacla di.' Cafodd y tafarnwr beth braw ac arswyd, a throdd rai o geffylau y mabsantwyr allan i gael lle. Wedi hynny aethant ill dau tua'r tŷ, y pryd y clywai yr hen apostol y llam-ddawnsio mwyaf arswydlawn uwch ei ben ar y llofft, nes yr oedd y lle yn crynellu bob tipyn. Tynnodd ei het, a throdd ei glust i fyny at y sŵn, rywbeth fel y gwelsoch hwyad ar y taranau; tynnodd ei fysedd drwy ei wallt, ac edrychodd yn annaearol ar y tafarnwr, yr hwn oedd mewn peth arswyd eisoes, a gofynnodd: 'A ydyw y diawl gyda thi yn y tŷ yma?' 'O, nac ydyw, syr; dawns sydd yma.' 'Dawns, ai e? Dawns! O wel, cânt ddawnsio ar eu pennau yn y pwll yna yn fuan!'

Rhedodd y tafarnwr i fyny i'r llofft mewn braw a dychryn, a dywedodd fod consuriwr yn y tŷ, ac y byddai rhyw ddrygfyd mawr yn syrthio yn fuan. 'Y mae y dyn hysbys sydd ar y llawr wedi dweud y byddwch yn sefyll ar eich pennau yn y pwll oddieithr i chwi ymadael yn fuan. Ffowch, a gwnewch y gorau o'ch traed.' Gyda hyn dyma rai o'r merched yn dechrau ysgrechian, a'r dryswch mwyaf yn syrthio ymhlith byddin y diafol, pob un yn ffoi megis am ei einioes i'w gartref, a llawer ohonynt yn dweud eu bod yn gweled rhyw angenfilod echrydus yn rhedeg yn gyfochrog â hwynt bob cam.

Wedi dianc ohonynt trwy ddrws y cefn, daeth y tafarnwr i'r at Siencyn, yn bur ddychrynedig. 'Wel,' ebe'r hen Benhydd, 'a oes bara a chaws gennyt yn y tŷ?' 'Oes,' oedd yr ateb. 'Dere ag ef i'r bwrdd yma. Yn awr,' eb ef wrth y tafarnwr, 'rhaid i ti ofyn bendith arno.' 'Myfi, syr? Ni ofynnais i fendith erioed.' 'Gofynnaist ti fendith erioed! Y filain, beth yw dy oedran di?' 'Hyn a hyn.' 'Ac heb ofyn bendith ar dy fwyd eto! Pa bryd yr wyt ar fedr dechrau? Y dyn,' meddai, gan edrych yn ei lygaid fel llew, 'rhaid iti ofyn bendith y foment hon.' Y dyn yn ddychrynedig a waeddodd: 'O Dduw, beth a wnaf?' 'Dyna,' ebe Siencyn, 'efallai y gwna hyn yna y tro yn awr; gofyn di yn fynych i Dduw beth a wnei, ac ef a ddywed wrthyt efallai o'r diwedd.'

Aeth i weddi ei hun wedyn, gan ddiolch i Dduw am y goncwest ar ddiafol, ar ei dir ei hun. 'Ha, ha,' eb ef wrth fynd adref, 'mi dy ffitiais di, satan; enillaist ti fawr ym mhrofediagaeth yr hen geffyl.'

70. Llythyrau 'rhen Ffarmwr

[E. Morgan Humphreys (gol.), *Llythyrau 'rhen Ffarmwr* (Gwilym Hiraethog), tt. 37-9]

At Lygwrs *y Mysere*: – mi ddaru mi sulwid ar un peth yn ddiweddar yma, a mae arna i eisio i bobol erith sulwid arno fo hefud. Mi rouddwn i a Siân yn mund i ffair Awst, i dre – ond wauth i mi heb i henwi hi, ynte mi fudd y dyrllenwrs yn mund i geisied dyfeisio pwu ydw i, a dous arna i ddim eisio i neb wbod hunu. Mi wn bod llawer o holi a stilio pwu ydi Rhen Ffarmwr: mi glwis i lawer ffun, a mi wranta i bod nhw'n danfon atoch chithe i holi; ond peidiwch chi â deydud i neb, ysmynwch chi.

Ond mi rydw i wedi troi oddar f'stori. Ia, mi rouddwn i a Siân yn mund i'r ffair, wel rouddwn i'n deyd i chi, ar gefn ceffyl bob un, a mi roudd llawer iawn o drolie rhyd y ffordd – rhai'n mund â môch, a'r lleull ag ŷd, i fund i'w gwerthud yn y ffair, a mi roudd enw'r pyrchenog ar bob trol, a phob un yn Saesneg, a llawer o honun nhw chwedi i spelio yn wauth na bydda i'n spelio, y mau'r bobol sy'n gwbod yn deyd i mi. Mi eis i drwu'r trolie i gid chwedi mund i'r dre, a mi ddalis sulw arnyn nhw bodygun, a henw Saesneg oudd ar bob un o honun nhw. Mi benderfynais y gnaythwn i syfenu i'r *Mysere* ar y mater, a mi ddeydis wrth Siân wrth ddwad adre y gnawn i.

'Wel waith i chi heb,' medde hithe, 'mi dunwch bobol yn ych pen; welis i rioed shwn beth â chi efoch syfenu. Be su chwedi ymweld â chi? Rydach chi wedi gwrioni yn lân louw efo'r *Mysere*, a syfenu o hud o hud. Mau llawer iawn o bobol fase chwedi digio wrthon i am buth tase nhw'n gwbod mau chi sy'n cadw sŵn yn *Mysere* am y naill beth a'r llall. Dewch llonydd i bobol, da chithe,' medde Siân, ydach chi'n dallt.

'Tous dim achos i neb ddigio am ddim syfenis i,' meddwn ine; 'tydw i'n deyd dim ond y gwir, a tous dim achos i neb gaul gwbod pwy ydw i chwaith, ys na ddeudid di wrthun nhw.'

'Meindiwch chi'ch bisness ych hunan, a dewch lonudd i bobol erill neyd fel y funan nhw,' medde hithe.

'Ddaw dim trefn ar y byd yma buth fellu,' be fine.

'Rhaid i rwun mygenach na chi gymid mewn llaw neud trefn arno fo, ne rhw drefn sâl iawn fudd arno fo, dwi'n siŵr,' be Siân.

'Gâd ti lonudd i mi dreio a gneud y ngore,' be fine, a fellu dybenodd hi.

A rwan mi rydw i'n dwad at fy mater unwaith eto. Fedrwch chi ddeyd i mi rw reswm, neu rhwun arath, pam y mae pobol ynghanol Cumry, lle does dim ond Cumraeg yn caul i siarad, yn rhoi Sasneg ar i trolie? Gewch glwed pobol yn gweiddi 'Oes y bud i'r iaith Gumraeg', a ni thâl yr iaith Gumraeg ddim gunthyn nhw i roi ar i trolie yn diwedd. Ble douth rhw usfa wrion wel hyn i bene pobol? One ma peth arath mwu i bwus na hun eto. Ewch chi i'r munwentudd yn mhob man trwu Gumry – pob man lle bûm i, beth bynag – a chi gewch weld Sasneg ar fwu na haner y cerig beddi. Wel wfft i beth wel hyn. Mi royddwn i agos a mynd o ngho lâs yn ddiweddar yma, mewn munwent ynghanol y wlad, lle toydd neb trwu'r plwu ond y person a rhw ddau ne dri a wudde ddim mwu am Sasneg nag a ŵur y pry genwer am y llyad; a Sasneg, siwr, oudd ar y cerig beddi rhan fwua. Wel tydi peth fel hyn, mewn difri, ddim yn danos rhw fflineb tros ben, meddech chi, rwan? Rhoid rhw ribidi rês o Sasneg wrth ben pobol na chlwson nhw fawr air o Sasneg yn i bywud, a na ŵur nemor neb a ddaw i'r munwentudd rheini yn y bud be ydio! Ai dyma'r ffordd i gadw'r iaith Gumraeg, tybed? Pam na roe pobol i sens ar waith?

Ond mae peth gwauth yto, huni ydi, mi gewch weled Sasneg ar dylcenau llawer iawn o gypeli yn y dre a'r wlad – cypeli nad oes air o Sasneg buth yn cayl i swnio ynthyn nhw – deydud prud y teiliadwyd nhw, a pherthun i bw sect y buddan nhw. Os dous eisio deud pethe wellu, fudde wauth i deud nhw yn Gumraeg. A mau rhw enwe rhyfedd iawn gin bobol ar i capeli. Mi fudda i bron a chrynud weithie pen fuddai'n mund dipin oddi cartre ac ydrych ar gypeli y naill sect a'r llall, mod i chwedi mund i wlad Canan heb wbod i mi ffun. Mi fudda'n gweld Jerusalem, Tabor, Hermon, Seion, Moria, Pisga, Salem, Ainon, a chant o rw enwe Cananeadd wel yne, a rheffun o Sasneg ar i hole nhw. Mi fase'n fwu cuson iddyn nhw roi Hybraeg i'w calyn nhw, ddyliwn i. Wuddoch chi be? Mau'r byd yma'n wirion o'i hwyl mewn llawer o bethe eto. Mi fudd y Neillduwrs yn beio Glwyswrs am alw y llan yn eglwus, a'u galw nhw wrth enw y sant yma a'r sant arall, a mae hynu'n beth grâch-gryfyddol ryfeddol. Ond tydyn nhw i hinen run tipin gwell yn diwedd. Beth ond rhwbeth grâch-gryfyddol ydi henwi cypeli wel rydw i chwedi crubwull? Py cawn i fwllus, mi dunwn i y cerig, a'r henwe rheiny, a'r Sasneg, a'r cwbwl, o dalcen pob capel y Nghymru, a mi gumwn fwrthwl mawr go, a mi torwn nhw yn dipie mân potes bob un.

'RHEN FFARMWR.

Geirfa fer

(Aed heibio i lu o eiriau cyfansawdd lle y mae'r ystyr yn glir o'r gwahanol elfennau. Anwybyddwyd y geiriau a'r ymadroddion Saesneg a geir o dro i dro. Yr anhawster pennaf ydoedd tafodiaith y darn olaf, a phenderfynwyd y gallai'r darllenydd ddatrys yr ystyr ond iddo/iddi ddarllen geiriau'r Hen Ffermwr a'u seinio'n uchel ac yn hyglyw.)

abl, gweddol ariannog, cefnog
achlod, cywilydd
adfain, dieithryn
amrosgo (afrosgo), anferth; trwsgl
anfodoldeb, y cyflwr o beidio â bod
annefnyddolaeth, y cyflwr o fod yn ddiwerth; annuwioldeb
anwagelog, anochelgar, esgeulus
anynad, blin, afrywiog
arddygraff, orgraff; print
arwydderchog, arwydd + ardderchog, yn dwyn arwydd ardderchog

berw'r merched, te
blockhead books, 'ready reckoner'
bredych, dihiryn
bodygun, pob un, pob yn un ac un

cableirio, melltithio
carbwl, cymysglyd; cymysgedd
ceinmyged, moliant; testun
cerdd arwest, cerddoriaeth linynnol
cidwm, blaidd
climach, rhywun afrosgo
cordeddu, troi edafedd yn un llinyn
crasddadrwydd, coffi
crasfant, aflednais ei eiriau

cromgell, claddgell
crugo, pentyrru
crynellu, ?
crimog, blaen y goes
cydrychol, presennol
cydwybodus, cydwybodol
cyfenwad, enw; teitl
cyfraniad, rhannu (mewn arithmateg)
cyflawnochrau ysgwarau, ciwb (mathemateg)
cyfrin-gyngor, cynghorwr
cymhwylliad, sylw, rheswm
cyrrith, cybyddllyd, gwancus
cywreinrwydd = chwilfrydedd

chwarian, digyffro

dawr, < dori, bod a wnelo â
degrannau, peth(au) wedi'u rhannu'n ddeg; yr uned yn y gyfundrefn ddegrannol
derllyn, < darllen
destlus, cymen, cywrain
dichlyn, manwl, dethol
diatreg, yn ebrwydd
didoriad, heb ei gaboli, gwyllt
difyn, tamaid
dilechdyddion, gwŷr cyfarwydd â chelfyddyd rhesymu; twyllresymwyr
dillynfoes, o ymarweddiad cymen
diwala, gwancus

GEIRFA FER

drain yn ei gap, ymadrodd sarhaus-herfeiddiol
drannoedd, drannoeth
drelio, cam-drin, bod yn ddiflas
drwg-nwydus, o natur ddrwg
dyfeisio, dyfalu
dyledog, dyledus; bonheddig
dywenydd, llawenydd

eglurnod, arwyddnod o anrhydedd, emblem o urddas neu swydd
engiriol, ffyrnig

ffitio, gorchfygu
fflodiat, giat i reoli llif melin, 'floodgate'
ffraethineb, huotledd
ffrancs, dogfennau a geid yn rhad gan aelodau seneddol i ddanfon llythyrau'n rhydd
ffin, fy + hun
ffwgws, baco ('fags')
ffwlcyn y ffair, Merry Andrew
ffadownen, ffydownen, ffyrling, peth diwerth

garan, aderyn coeshir, creyr; 'crane', 'heron'; Llad. *grus*
garwguch, trwynsur
gingron, cingroen, ffwng drewllyd, *phalus impudicus*: term o sarhad
godref, godre ymyl (gwisg) (> godrau)
goddau, amcan
goddaith, coelcerth
gogysgod, cysgod
gulo, twyllo
gwaeo, ochain
gwlyb dros ddyfroedd, gwin a fewnforiwyd
gwynlliw, sialc, calch
gwyrfa (göoerfa), lle cysgodol

haeach, fwy neu lai
haiach, ymhellach, bron
henffel, hen o'i oed, cyfrwys
hwssâ, hwre

lleihad, llai (mathemateg), 'subtraction'
llewyg y blaidd, hopys
llin, llinach
lluest, gwersyllfan, trigfan (dros dro)
lluosogiad, mwyhau un rhif gan rif arall (mathemateg), 'multiplication'
llyffetheiriau, hualau
llyfnyddais, < llyfnu, caboli
llythyreg, orgraff

mawrwyrthiog, drud, gwerthfawr
mgenach, amgen
mowntebancio < mountebanc = clown; yn wreiddiol, ffug ddoctor a glodforai'i fedr a'i ffisig

nwyfau, *darll.* nwyddau

ofnus, ofnadwy

parchell pêr, porchell sugno
pedion, traed
pelydron, pelydrau
pennu, penderfynu, dewis, apwyntio
perwylyn, achos dibwys (?)

ribidi rês, rhestr o bethau'n gadwyn ddi-drefn, rigmarôl

rhinc, gwich, ysgyrnygu dannedd
rhwysgol, rhwysgus; aflonydd, noglyd
rhyglu, rhyglyddu, haeddu
rhyn, oerfel

sil, had, disgynyddion; eisin
shwn beth, y fath beth
stilio, busnesa
summerseto, troi tin-dros-ben

tafodiaith, iaith
tân-waith, tân gwyllt
tipie mân potes, darnau mân
tolcio, gwneud pant yn rhywbeth
toli, lleihau
twymynon, twymynau
tywerchi, tyweirch

ymbwyll, ymroddiad, myfyrdod, astudiaeth
ymneillduedig, ymneilltuol
ystrew, trew, tisiad

British Library Cataloguing in Publication Data
Rhyddiaith Gymraeg: detholion o lyfrau
    printiedig 1750–1850.
    1. Welsh prose literature – 18th century
    2. Welsh prose literature – 19th century
    I. Ashton, Glyn M.
    891.6'68208'08   PB2293

ISBN 0–7083–0975–5